A razão populista

Ernesto Laclau

A razão populista

TRADUÇÃO Carlos Eugênio Marcondes de Moura

TRÊS ESTRELAS

Título original *On populist reason*

EDITOR Alcino Leite Neto
EDITOR-ASSISTENTE Bruno Zeni
COORDENAÇÃO DE PRODUÇÃO GRÁFICA Mariana Metidieri
PRODUÇÃO GRÁFICA Iris Polachini
CAPA Thiago Lacaz
IMAGEM DA CAPA *O quinto Estado* (1901), tela de Giuseppe Pellizza da Volpedo (1868-1907), De Agostini/Getty Images
PROJETO GRÁFICO DO MIOLO Mayumi Okuyama
EDITORAÇÃO ELETRÔNICA Jussara Fino
PREPARAÇÃO Alvaro Machado
REVISÃO Ieda Lebensztayn e Lila Zanetti

Dados Internacionais de Catalogação na Publicação (CIP)
(Câmara Brasileira do Livro, SP, Brasil)

Laclau, Ernesto
A razão populista/Ernesto Laclau; tradução Carlos Eugênio Marcondes de Moura. – São Paulo: Três Estrelas, 2013.
Título original: *On populist reason*

ISBN 978-85-65339-19-3

1. Populismo I. Título.

13-08753 CDD-324.213

Índices para catálogo sistemático:
1. Populismo: Ciências políticas 324.213

Este livro segue as regras do Acordo Ortográfico da Língua Portuguesa (1990), em vigor desde 1º de janeiro de 2009.

TRÊS ESTRELAS

Al. Barão de Limeira, 401, 6º andar
CEP 01202-900, São Paulo, SP
Tel.: (11) 3224-2186/2187/2197
editora3estrelas@editora3estrelas.com.br
www.editora3estrelas.com.br

Sumário

A Chantal,
após trinta anos

Apresentação

O populismo na visão inovadora de Laclau

Alice Casimiro Lopes e Daniel de Mendonça

Não deveria ser necessário apresentar Ernesto Laclau ao leitor brasileiro, dado o impacto de sua obra – traduzida em mais de vinte línguas – nos diferentes campos teóricos: ciência política, educação, filosofia, sociologia. Existe no Brasil, entretanto, uma lacuna na difusão de seu pensamento. Até hoje, apenas dois de seus livros haviam sido lançados aqui: *Política e ideologia na teoria marxista* [Paz e Terra, 1978] e *Emancipação e diferença* [EdUERJ, 2011]. A publicação de *A razão populista* é, assim, uma contribuição inestimável.

Ernesto Laclau nasceu na Argentina e licenciou-se em história pela Universidade de Buenos Aires. Nos anos 1970, radicou-se na Inglaterra, onde realizou seu doutorado na Universidade de Essex. Como professor dessa universidade, dirigiu o Programa de Ideologia e Análise do Discurso e foi diretor do Centro de Estudos Teóricos em Humanidades e Ciências Sociais. É hoje professor emérito da mesma escola.

Em seus estudos, Laclau dialoga especialmente com Jacques Derrida, Martin Heidegger e Jacques Lacan, reconfigurando as interpretações estruturadas sobre o marxismo, a política e a sociedade. Dessa forma, inovou enormemente as pesquisas sobre identidade, hegemonia, ideologia e discurso, sendo hoje muito requisitado, como professor visitante, por prestigiosas universidades da Europa e das Américas. No Brasil, atuou como professor visitante na Unicamp (Universidade Estadual de Campinas), em 1978, no antigo Iuperj – hoje Iesp/Uerj (Instituto de Estudos Sociais e Políticos da Universidade do Estado do Rio de Janeiro) –, na PUC-SP (Pontifícia Universidade Católica), em 1979, e no Programa de Pós-Gradução em Educação da Uerj, em 2013.

Sua obra basilar, *Hegemonia e estratégia socialista*, escrita em 1985 em parceria com Chantal Mouffe, inova a leitura de Gramsci ao propor que o espaço econômico é constituído politicamente, de forma hegemônica, e a formação dos sujeitos políticos não é consequência direta de suas posições nas relações de produção. Isso porque não são essas as únicas posições que garantem o antagonismo desses sujeitos em relação ao capitalismo. Esse antagonismo pode ser produzido por outras "posições de sujeito" – noção posteriormente reconfigurada por Laclau –, como as de gênero ou raça, dependendo de dinâmicas contingentes. Torna-se central nessa análise a noção de discurso: não há estruturas fixas que estabeleçam de forma definitiva a significação, mas apenas estruturações e reestruturações discursivas. O discurso é prática e, como tal, articula dimensões linguísticas e não linguísticas.

Essa matriz teórica foi posteriormente desenvolvida por Laclau por meio do aprofundamento de registros pós-estruturais. Suas principais teses – as relações incomensuráveis entre o universal e o particular, o antagonismo e o deslocamento como exteriores constitutivos do discurso, a política como decisão em terreno indecidível, a identificação/ subjetivação constituída politicamente, o significante vazio e a impossibilidade do social – têm sido objeto de análise em diferentes centros de investigação (ver as obras de Simon Critchley e Olivier Marchart, e de David Howarth e Jacob Torfing, na bibliografia ao final desta apresentação). Sua teoria também tem repercutido no Brasil (ver, por exemplo, os trabalhos de Alice Casimiro Lopes, Daniel de Mendonça, Elizabeth

Macedo e Joanildo Burity, citados na mesma bibliografia), ainda que não com a amplitude que nos parece desejável. Esperamos que a publicação de *A razão populista* também seja um estímulo aos estudos sobre a teoria de Laclau no país.

Este livro, publicado originalmente na Grã-Bretanha em 2005, apresenta uma das mais instigantes, brilhantes e originais leituras sobre o populismo. Trata-se de um potente empreendimento teórico, cuja primeira e relevante característica é evitar os preconceitos e as reduções que geralmente acompanham o tratamento de tão controversa temática. Laclau não faz um julgamento moral ou mesmo acadêmico do fenômeno, mas uma convincente explicação sobre a ocorrência do populismo em diversos contextos sociais, políticos, temporais e geográficos.

Para ele, o populismo é uma lógica própria de construção política, e não, como já se afirmou tantas vezes, um tipo de ideologia, de anomalia ou mesmo de subdesenvolvimento irracional da democracia representativa. Não pode tampouco ser resumido à relação entre liderança política e massa populacional. Ainda que o nome do líder e o afeto por ele despertado sejam fundamentais para a constituição da lógica do populismo, este não pode ser simplesmente explicado a partir de uma relação carismática no sentido weberiano do termo. O que comumente é chamado de populismo, esse momento da cristalização de uma liderança, representa o corolário de uma articulação política que tem raízes muito mais profundas, minuciosamente examinadas ao longo desta obra.

Mas o que há realmente de novo na formulação desenvolvida pelo autor? Fundamentalmente, o desenvolvimento de uma teoria geral capaz de explicar a ocorrência de uma lógica política específica: a da formação de identidades coletivas. Nesse sentido, o populismo representa uma construção do povo contra o seu inimigo. Tal construção é essencialmente política, visto que "povo" não é uma categoria estática, possível de ser medida em termos econômicos e/ ou sociológicos. O "povo" é sempre uma *construção discursiva* e, como tal, varia conforme as mais diversas experiências populistas, independentemente de critérios ideológicos. É uma parte da sociedade (a *plebs*) que visa a se constituir na representação da sociedade como um todo (o *populus*). O povo pode ser o discurso dos mais pobres contra os ricos, mas pode ser também o dos nacionais contra os estrangeiros, dos nacionalistas contra os "traidores da pátria", dos trabalhadores contra os capitalistas e assim por diante. O ponto fundamental é que a articulação discursiva seja capaz de nomear o povo contra o seu inimigo.

Podemos ainda dizer que *A razão populista* representa um momento central no conjunto da obra do seu autor, uma vez que aprofunda as questões teóricas do pós-marxismo que sempre interessaram a Laclau. Algumas de suas categorias, como hegemonia e antagonismo – importantes em obras anteriores –, são fundamentais para a compreensão da lógica política apresentada no livro. Como afirmamos, o populismo é um processo eminentemente político de construção de identidades coletivas, marcado pela centralidade da ideia de povo. Por sua vez, a construção do povo é resultado de uma articulação de demandas conforme um processo no qual uma demanda particular, de forma contingente e precária, assume o papel da representação hegemônica dessa ideia.

Um dos aspectos inovadores deste livro é justamente sua abordagem sobre as demandas. *Demanda social* (ou simplesmente demanda) é concebida aqui como a unidade mínima a ser considerada para a ocorrência de uma experiência política, entre elas a experiência populista. O foco na demanda por si só implica um questionamento da fixidez da identidade política dos grupos sociais. Não existem grupos políticos com identidades definidas anteriormente ao processo de articulação e de decisão que constitui os sujeitos. Os sujeitos políticos são uma decorrência da articulação de demandas, as quais, por sua vez, não são elementos preexistentes, mas dependem também da relação com o outro – a quem a demanda se dirige.

Para o autor, demanda pode ser um *pedido* ou uma *reivindicação* (algo mais grave, tendo em vista o não acolhimento do pedido inicial). Na primeira forma, a demanda é apenas uma solicitação diretamente feita aos canais institucionais formais. Por exemplo, a ausência de uma escola num determinado bairro pode ensejar tal pedido à municipalidade. Se a escola é construída, o problema termina e a demanda se exaure. O atendimento da demanda se dá no plano administrativo, instância em que opera a lógica da diferença, no sentido expresso por Laclau.

Se a demanda, contudo, não for atendida administrativamente, considerando também o não atendimento de outros pedidos, ocorrerá o aumento de demandas insatisfeitas. Isso estabelecerá entre elas uma *relação equivalencial*: tornam-se equivalentes em relação ao que impede o atendimento dessas demandas. Nesse caso, os pedidos convertem-se em reivindicações. A partir desse momento, um corte antagônico passa a dividir negativamente o espaço social: as demandas populares articuladas umas às outras *versus* a institucionalidade. A negatividade antagônica construída pela divisão do espaço social em dois campos, a saber, o povo contra o bloco de poder, é, para Laclau, a precondição para a lógica populista.

Para que se possa falar em populismo, no entanto, é preciso algo mais do que o simples reconhecimento de que o espaço social se encontra antagonicamente dividido, já que essa característica é comum a toda política. É preciso que o campo popular se consolide a partir de um processo hegemônico de representação por meio da produção de *significantes vazios*. Isso significa que se deve considerar que tal processo seja, simbolicamente e no âmbito do discurso popular, o de uma representação qualitativa para além da mera soma de demandas articuladas. Esse é exatamente o sentido de hegemonia que Laclau vem desenvolvendo desde *Hegemonia e estratégia socialista* e que novamente ganha papel central em *A razão populista*. Ou seja, a operação hegemônica ocorre quando uma das demandas articuladas, num dado momento, passa a representar o discurso popular, algo que, em última instância, é incomensurável em relação a essas mesmas demandas. Podemos exemplificar esse tipo especial de representação hegemônica com o discurso da campanha das Diretas Já, em 1984, quando a demanda por eleições diretas para presidente tornou-se o ponto articulador de diversas outras demandas naquele contexto político do final do regime militar brasileiro (Mendonça, 2004).

O *significante tendencialmente vazio* – significante sem significado, mas que ainda assim faz parte de um processo de significação – não deve ser analiticamente apreendido como conceito, mas como "nome" (no sentido antidescritivista*) sem conteúdo previamente definido. Isso porque estamos diante de uma cadeia de equivalências tão heterogênea que, sem o esvaziamento (nunca completo) de sentidos precisos dos significantes que assumem a tarefa de hegemonizar o discurso popular, esse discurso torna-se impossível.

* Descritivismo refere-se a um conjunto de teorias linguísticas que defendem, de maneira geral, que o significado (conteúdo semântico) de um nome próprio tem relação direta com um conjunto de condições descritivas. O antidescritivismo, por sua vez, se opõe a essa relação e abre caminho para os processos que desvinculam significante (palavra) e significado.

É nesse sentido que, para Laclau, vacuidade e indeterminação não devem ser consideradas fraquezas do populismo, mas, pelo contrário, fatores da sua própria condição de existência. O nome do líder (resultado do processo de nomeação) é esse significante vazio, vago e indeterminado que exerce a tarefa simbólica de sintetizar a experiência populista.

A hegemonia pode ser considerada, portanto, como faz Laclau, um *processo catacrético**: significantes que perdem seu sentido original, significantes que, sem ter um conteúdo preciso, mesmo assim significam. Nomeia-se o que não se sabe nomear, o que é impossível nomear, mas torna-se necessário nomear. O que poderia ser apenas um fenômeno linguístico passa a ser entendido como a própria forma política de constituição do social.

A importância dos significantes vazios está justamente em homogeneizar um espaço social, essencialmente heterogêneo, vago e impreciso. O sentido culminante desse processo de representação redunda não em um conceito ou em uma explicação capaz de "desvendá-lo". Paradoxalmente, é somente com a manutenção do "enigma populista" – que não se explica de forma racional, mas tão somente pela nomeação e pelo afeto – que se torna possível manter vivo e compreender o fenômeno na sua inteireza. O enigma populista resume-se, afinal e de forma extrema, no nome do líder: um significante vazio por excelência.

A razão populista é, assim, tanto um aprofundamento dos estudos em teoria do discurso como uma introdução às principais

* Catacrese é uma figura de linguagem que se refere ao uso de uma palavra ou expressão de forma imprecisa e/ ou inexata em virtude de não existir uma palavra ou expressão que faça a representação mais direta do que se pretende exprimir. Exemplos usuais: "embarcar" para expressar "entrar em um avião", "pé de mesa" para expressar os suportes inferiores de uma mesa etc.

questões que norteiam o pensamento laclauniano. A nosso ver, mais ainda, é uma obra extremamente importante para questionar a submissão da política à economia assim como a utopia de uma sociedade sem poder, para desconstruir todo e qualquer determinismo, essencialismo ou objetivismo sobre o social. E este livro o faz sem deixar de manter aberta a possibilidade de continuarmos lutando por alguma forma de justiça social e de liberdade. Não mais com as ideias universais do passado – uma mesma justiça para todos, um mesmo projeto social para sujeitos supostos como centrados e conscientes, uma ideia de liberdade geral associada à defesa de um projeto fixo de sociedade –, mas com significantes que têm seus significados negociados e disputados politicamente e, assim, permitem a construção do que entendemos por sociedade democrática.

Alice Casimiro Lopes é professora do programa de pós-graduação em Educação da Universidade do Estado do Rio de Janeiro, pesquisadora 1C do CNPq, procientista Faperj/Uerj e cientista do Nosso Estado Faperj.

Daniel de Mendonça é professor do programa de pós-graduação em Ciência Política da Universidade Federal de Pelotas.

Referências bibliográficas

BURITY, Joanildo. "Discurso, política e sujeito na teoria da hegemonia de Ernesto Laclau". In: MENDONÇA, Daniel de; RODRIGUES, Léo Peixoto (orgs.). *Pós-estruturalismo e teoria do discurso: em torno de Ernesto Laclau*. Porto Alegre: EdiPUCRS, 2008.

CRITCHLEY, Simon; MARCHART, Oliver (orgs.). *Laclau. Aproximaciones críticas a su obra*. México: Fondo de Cultura Económica, 2008, pp. 347-404.

HOWARTH, David; TORFING, Jacob (eds.). *Discourse Theory in European Politics*. Nova York: Palgrave Macmillan, 2005.

LOPES, Alice Casimiro. "Democracia nas políticas de currículo", *Cadernos de Pesquisa* (Fundação Carlos Chagas), 2012, v. 42, pp. 700-15.

MACEDO, Elizabeth. "Como a diferença passa do centro à margem nos currículos: o caso dos PCN". *Educação & Sociedade* (Impresso), 2009, v. 106, pp. 23-43.

MENDONÇA, Daniel de. *Tancredo Neves: da distensão à Nova República*. Santa Cruz do Sul: EdUNISC, 2004.

Introdução à edição brasileira

Esta edição brasileira de *A razão populista* é publicada oito anos após a edição inglesa original. Desde então, a obra foi traduzida para vários idiomas, entre eles o espanhol, o francês, o italiano, o esloveno e o polonês, e tem estado no centro de vários debates teóricos e políticos. Muitas coisas mudaram no mundo e na América Latina em particular durante esse período. O mais importante para o nosso continente foi a consolidação de regimes nacional-populares em países como a Venezuela, o Equador, a Bolívia e a Argentina. O Brasil é, sem dúvida, parte integrante e fundamental desse processo. A necessidade de interpretar o novo contexto social, político e cultural proporciona nova relevância à discussão das teses enunciadas em *A razão populista*.

Não posso, nesta introdução, embarcar numa discussão pormenorizada sobre o que se poderia denominar, com justiça, um novo modelo latino-americano de democracia. Não quero, entretanto, deixar passar esta ocasião sem apontar brevemente alguns de seus traços mais evidentes. Podemos fazê-lo focando o argumento numa contraposição básica: institucionalismo *versus* populismo.

Estamos assistindo atualmente ao estabelecimento de uma cruzada antipopulista, fundada na defesa férrea das instituições, em decorrência do aparecimento dos novos regimes nacional-populares, encarados como uma ameaça autoritária aos preceitos constitucionais e às liberdades públicas. O caráter ideológico dessa ofensiva antipopulista está bastante claro. Mais do que denunciá-lo, porém, é importante refletir por um momento sobre os pressupostos intelectuais subjacentes – e muitas vezes inconscientes para seus próprios atores – que estruturam essa operação.

O que são, na verdade, as instituições? Elas nunca são entidades neutras; ao contrário, representam a cristalização de relações de força entre os grupos, uma situação de equilíbrio temporário entre eles. O corolário dessa afirmação é o seguinte: quando um projeto de transformação social profunda começa a ser implementado, ele entrará em choque, em vários pontos, com a ordem institucional vigente, e esta terá de ser modificada mais cedo ou mais tarde. E isso abrange a totalidade da ordem institucional, começando pelas constituições. Boa parte dos preceitos da Constituição equatoriana de 1998 refletia o auge do neoliberalismo e do Consenso de Washington, e a "revolução cidadã" de Rafael Correa exigiu uma reforma constitucional para que seu projeto transformador pudesse se consolidar e se expandir.

Da mesma forma, reformas constitucionais tiveram de ser implementadas na Venezuela e na Bolívia. E não é de espantar que, na Argentina, um dos brados de guerra e um dos lemas de reagrupamento das forças conservadoras tenham sido impedir a modificação da Constituição neoliberal de 1994.

Que força é essa contra a qual se ergue o institucionalismo extremo? Resposta: o populismo. Há um fantasma que assombra a América Latina, e esse fantasma é o populismo. Como o termo tem sido usado e abusado a ponto de sua substância conceitual se dissolver e apenas permanecerem flutuando suas conotações pejorativas, vale a pena retornar por um instante a algumas das teses centrais formuladas neste livro.

A mais relevante, talvez, para o nosso tema é aquela segundo a qual o populismo não é uma ideologia, mas uma forma de construção do político. Essa forma de construção consiste nos que estão abaixo em relação ao sistema de poder existente serem interpelados pelas mais diversas ideologias, do fascismo ao socialismo. Na Europa de hoje, por exemplo, temos um populismo étnico em países do Leste, após a desintegração do sistema soviético; um populismo também de direita na Europa ocidental, baseado na xenofobia e no repúdio aos imigrantes. Na América Latina, ao contrário, o populismo está ligado à ascensão de regimes de esquerda e se fundamenta na construção de uma ordem nacional e popular que rompa com os ditames do Consenso de Washington.

De qualquer maneira, seja de esquerda, seja de direita, decisivamente o populismo *se constitui sempre em torno de um corte.* Em certo momento, o sistema institucional vigente entra em obsolescência e mostra sua incapacidade de absorver as novas demandas sociais pelas vias tradicionais; em decorrência disso, tais demandas tendem a se aglutinar *fora do sistema,* num ponto de ruptura com o sistema. É o corte populista.

Poderíamos dizer que populismo e institucionalismo em suas formas "puras" (ideal-típicas) seriam os extremos desse processo contínuo. O institucionalismo extremo (e, como tal, impossível) seria a pura e simples substituição da política pela administração. É o ideal a que tendem todas as formas de tecnocracia. A bandeira brasileira traz a inscrição "Ordem e Progresso", que se originou de um lema da Igreja Positivista. Mas também um populismo extremo, baseado na pura mobilização e sem objetivos de transformação institucional, constitui uma opção impossível. Na prática, as políticas sempre se constroem em algum ponto interior desse processo contínuo, nunca em seus extremos. Cada mobilização e cada regime apresentam uma combinação, em proporções variáveis, de populismo e institucionalismo.

É aqui que nos deparamos, talvez, com o traço mais original dos regimes nacional-populares latino-americanos: uma dosagem difícil, mas no conjunto bem-sucedida, do que denominamos a dimensão horizontal da *autonomia* e a dimensão vertical da *hegemonia*. A dimensão de autonomia se refere à mobilização espontânea a partir de uma pluralidade de demandas sociais (demandas que, como explicamos neste livro, tendem a se associar em cadeias de equivalência). A ideia de hegemonia se refere à transformação do Estado e à ampliação da esfera pública.

A escolha unilateral de qualquer dessas duas dimensões conduz, em pouco tempo, a um curto-circuito e, no longo prazo, a um beco sem saída. Dar ênfase exclusiva à dimensão hegemônica leva a regimes burocráticos que não se alimentam de uma mobilização maciça de base. Nesse caso, o resultado só pode ser o retrocesso do processo transformador e sua progressiva absorção pelo velho *establishment*. Nunca houve um despotismo ilustrado que tenha vivido à altura das expectativas que suscita. Por outro lado, o ideal libertário de uma pura mobilização que persiga seus objetivos totalmente fora dos domínios do Estado também é uma receita para o fracasso: mais cedo ou mais tarde a mobilização pura tende a se desintegrar, e as cadeias de equivalência se rompem ou se diluem.

O pior que pode acontecer a um processo incipiente de transformação é ficar paralisado entre Cila e Caríbdis, isto é, entre dois demônios: ou seduzido por uma perspectiva puramente liberal, que aceita as formas institucionais existentes como o único marco possível de acionar o político, ou estimulado por uma política de puro protesto, que se esgota em sua autorreferência.

Não tenho dúvida de que a atual crise da esquerda europeia se vincula ao fato de que ela não escapou inteiramente da armadilha representada por essa falsa alternativa. Desse ponto de vista, o atual populismo radical latino-americano constitui um caminho potencialmente mais bem-sucedido para enfrentar os futuros políticos que se abrem a partir da presente conjuntura crítica.

Se as teses aqui desenvolvidas contribuírem para a discussão sobre esses futuros políticos, este livro terá cumprido seu objetivo.

Ernesto Laclau
Rio de Janeiro, agosto de 2013

Introdução à edição inglesa

As principais questões tratadas neste livro são a natureza e a lógica da formação das identidades coletivas. Minha abordagem originou-se de uma insatisfação com perspectivas sociológicas que consideravam o grupo como unidade básica da análise social ou tentavam transcender essa unidade através de paradigmas funcionalistas ou estruturalistas. A lógica que esses tipos de funcionamento social pressupõe é, na minha visão, simples e uniforme demais para poder apreender a variedade de movimentos implicados na construção de identidades. Nem é preciso dizer que o individualismo metodológico, em qualquer de suas variantes – aí incluída a escolha racional –, não proporciona nenhuma alternativa ao tipo de paradigma que estou tentando questionar.

O percurso que resolvi fazer a fim de tratar dessas questões é duplo. É necessário, primeiramente, dividir a unidade do *grupo* em unidades menores, que denomino *demandas*: a unidade do grupo, na minha visão, é o resultado de uma articulação de demandas. Essa articulação, entretanto, não corresponde a uma configuração estável e positiva, que poderia ser considerada uma totalidade coerente. Ao contrário: visto que é da natureza de toda demanda apresentar reivindicações a uma certa ordem estabelecida, ela se encontra numa relação peculiar com essa ordem, situando-se dentro e fora dela. Como essa ordem não pode absorver completamente a demanda, ela não pode se constituir como uma totalidade coerente. A demanda, entretanto, requer algum tipo de totalização, caso ela se cristalize, enquanto reivindicação, em algo que possa ser inscrito no "sistema". Todos esses movimentos ambíguos e contraditórios desembocam em várias formas de articulação entre a lógica da diferença e a lógica da equivalência, discutidas no capítulo 4 deste livro, "O 'povo' e a produção discursiva do vazio". Conforme argumento no capítulo, a impossibilidade de fixar a unidade de uma formação social em qualquer objeto *conceitualmente* apreensível leva à centralidade da *nomeação* na constituição dessa unidade, ao passo que a necessidade de um cimento social que una os elementos heterogêneos – unidade que não é proporcionada por nenhuma lógica articulatória funcionalista ou estruturalista – outorga centralidade ao *afeto* na constituição social. Freud já havia entendido esse fato com clareza: o laço social é um laço libidinal. Meu estudo se completa com uma ampliação das categorias elaboradas no capítulo 4 – lógicas da diferença e equivalência, significantes vazios, hegemonia –, abrangendo uma gama mais ampla de fenômenos políticos. Assim, no capítulo 5, "Significantes flutuantes e heterogeneidade social", discuto esses conceitos – significantes flutuantes e heterogeneidade social – e no capítulo 6, "Populismo, representação e democracia", os conceitos de representação e democracia.

Mas qual é o motivo que me leva a encarar essas questões por meio de uma discussão sobre o populismo? Isso se deve à suspeita, que alimento há muito tempo, de que, na subestimação do populismo, estão implicados muitos outros fatores do que apenas o que pretende relegar um conjunto periférico de fenômenos para as margens da explicação social. O que essa rejeição tão desdenhosa implica é, segundo penso, a subestimação da política *tout court* e a afirmação de que a gestão da comunidade cabe a um poder administrativo cuja fonte de legitimidade é o conhecimento apropriado daquilo que constitui uma "boa" comunidade. Esse tem sido, ao longo dos séculos, o discurso da filosofia política, e Platão foi o primeiro a instituí-lo. O populismo sempre foi relacionado a um excesso perigoso, que questiona os moldes bem delineados de uma comunidade racional. Minha tarefa, portanto, tal como a concebi, foi esclarecer as lógicas específicas inerentes a esse excesso e argumentar que, longe de corresponderem a um fenômeno marginal, elas estão inscritas no funcionamento real de quaisquer espaços comunitários. Tendo isso em mente, demonstro de que maneira, pelas discussões travadas no século XX sobre a psicologia das massas, houve uma progressiva internalização daquelas características que dizem respeito à "multidão", as quais foram encaradas inicialmente – como nos escritos de Hippolyte Taine, por exemplo – como um excesso inassimilável, mas que, conforme Freud demonstrou em *Psicologia das massas e análise do Eu*, são inerentes à formação de qualquer identidade social. Espero ter desenvolvido esse tema a contento na primeira parte do livro. O capítulo 7, "A saga do populismo", aborda ocorrências históricas que ilustram as condições de emergência das identidades populares, e o capítulo 8, "Obstáculos e limites à construção do 'povo'", leva em consideração os limites na constituição das identidades populares.

Uma consequência dessa intervenção é que o referencial do populismo torna-se borrado, ou indistinto, pois muitos fenômenos que tradicionalmente não eram considerados populistas aqui são qualificados dessa maneira. A essa altura, pode ocorrer uma crítica potencial à minha abordagem, à qual só posso responder com o argumento de que o referencial do populismo na análise social tem sido sempre ambíguo e vago. Um breve olhar sobre a literatura relativa a esse tópico, discutida no capítulo 1, "Populismo: ambiguidades e paradoxos", é suficiente para mostrar que tal literatura é plena de referências à vacuidade do conceito e à imprecisão de seus limites. Não foi minha intenção encontrar o *verdadeiro* referente do populismo, mas fazer o oposto: mostrar como ele não possui uma unidade referencial, pois não é um fenômeno delimitável, e sim uma lógica social, cujos efeitos perpassam muitos fenômenos. O populismo é, muito simplesmente, um modo de construir o político.

Há muitas pessoas que, por meio de sua obra ou de um diálogo pessoal, ao longo dos anos, contribuíram para moldar minha visão sobre esses temas. Não tentarei apresentar uma lista de todas elas, pois ela será sempre e necessariamente incompleta. Reconheci, nas citações presentes no texto, minhas mais importantes dívidas intelectuais. Há, porém, algumas pessoas que não podem ser omitidas. Existem dois contextos em que essas ideias foram discutidas e que foram particularmente frutíferos para o desenvolvimento de meu pensamento. Um deles é o seminário de doutorado sobre Ideologia e Análise do Discurso, na Universidade de Essex, coordenado por Aletta Norval, David Howarth e Jason Glynos. O outro é o seminário de pós-graduação sobre retórica, psicanálise e política, realizado no Departamento de Literatura da Universidade Estadual de Nova York, em Buffalo, que coordenei com minha colega Joan Copjec. Minhas outras palavras de gratidão vão para Chantal Mouffe, cujos encorajamento e comentários aos meus textos têm sido uma fonte constante de estímulo para o meu trabalho, e para Noreen Harbut, do

Centro de Estudos Teóricos da Universidade de Essex, cujo cuidado técnico ao dar forma a meu manuscrito se revelou inestimável, não somente nesta ocasião, mas em muitas outras. Quero também agradecer a minha editora, Gillian Beaumont, tanto por seu eficiente trabalho ao melhorar o inglês de meu texto original, como por seus vários e muito eficientes comentários editoriais.

E. L.

Evanston, novembro de 2004

PARTE I

A denigração das massas

1. Populismo: ambiguidades e paradoxos

O populismo, enquanto categoria de análise política, nos leva a confrontar problemas um tanto idiossincráticos. Constitui, por um lado, um conceito recorrente, que não apenas é empregado em larga escala, pois faz parte da descrição de uma ampla variedade de movimentos políticos, mas que também tenta captar algo a respeito destes, o que é fundamental. A meio caminho entre o descritivo e o normativo, o populismo pretende apreender algo crucialmente significativo sobre as realidades políticas e ideológicas a que se reporta. A aparente imprecisão do conceito não se traduz em quaisquer dúvidas que digam respeito à importância de sua função atributiva. Nós, entretanto, estamos muito longe de ter uma clareza sobre o *conteúdo* dessa atribuição. Um traço persistente da literatura sobre o populismo é sua relutância – ou dificuldade – em dar ao conceito qualquer significado preciso. A clareza conceitual, para não falar em definições, está visivelmente ausente desse campo. Na maior parte do tempo, a compreensão intelectual é substituída por apelos a uma intuição não verbalizada ou por enumerações descritivas de uma variedade de "características relevantes" – a relevância de tais características, aliás, é diminuída pelo próprio gesto que a afirma, devido a uma proliferação de exceções. Temos aqui um típico exemplo de uma estratégia intelectual que trata do populismo na literatura existente:

> O próprio populismo tende a negar qualquer identificação ou classificação com a dicotomia direita/ esquerda. Trata-se de um movimento

> multiclassista, embora nem todo movimento multiclassista possa ser considerado populista. O populismo provavelmente desafia qualquer definição abrangente. Deixando momentaneamente de lado esse problema, o populismo inclui usualmente componentes contrastantes, tais como a reivindicação da igualdade de direitos políticos e da participação universal das pessoas comuns, mas funde-se com algum tipo de autoritarismo, frequentemente sob uma liderança carismática. Ele inclui também demandas socialistas, ou pelo menos a demanda da justiça social, uma vigorosa defesa da pequena propriedade, componentes fortemente nacionalistas e a negação da importância da classe. O populismo é acompanhado pela afirmação dos direitos das pessoas comuns de enfrentarem os interesses de grupos privilegiados, habitualmente considerados inimigos do povo e da nação. Qualquer um desses elementos pode ser enfatizado de acordo com condições sociais ou culturais, mas todos se encontram presentes na maioria dos movimentos populistas.[1]

O leitor não encontrará dificuldade em ampliar a lista dos traços relevantes levantados na citação acima por Gino Germani ou, ao contrário, em detectar movimentos populistas nos quais esses traços estão ausentes. Nesse caso, a única coisa que nos resta é a impossibilidade de definir o termo. Não se trata de uma situação muito satisfatória no que diz respeito à análise social.

Gostaria, desde o início, de adiantar a hipótese que guiará nossa indagação teórica: o impasse que a teoria política experimenta em relação ao populismo está longe de ser acidental, pois tem suas raízes fincadas na limitação dos instrumentos ontológicos atualmente disponíveis para a análise política; o populismo, enquanto *locus* de um empecilho teórico, reflete alguns dos limites inerentes ao modo pelo qual a teoria política abordou a questão de como os agentes sociais "totalizam" o conjunto de sua experiência política. Para desenvolver essas hipóteses, começarei considerando algumas das tentativas, na literatura corrente, de lidar com a aparente intratabilidade da questão do populismo. Tomarei como exemplo os primeiros escritos de Margaret Canovan[2] e alguns dos ensaios que se encontram num livro muito conhecido sobre o tema, *Populism: Its Meaning and National Characteristics* (1969), organizado por Ghita Ionescu e Ernest Gellner.[3]

IMPASSES NA LITERATURA SOBRE O POPULISMO

Dada a vagueza do conceito de populismo e a multiplicidade de fenômenos que têm sido incluídos nesse rótulo, poderíamos pensar que uma primeira estratégia intelectual consistiria em não tentar ir além da própria multiplicidade, isto é, permanecer nela, analisar a gama de ocorrências empíricas que ela abrange e tirar quaisquer conclusões possíveis de uma comparação limitada e descritiva entre elas. É o que Canovan tenta fazer em seu livro *Populism* (1981), que inclui fenômenos tão disparatados quanto o populismo americano, os *narodniki* russos, os movimentos agrários europeus surgidos logo após a Primeira Guerra Mundial, o Crédito Social na província canadense de Alberta e o peronismo na Argentina, entre outros.

É importante nos concentrarmos por um momento no modo pelo qual Canovan aborda essa diversidade, isto é, como ela tenta apreendê-la por meio de uma tipologia, e na conclusão a que chega com seu procedimento. Canovan tem clara consciência da verdadeira dimensão dessa diversidade, que, para começar, é evidenciada na pluralidade de definições de populismo encontradas na literatura. Eis a lista que ela levanta:

1. O socialismo que (emerge) em países camponeses atrasados que enfrentam os problemas da modernização.
2. Basicamente, a ideologia de pequenos grupos rurais ameaçados pelo abuso do capital financeiro e industrial.
3. Basicamente [...] um movimento rural que procura garantir os valores tradicionais numa sociedade em mudança.
4. A crença segundo a qual a opinião majoritária das pessoas é controlada por uma minoria elitista.
5. Qualquer credo ou movimento baseado na seguinte premissa principal: a virtude se encontra nas pessoas simples, que constituem a esmagadora maioria, e em suas tradições coletivas.
6. O populismo proclama que a vontade do povo enquanto tal tem supremacia sobre qualquer outro critério.
7. Um movimento político que goza do apoio da classe trabalhadora urbana e/ou do campesinato, mas que não resulta do poder organizativo autônomo de nenhum desses dois setores.[4]

Confrontada com tamanha variedade, Canovan considera importante estabelecer uma distinção entre um populismo agrário e um populismo que não é necessariamente rural, mas essencialmente político e baseado na relação entre "o povo" e as elites. Tomando essa distinção como ponto de partida, ela levanta a seguinte tipologia:

Populismos agrários
1. O radicalismo dos agricultores (por exemplo, o Partido do Povo,* nos Estados Unidos).

* O Partido do Povo [People's Party], ou Partido Populista, foi uma agremiação política norte-americana fundada na década de 1890 e que durou cerca de vinte anos. Tinha como sustentação política os agricultores do Meio-Oeste e do

2. Os movimentos camponeses (por exemplo, o levante campesino do Eastern European Green Rising).
3. O socialismo agrário intelectual (por exemplo, os *narodniki*).

Populismos políticos
4. As ditaduras populistas (por exemplo, Perón).
5. As democracias populistas (isto é, as demandas por referendos e "participação").
6. Os populismos reacionários (por exemplo, George Wallace e seus seguidores).
7. O populismo dos políticos (isto é, a ampla e não ideológica construção de coalizões que se beneficiam com o apelo unificador do "povo").[5]

A primeira coisa a se notar é que falta a essa tipologia qualquer critério coerente em torno do qual suas distinções possam vir a ser estabelecidas. Em que sentido se pode afirmar que os populismos agrários não são políticos? E qual é a relação entre os aspectos sociais e políticos dos populismos "políticos" que acarretam um modelo de mobilização política diverso da mobilização agrária? Tudo se passa como se Canovan tivesse simplesmente escolhido os aspectos mais visíveis e impressionáveis de uma série de movimentos, tomados ao acaso, e plasmado seus tipos distintivos sobre a base de suas diferenças. Isso, porém, dificilmente constitui uma tipologia digna desse nome. O que garante que as categorias são

---

Sul do país e sua plataforma incluía reivindicações como a expansão da base monetária e do crédito, a valorização dos produtos agrícolas, a nacionalização dos sistemas de transporte e a estatização das comunicações. O autor discute mais detalhadamente essa experiência norte-americana no capítulo 8. [N.E.]

exclusivas e não se sobrepõem umas às outras? É exatamente o que ocorre, conforme a própria Canovan reconhece.

Talvez se possa argumentar que Canovan está proporcionando não uma tipologia, no sentido estrito do termo, mas antes um mapa da dispersão linguística que tem regido os empregos do termo populismo. Sua alusão às "semelhanças de família", de Wittgenstein, poderia, até certo ponto, apontar nessa direção. No entanto, mesmo nesse caso, a lógica que governa essa dispersão requer muito mais precisão do que Canovan oferece. Não é necessário que os traços que constituem uma síndrome populista sejam reduzidos a um modelo logicamente unificado, mas pelo menos deveríamos ser capazes de entender quais são as semelhanças de família que, em cada caso, têm dominado a circulação do conceito. Canovan, por exemplo, assinala que o movimento populista nos Estados Unidos não foi apenas um movimento dos agricultores, mas que também possuía "um aspecto político proeminente enquanto revolta popular contra a elite de plutocratas, políticos e especialistas",[6] rebelião inspirada pela democracia jacksoniana. Nesse caso, ela não nos estará dizendo que o motivo pelo qual deveríamos denominar aquele movimento populista não deve ser localizado em sua base social (agrária), mas numa inflexão daquela base devido a uma lógica política particular, lógica esta presente em movimentos que, num sentido social, são bastante heterogêneos?

Em vários trechos de sua análise, Canovan está à beira de atribuir a especificidade do populismo às lógicas políticas que organizam *quaisquer* conteúdos sociais, mais do que aos próprios conteúdos. Ela afirma, por exemplo, que os dois traços universalmente presentes no populismo são o apelo ao povo e o antielitismo.[7] Chega ao ponto de observar que nenhum dos dois traços pode ser atribuído permanentemente a qualquer conteúdo social ou político (ideológico). Isso, como poderíamos ser levados a pensar, abriria o caminho para uma determinação de ambos os traços, mais em termos de uma lógica política do que de conteúdos sociais. No entanto, nada disso acontece, pois Canovan localiza, nessa falta de determinação social, um inconveniente que reduz de forma considerável a utilidade das categorias que correspondem a seus dois traços universalmente presentes. Assim, "a exaltação desse ambíguo 'povo' pode assumir variadas formas. Como ela abrange tudo, desde as cínicas manipulações da retórica peronista à humilde autodepreciação dos *narodniki*, ela não aporta muito à definição do conceito de populismo".[8] A situação é apenas ligeiramente melhor no caso do antielitismo.[9]

Se a análise de Canovan possui, pelo menos, o mérito de não tentar eliminar a multiplicidade de formas que o populismo tem assumido historicamente – e nesse sentido, ela evita a pior espécie de reducionismo –, a maior parte da literatura sobre o tema não resistiu à tentação de atribuir ao populismo um conteúdo social particular. Por exemplo, no ensaio "Populism as an Ideology" [Populismo como ideologia], do livro *Populism*, organizado por Ionescu e Gellner, Donald MacRae escreve:

> Porém, com toda certeza empregaremos automática e corretamente o termo populista quando, sob a ameaça de alguma espécie de modernização e de industrialização – ou como quer que a chamemos –, um segmento predominantemente agrícola da sociedade afirma, como estatuto de sua ação política, sua crença numa comunidade, e (de hábito) o *Volk* [povo, em alemão] como algo incomparavelmente virtuoso, igualitário e contra toda e qualquer elite. Ele contempla um passado mítico a fim de regenerar o presente,

> confunde usurpação com conspiração estrangeira, recusa-se a aceitar qualquer doutrina de inevitabilidade social, política ou histórica. Em consequência, assume a crença em um apocalipse iminente, mediado pelo carisma de líderes e de legisladores heroicos, espécies de novos Licurgos. Se, com tudo isso, deparamos com um movimento de associação de curto prazo tendo em vista fins políticos que devem ser alcançados pela intervenção estatal, e não com um partido político sério, real, então o populismo está presente em sua forma mais típica.[10]

Não é de surpreender que, após uma descrição tão detalhada do verdadeiro populismo, MacRae enfrente algumas dificuldades em aplicar sua categoria a populismos "atualmente existentes". Como resultado, ele tem de aceitar o fato de que o populismo contemporâneo tem pouco em comum com o seu modelo ideal:

> O populismo do século XX não foi transmitido da Rússia ou dos Estados Unidos de modo significativo, segundo penso. Na realidade, certos componentes do pensamento europeu se difundiram independentemente e foram recombinados para formar populismos nativos. Algumas das ambiguidades de populismos mais antigos se mesclaram a elementos primitivistas e progressivos. A raça (o *Négritude*,* por exemplo) e a religião, especialmente o Islã, mas também o budismo, o cristianismo milenarista e o hinduísmo foram adicionados a uma mescla de virtude arcaica e de personalidade

* O movimento *Négritude* reuniu, a partir da década de 1930, intelectuais, artistas e políticos francófonos em torno da defesa de um panafricanismo, da cultura negra e do combate ao racismo e à dominação colonial francesa. Entre os principais nomes do movimento estavam o escritor martinicano Aimé Césaire e o político e escritor senegalês Leopold Senghor. [N.E.]

> exemplar. O primitivismo agrário é uma força diminuída, embora pareça florescer na Índia. A conspiração e a usurpação se combinam nas várias teorias sobre o neocolonialismo e as ações da CIA. A "assimetria dos princípios cívicos" tornou-se a norma da "ação direta" populista. A espontaneidade e a integridade são louvadas, mas agora são particularmente identificadas com os jovens, e assim a juventude ideal – uma figura familiar no mito – substituiu em grande escala o proprietário agrário e o camponês sem instrução como personalidade a ser cultuada. O marxismo moderno, em sua guinada em direção ao "jovem Marx", tornou-se populista. Existe populismo nos temas consensuais e no difuso apolitismo da "Nova Esquerda".[11]

O problema que se apresenta com essa caótica enumeração é, sem dúvida, o fato de que os movimentos acima mencionados possuem pouco ou nenhum dos traços do populismo, tal como o define MacRae em seu ensaio. Se ainda assim eles são denominados populistas, é porque se supõe que compartilhem algo com o populismo clássico, mas ficamos inteiramente no escuro quanto à natureza desse algo.

Esta é uma característica geral da literatura sobre o populismo: quanto mais determinações são incluídas no conceito geral, menos esse conceito é capaz de conferir hegemonia a análises concretas. Um exemplo extremo é o ensaio de Peter Wiles intitulado "A Syndrome, not a Doctrine: Some Elementary Themes on Populism" [Uma síndrome, não uma doutrina: alguns temas elementares em torno do populismo].[12] O conceito de populismo é elaborado com grande detalhamento: 24 características que abrangem extensa variedade de dimensões, que vão desde seu caráter não revolucionário e sua oposição à luta de classes até sua adoção da pequena cooperativa como tipo econômico ideal, além do fato de ser de caráter religioso, mas oposto à religião institucionalizada. Não é de surpreender que Wiles dedique a segunda parte de seu ensaio à análise das exceções. Elas são tão abundantes que nos pomos a imaginar se existe um único movimento político que apresente todas as 24 características do modelo de Wiles. Ele sequer se priva de se contradizer. Assim, a certa altura, escreve que "também é difícil para o populismo ser proletário. O pensamento tradicional é menos comum entre os proletários do que entre os artesãos. Seu trabalho está sujeito a uma disciplina em larga escala, o que, de fato, contradiz a premissa principal".

Duas páginas adiante, entretanto, somos informados do seguinte:

> O socialismo se posiciona muito mais distante [do populismo] do que o fascismo, como se pode notar nos socialistas quintessenciais como Marx, os Webbs e Stálin. Lênin, porém, admitiu uma grande influência dos *narodniki* e, de fato, o populismo em ideias e comportamentos. Ele tem sido seguido por outros comunistas, notavelmente Aldo [*sic!*] Gramsci e Mao Tse-tung.

Poderíamos indagar o que mais Lênin e Gramsci estavam fazendo, a não ser tentar construir uma hegemonia proletária. Porém, o absurdo do exercício de Wiles se revela com clareza ainda maior quando ele tenta estabelecer uma lista dos movimentos que considera populistas:

> Então essas pessoas e movimentos são populistas e possuem muito em comum: os *levellers*, os *diggers*, os cartistas (Força Moral e Física), os *narodniki*, os populistas americanos, os socialistas-revolucionários, Gandhi, Sinn Fein, a Guarda de Ferro, o Crédito Social em

> Alberta, Cárdenas, Haya de la Torre, o CCF em Saskatchewan, Poujade, Belaúnde, Nyerere.*[13]

Nada nos é dito, é claro, sobre o "muito em comum" que esses líderes e movimentos têm, supostamente. Um mínimo conhecimento a respeito deles é suficiente para sabermos que isso não pode ser a síndrome descrita no início do ensaio de Wiles. Assim, sua observação final – "nenhum historiador pode negligenciar o conceito (do populismo) como instrumento de compreensão" – é um convite a um comentário melancólico: a fim de negligenciar um conceito, é preciso, antes de mais nada, possuí-lo.

Nos textos até agora abordados, aquilo que é específico sobre o populismo – sua dimensão definidora – tem sido evitado *sistematicamente*. Deveríamos começar a nos perguntar se o motivo dessa sistematização não se encontra talvez em alguns preconceitos políticos não formulados que guiam a mente de analistas políticos. Mais adiante indicarei que o principal mérito da contribuição de

* Os *levellers* (do inglês "to level", nivelar ou igualar) foram revolucionários britânicos que reivindicaram, em meados do século XVII, igualdade de direitos perante a lei e reformas na Constituição. Os *diggers* ("escavadores"), oriundos do meio rural inglês, pretenderam estabelecer uma comunidade socialista. Lázaro Cárdenas Del Rio (1895-1970) foi presidente do México (1934-40). Victor Raúl Haya de la Torre (1895-1979), peruano, foi fundador da Aliança Popular Revolucionária Americana. O partido socialista CCF (Co-operative Commonwealth Federation) foi eleito para o governo da província canadense de Saskatchewan em 1944. Robert Poujade (1923-2000), francês, destacou-se na Resistência e na defesa dos pequenos comerciantes. Fernando Belaúnde Terry (1912-2002) foi duas vezes presidente do Peru (1963-8 e 1980-5). Julius Kambarage Nyerere (1922-1999) foi presidente da República de Tanganica (quando da independência desse território da Grã-Bretanha, em 1962) e depois presidente da Tanzânia (1964-85), formada a partir da união de Tanganica e Zanzibar em 1964. [N.E.]

Peter Worsley ao debate foi o fato de ele começar a se distanciar desses pressupostos. Antes disso, porém, devo dizer algo sobre os próprios pressupostos. Posso fazê-lo reportando-me a outro ensaio publicado na coletânea *Populism*: o de Kenneth Minogue, intitulado "O populismo como movimento político".[14]

Existem duas distinções nas quais Minogue fundamenta sua análise. A primeira é a distinção entre *retórica* e *ideologia*. "Precisamos distinguir cuidadosamente a *retórica* usada pelos membros de um movimento, que pode ser plagiada de maneira aleatória em qualquer lugar, de acordo com as necessidades do movimento, e a *ideologia* que expressa a corrente mais profunda do movimento."[15] A segunda é a distinção entre um movimento e sua ideologia. Embora Minogue não seja muito consistente com o uso dessas distinções, torna-se claro que existe, para ele, uma gradação normativa, na qual o nível mais baixo é vinculado à retórica, e o nível mais alto, ao movimento, sendo que a ideologia permanece numa situação intermediária desconfortável, fazendo parte de formas institucionalizadas do movimento e degenerando em mera retórica. Esta é o destino manifesto do populismo, que é uma formação política essencialmente transitória. Ao se referir ao populismo americano, Minogue afirma:

> Então temos aqui um movimento com duas características significativas: ele desapareceu com muita rapidez, tão logo as condições mudaram, e sua ideologia se tornou uma colcha de retalhos de elementos emprestados. De fato, para insistir na terminologia empregada na primeira parte, ele não possuía uma ideologia em um sentido sério e apresentava meramente uma retórica. Não criou raízes profundas, pois havia muito pouco que pudesse crescer – simplesmente uma racionalização dos tempos difíceis,

apressadamente elaborada, que poderia ser abandonada assim que as coisas melhorassem.[16]

Eis o que ele tem a dizer sobre as ideologias do Terceiro Mundo:

> Em contraste com as ideologias europeias consolidadas, essas crenças têm a aparência de guarda-chuvas abertos de acordo com as exigências do momento, e suscetíveis a novas configurações, tão logo as circunstâncias mudem. Isso parece ser inteiramente sensato enquanto reação a uma alternância de desespero e esperança, que os pobres periféricos de um mundo industrializado têm de vivenciar. Eles não podem se permitir serem doutrinários; o pragmatismo precisa ser a única baliza que orienta seu comportamento. [...] Penso, então, que podemos racionalizar legitimamente a tendência crescente de empregar o termo "populismo" para abarcar muitos e vários movimentos, como um reconhecimento do caráter particular das ideias políticas no mundo moderno. O populismo é um tipo de movimento encontrado entre aqueles que têm a consciência de pertencer à periferia pobre de um sistema industrial. Nesse sentido, ele pode ser encarado como uma reação à industrialização. É, porém, uma reação daqueles cujo impulso mais profundo pode, com frequência, os levar a se tornarem eles mesmos industrializados. Somente quando não conseguem juntar-se a eles é que os atacam. E é essa ambivalência que responde pelo vazio intelectual dos movimentos populistas.[17]

Concentremo-nos nessas distinções e nas estratégias intelectuais que as fundamentam. A ideologia pode ser considerada algo distinto da retórica envolvida na ação política somente se a retórica for entendida como um puro adorno de linguagem, que de modo algum afeta o conteúdo por ela transmitido. Esse é o conceito mais clássico da retórica, baseado em sua diferenciação da *lógica*. O equivalente sociológico daquilo a que a retórica se opõe é o conceito de "atores sociais" constituídos em torno de interesses bem definidos e que negociam racionalmente com um meio externo. Para semelhante visão da sociedade, a imagem de agentes sociais cujas identidades são constituídas em torno de símbolos populistas difusos pode ser somente uma expressão de irracionalidade. A denigração ética que o ensaio de Minogue reflete é, na verdade, compartilhada por grande parte da literatura sobre o populismo. O que acontecerá, entretanto, se o campo da lógica falhar em se constituir como uma ordem fechada e se instrumentos retóricos forem necessários para alcançar esse fechamento? Nesse caso, os próprios recursos retóricos – a metáfora, a metonímia, a sinédoque, a catacrese – se tornam instrumentos de uma racionalidade social ampliada e já não temos mais condição de subestimar uma interpelação ideológica como algo *meramente* retórico. Assim, a imprecisão e o vazio dos símbolos políticos populistas não podem ser dispensados tão facilmente. Tudo depende do ato performativo que semelhante vazio ocasiona. Em relação aos populistas americanos, por exemplo, Minogue afirma:

> Os populistas americanos parecem estar reagindo, na maior parte das vezes e imediatamente, à situação concreta da pobreza rural e dos baixos preços de sua produção [...]. A questão é que qualquer movimento selecionará seus inimigos com um olho na aquisição de aliados. Proclamar que eles estavam reagindo aos "Estados Unidos industrial" deu aos populistas a possibilidade de uma aliança com outros grupos não populares da sociedade americana, tais como os liberais citadinos e os socialistas e anarquistas urbanos.[18]

Mas, obviamente, se através de operações retóricas eles conseguiram constituir amplas identidades populares que abrangem muitos setores da população, *eles, na realidade, constituiram sujeitos populistas*, e não faz sentido subestimar esse fato como mera retórica. Longe de ser um parasita da ideologia, a retórica seria realmente a anatomia do mundo ideológico.

O mesmo se pode dizer da distinção entre "ideologia" e "movimento", fundamental para a argumentação de Minogue. Ele nos previne contra o perigo, para o estudioso de um movimento, de "render-se à ideologia desse movimento".[19] Será que nós, entretanto, separamos tão rigidamente a ideologia do movimento? A própria distinção evoca com demasiada clareza uma antiga diferenciação entre as ideias nas cabeças das pessoas e a ação de que elas participam. Essa distinção, entretanto, é insustentável. Desde Wittgenstein sabemos que os jogos da linguagem compreendem tanto as trocas linguísticas como as ações nos quais eles se encaixam, e a teoria dos atos de fala colocou em um novo patamar o estudo das sequências discursivas que constituem a vida social institucionalizada. É nesse sentido que Chantal Mouffe e eu definimos os discursos como totalidades estruturadas, que articulam tanto elementos linguísticos como não linguísticos.[20] Desse ponto de vista, a distinção entre um movimento e sua ideologia não só é inútil mas também irrelevante. O que importa é determinar as sequências discursivas por meio das quais uma força ou um movimento social conduz seu desempenho político global.

É evidente que meu objetivo ao questionar as distinções estabelecidas por Minogue, que tomo apenas como exemplos de uma atitude geral em relação ao populismo, tem sido, em grande medida, inverter a perspectiva analítica, em vez de começar com um modelo de racionalidade política que encara o populismo em termos daquilo que lhe faz falta – sua vagueza, seu vazio ideológico, seu anti-intelectualismo, seu caráter transitório. O objetivo é ampliar o modelo ou a racionalidade em termos de uma retórica generalizada (a qual, conforme veremos, pode ser denominada *hegemonia*), de tal modo que o populismo surge como uma possibilidade distintiva e sempre presente de estruturação da vida política. Uma abordagem do populismo em termos de anormalidade, desvio ou manipulação é estritamente incompatível com nossa estratégia teórica.

É por isso que considero o ensaio de Peter Worsley, "The Concept of Populism" [O conceito de populismo],[21] em *Populism*, particularmente renovador. Embora sua intervenção resvale em um exercício descritivo que quase não consegue apreender *conceitualmente* a especificidade do populismo, todos os movimentos incipientes que ele faz nessa direção são, segundo penso, particularmente promissores:

1) Ele parte da mera análise do conteúdo das ideias e caminha em direção ao papel que elas desempenham em um determinado contexto cultural, um papel que modifica não apenas os seus *usos*, mas também o próprio conteúdo intelectual.

> Aqui se sugere, *per contra*, que as ideias, no processo de se tornarem absorvidas em sucessivos contextos culturais, diferentes daqueles em que elas foram engendradas ou até então floresceram, não apenas assumem um significado sociológico diferente, na medida em que serão *usadas* diferentemente ao serem incorporadas a novos moldes de ação, mas também constituirão ideias a serem modificadas, já que precisam ser necessariamente articuladas com outro equipamento psíquico: "interesses" preexistentes, elementos e estruturas

> cognitivas, disposições efetivas etc., que fazem parte do *milieu* [meio] receptor. As ideias "originais", portanto, precisam ser intrinsecamente modificadas nesse processo para se tornarem *ideias diferentes*.[22]

Isso é extremamente importante. A tarefa não consiste tanto em comparar sistemas de ideias enquanto ideias como em explorar suas dimensões performativas. Por exemplo, a relativa simplicidade e o vazio ideológico do populismo, que na maioria dos casos consiste no prelúdio a seu rechaço elitista, deveriam ser abordados em termos do que esses processos de simplificação e esvaziamento tentam realizar; isto é, o racionalismo social que eles expressam.

2) Worsley enxerga o populismo não como um *tipo* de organização ou de ideologia a ser comparado com outros tipos, tais como o liberalismo, o conservadorismo, o comunismo ou o socialismo, mas como uma *dimensão da cultura política* que pode estar presente em movimentos de sinal ideológico muito diferentes:

> A síndrome populista [...] é muito mais ampla do que sua manifestação específica, na forma ou no contexto de qualquer política particular ou de qualquer tipo particular de sistema ideológico ou tipo de política: democracia, totalitarismo etc. Isso sugere que melhor seria considerar o populismo como uma ênfase, uma dimensão da cultura política em geral e não simplesmente como um determinado tipo de um sistema ideológico geral ou como uma forma de organização. É claro que, conforme ocorre com todos os tipos ideais, ele pode ser abordado muito intimamente por algumas culturas e estruturas políticas, tais como aquelas rotuladas até agora como "populistas".[23]

Esse movimento é fundamental, pois se Worsley estiver correto, como penso que está, então a inutilidade do exercício de tentar identificar os conteúdos universais do populismo torna-se evidente. Conforme vimos, tal exercício tem levado repetidamente a tentativas de identificar a base social do populismo, para descobrir apenas, alguns momentos mais tarde, que não se pode fazer outra coisa que não continuar denominando "populista" movimentos que possuem bases sociais totalmente diferentes entre si. É claro, porém, que, se alguém tentar evitar essa armadilha identificando o populismo com uma *dimensão* que atravessa diferenças sociais e ideológicas, então se impõe a tarefa de especificar qual é essa dimensão, algo que Worsley não faz em absoluto, pelo menos de modo suficiente e convincente.

3) Esses dois desvios da abordagem clássica possibilitam a Worsley estruturar um conjunto de outros movimentos potencialmente frutíferos. Mencionarei apenas dois. O primeiro deles é a colocação de que, para os populismos do Terceiro Mundo, "as classes socioeconômicas não são as entidades sociais fundamentais, tal como existem nos países desenvolvidos [...]. A luta de classes é, portanto, um conceito irrelevante".[24]

É claro que Worsley está se referindo às ideologias do Terceiro Mundo e não expressa sua própria opinião. No entanto, sua análise crítica aos limites do conceito de Lênin relativo à sobreposição, no campesinato russo, das distinções socioeconômicas e das solidariedades sociopolíticas sugere que, quando discute a rejeição da luta de classes pelo populismo do Terceiro Mundo, ele não só oferece uma consideração etnográfica sobre alguma forma de "falsa consciência", mas também assinala uma dificuldade real na intenção de se generalizar a "luta de classes" como motor universal de mobilização política.

O segundo movimento consiste no esforço de Worsley de evitar quaisquer tentativas reducionistas e simplistas, de considerar a dimensão espúria da manipulação como algo essencialmente constitutivo do populismo. Ele afirma:

> Seria desejável [...] alterar parte da definição de Shils sobre o populismo, de tal modo que – sem eliminar a "pseudoparticipação" (demagogia, "governo pela televisão" etc.) – também incluiríamos e distinguiríamos a participação popular autêntica e eficaz. Então o "populismo" se referiria não só a relacionamentos "diretos" entre o povo e a liderança – o que, em qualquer sociedade complexa, de grande escala, predominantemente seria pura mistificação ou simbolismo –, mas, num sentido mais amplo, abrangeria a participação popular em geral, incluindo a pseudoparticipação.[25]

Isso também é importante, pois possibilita eliminar da análise do populismo qualquer atitude *necessária* de condenação ética, uma atitude que, conforme vimos, tem estado na base de muitas análises aparentemente objetivas.

EM BUSCA DE UMA ABORDAGEM ALTERNATIVA

A partir dessa rápida, e obviamente incompleta, revisão da literatura, agora podemos dar um passo adiante e procurar uma perspectiva alternativa, que tente evitar os becos sem saída anteriormente descritos. Para fazer isso, precisamos começar por questionar e, em alguns casos, inverter os pressupostos básicos da análise que os levou a tal situação. Duas questões básicas devem ser consideradas:

1) Em primeiro lugar, temos de perguntar a nós mesmos se a impossibilidade, ou a quase impossibilidade, de definir o populismo não resulta do fato de descrevê-lo de um modo tal que qualquer apreensão conceitual do tipo de racionalidade inerente à sua lógica política foi excluída *a priori*. Penso que é isso o que ocorre. Se o populismo for descrito meramente em termos de "vagueza", "imprecisão", "pobreza intelectual", como um fenômeno de caráter puramente "transitório", "manipulador" em seus procedimentos e assim por diante, então não existe como determinar sua diferença específica em termos positivos. Ao contrário, todo esse exercício parece ter por objetivo, em seus procedimentos, separar aquilo que é racional e conceitualmente apreensível na ação política de seu oposto dicotômico: um populismo concebido como algo irracional e indefinível. Uma vez tomada essa decisão intelectual estratégica, é apenas natural que a indagação "o que é populismo?" seja substituída por uma indagação diferente: a que realidade social e ideológica o populismo *se aplica*? Ao ser privado de toda racionalidade intrínseca, o *explanans* [os termos da explicação] só pode ser inteiramente externo ao *explanandum* [o fato a ser explicado]. No entanto, como aplicar uma categoria significa, ainda, assumir que existe alguma espécie de vínculo externo que justifica sua aplicação, a pergunta é substituída habitualmente por uma terceira: "De qual realidade ou situação social o populismo é a *expressão*?". Nesse ponto, o populismo é relegado a um nível meramente epifenomênico. Para essa abordagem, nada existe na *forma* populista que requeira uma explicação. A pergunta "por qual motivo algumas alternativas ou objetivos podem se expressar unicamente através de meios populistas?" sequer é formulada. A única coisa a que estamos nos referindo é o *conteúdo* social (interesses de classe ou outros interesses setoriais) que o populismo expressa, enquanto permanecemos no limbo em

relação ao motivo pelo qual essa forma de expressão é necessária. Encontramo-nos numa situação semelhante àquela descrita por Marx em relação à teoria do valor na economia política clássica. Ela foi capaz de mostrar que o trabalho é a *substância* do valor, mas não de explicar por qual motivo essa substância subjacente se expressa sob a *forma* de uma troca de equivalentes. A essa altura geralmente ficamos com as alternativas pouco palatáveis que já examinamos: ou restringir o populismo a uma de suas variantes históricas ou tentar uma definição geral, que sempre será muito limitada. Nesse último caso, os autores normalmente voltam-se para o frustrante exercício a que nos reportamos antes: colocar sob a etiqueta de "populismo" uma série de movimentos muito díspares e, ao mesmo tempo, nada dizer sobre o sentido dessa etiquetagem.

2) Um primeiro passo para nos distanciarmos dessa denigração discursiva do populismo não consiste, entretanto, em questionar as categorias utilizadas em sua descrição – "vagueza", "imprecisão" etc. –, mas tomá-las em sentido literal, rejeitando, porém, os preconceitos que estão na base de sua desvalorização. Isto é, em vez de contrapor "vagueza" a uma lógica política madura, governada por um alto grau de determinação institucional precisa, deveríamos começar a colocar para nós mesmos um conjunto mais básico e diferente de perguntas: a "vagueza" dos discursos populistas não é consequência da própria realidade social que, em algumas situações, é vaga e indeterminada? Nesse caso, "o populismo, mais do que uma tosca operação política e ideológica, não seria um ato performativo dotado de racionalidade própria, isto é, em determinadas situações a vagueza não seria precondição para a construção de significados políticos relevantes?". Finalmente, "o populismo é realmente um momento de transição, que deriva da imaturidade

dos atores sociais e sujeito a ser suplantado num estágio posterior, ou não será, antes, uma constante dimensão da ação política que desponta necessariamente (em diferentes graus) em todos os discursos políticos, subvertendo e complicando a operação das assim chamadas ideologias 'mais maduras'?". Vamos dar um exemplo.

Argumenta-se que o populismo "simplifica" o espaço político, substituindo um conjunto complexo de diferenças e determinações por uma dicotomia rígida, cujos dois polos são necessariamente imprecisos. Por exemplo, em 1945, o general Perón adotou uma postura nacionalista e asseverou que a opção da Argentina era escolher entre Braden, o embaixador norte-americano, e Perón. É muito conhecido o fato de que essa alternativa personalizada se faz presente em outros discursos, através de dicotomias do tipo povo *versus* oligarquia, massas trabalhadoras *versus* exploradores e assim por diante. Como podemos observar, existe nessas dicotomias, assim como naquelas que constituem qualquer fronteira político-ideológica, uma simplificação do espaço político (todas as singularidades sociais tendem a agrupar-se em torno dos polos da dicotomia), e os termos que designam ambos os polos têm de ser necessariamente imprecisos, caso contrário não cobririam todas as particularidades que, segundo se supõe, eles devem reagrupar. No entanto, se as coisas assim se apresentam, não seria essa lógica da simplificação e de tornar alguns termos imprecisos o que constitui a própria condição da ação política? Somente num mundo impossível – no qual os políticos teriam sido inteiramente substituídos pela administração, no qual uma *engenharia estruturada gradualmente*,[26] ao lidar com diferenças particularizadas, teria eliminado totalmente dicotomias antagônicas – é que verificaríamos que a "imprecisão" e a "simplificação" teriam sido realmente erradicadas da esfera pública. Nesse caso, entretanto, o traço distintivo do populismo seria apenas a ênfase especial numa lógica política que, enquanto tal, é um ingrediente necessário da política *tout court*.

Outra forma de menosprezar o populismo, conforme vimos, é relegá-lo a "mera retórica". Entretanto, como também assinalamos, o movimento tropológico, longe de ser um simples adorno de uma realidade social, que poderia ser descrita em termos não retóricos, pode ser visto como a própria lógica da constituição das identidades políticas. Tomemos o exemplo da metáfora. Como sabemos, a metáfora estabelece uma relação de substituição entre termos, na base do princípio da *analogia*. Conforme acabo de dizer, em qualquer estrutura dicotômica um conjunto de identidades ou interesses particulares tende a reagrupar-se, como diferenças equivalentes, em torno de um dos polos da dicotomia. Por exemplo, os erros vivenciados por vários setores do "povo" serão vistos como equivalentes entre si, se confrontados à "oligarquia". Isso significa, simplesmente, afirmar que todos eles são *análogos* entre si, ao confrontarem o poder oligárquico. E o que é isso senão uma reagregação metafórica? É desnecessário dizer que a ruptura dessas equivalências na construção de um discurso mais institucionalizado se desenrolaria através de mecanismos diferentes, mas igualmente retóricos. Longe de ser *mera* retórica, esses mecanismos são inerentes à lógica que preside a constituição e a dissolução de *qualquer* espaço político.

Assim, podemos dizer que o progresso na compreensão do populismo requer, como condição *sine qua non*, resgatá-lo de sua posição marginal no interior do discurso das ciências sociais. Estas o têm confinado ao domínio do impensável, a ser um simples contraponto de formas políticas dignificadas com o *status* de plena racionalidade. Devo enfatizar que essa relegação do populismo tem sido possível somente porque, desde o início, um forte elemento de condenação ética tem estado presente na consideração dos movimentos populistas. O populismo não só tem sido degradado, mas também denegrido. Seu rechaço tem sido parte da construção discursiva de uma certa normalidade, de um universo político ascético do qual sua lógica perigosa teria de ser excluída. A esse respeito, entretanto, as estratégias básicas da ofensiva antipopulista inscrevem-se em outro debate mais amplo, que foi a *grande peur* das ciências sociais do século XIX, isto é, toda discussão que dissesse respeito à "psicologia das massas". Esse debate, paradigmático para nosso tema, pode ser visto, em grande medida, como a história da constituição e dissolução de uma fronteira social que separa o normal do patológico. Foi no decorrer dessa discussão que se estabeleceu um conjunto de distinções e oposições que iria operar como uma matriz, a partir da qual se organizou toda uma perspectiva sobre fenômenos políticos *aberrantes*, aí incluído o populismo. A consideração dessa matriz constituirá meu ponto de partida. Começarei analisando um texto clássico que esteve no epicentro desta história intelectual: *Psychologie des foules* [*Psicologia das multidões*], de Gustave Le Bon.

2. Le Bon: sugestão e representações distorcidas

Psicologia das multidões,[1] o famoso livro de Gustave Le Bon (1841-1931), situa-se numa encruzilhada intelectual. Trata-se, em certo sentido, de uma interpretação extrema de como o século XIX abordou os novos fenômenos da psicologia das massas como algo pertencente ao domínio da patologia. No entanto, já não mais se consideram tais fenômenos aberrações contingentes destinadas a desaparecer: eles se tornaram características permanentes da sociedade moderna. Enquanto tal, não podem ser descartados e condenados sumariamente, mas têm de se tornar os objetos de uma nova tecnologia do poder. "As multidões assemelham-se, de certo modo, à esfinge da antiga fábula. É necessário chegar a uma solução dos problemas oferecidos por sua psicologia ou então nos resignarmos a ser devorados por elas."[2] A fim de dar conta desse empreendimento científico, Le Bon elaborou a descrição mais sistemática da psicologia das massas até então oferecida, uma descrição que alcançou instantâneo e duradouro sucesso e foi admirada por muitas pessoas, entre elas Freud. A linha mestra de sua análise foi o conceito de "sugestão", ao qual voltaremos mais adiante. Nosso ponto de partida, entretanto, será a reflexão de como a sugestão opera, de acordo com Le Bon, num domínio limitado, o das "imagens, palavras e fórmulas", pois aqui ele toca num conjunto de questões que serão fundamentais para minha discussão sobre o populismo na segunda parte deste livro.

Para Le Bon, a chave da influência que as palavras exercem sobre a formação de uma multidão deve ser encontrada nas imagens que tais palavras evocam, *com total independência de seu significado.*

> O poder das palavras está unido às imagens que elas evocam e é totalmente independente de seu real significado. Palavras cujo sentido é menos definido são, algumas vezes, aquelas que possuem a maior influência. Tomemos como exemplo os termos democracia, socialismo, igualdade, liberdade etc., cujo sentido é tão vago que livros volumosos não bastam para defini-los com precisão. No entanto, é certo que um poder verdadeiramente mágico está ligado a essas curtas sílabas, como se elas contivessem a solução de todos os problemas. Elas sintetizam as mais diversas e inconscientes aspirações, bem como a esperança de sua realização.[3]

Em termos teóricos contemporâneos poderíamos dizer que Le Bon está aludindo a dois fenômenos bem conhecidos: a ausência de fixidez da relação entre significante e significado (nos termos de Le Bon: a relação entre palavras e imagens) e o processo de sobredeterminação por meio do qual certa palavra condensa uma pluralidade de significados. Para Le Bon, entretanto, a associação de imagens não constitui um componente essencial da linguagem enquanto tal, mas a sua perversão: as palavras possuem um significado verdadeiro, incompatível com a função de sintetizar uma pluralidade de aspirações inconscientes. Uma fronteira bem delimitada que separa aquilo que a linguagem é, verdadeiramente, de sua perversão por parte da multidão é o pressuposto não questionado de toda sua análise.

Dada a arbitrariedade da associação entre palavras e imagens, qualquer racionalidade é excluída de sua mútua articulação:

> A razão e os argumentos são incapazes de combater certas palavras e fórmulas. Elas são proferidas com solenidade na presença das multidões e, assim que são pronunciadas, uma expressão de respeito é visível em todos os semblantes e todas as cabeças se inclinam. Elas são consideradas por muitos como forças da natureza, poderes sobrenaturais. Evocam nas mentes dos homens imagens grandiosas e vagas, mas essa mesma vagueza que as envolve na obscuridade aumenta seu misterioso poder [...]. Nem todas as palavras e fórmulas possuem o poder de evocar imagens; existem algumas que tiveram outrora esse poder, mas o perderam no decurso de seu uso, até deixarem de despertar qualquer reação na mente. Elas se tornaram sons vazios, cuja principal utilidade é dispensar a pessoa que as emprega da obrigação de pensar.[4]

Percebemos aqui as limitações da explicação que Le Bon julga necessário proporcionar. Sua análise não busca detectar, como tentará fazer Freud, a lógica interna que governa a associação entre palavras e imagens, limitando-se a descrever suas diferenças a partir de uma racionalidade concebida em termos de um significado puramente denotativo.

Uma vez que a associação entre palavras e imagens é inteiramente arbitrária, ela varia de uma época a outra, e de um país a outro:

> Ao se estudar determinada linguagem, observa-se que as palavras de que ela é composta mudam um tanto lentamente no decorrer dos anos, enquanto que as imagens que tais palavras evocam ou o sentido a elas unido muda sem cessar [...]. As palavras empregadas com maior frequência pelas massas são precisamente aquelas que possuem os mais diferentes significados. É o caso, por exemplo,

> das palavras "democracia" e "socialismo", de uso tão habitual nos dias de hoje.[5]

A partir disso, Le Bon, como um verdadeiro novo Maquiavel, oferece um conselho aos políticos: "Uma das funções mais essenciais de um estadista consiste em batizar com palavras populares, ou pelo menos indiferentes, coisas que a multidão não pode suportar sob seus velhos nomes. Tão grande é o poder das palavras que basta escolher bem os termos para tornar aceitáveis às multidões as coisas mais odiosas".[6]

Existe para Le Bon uma nítida conexão entre a dialética palavras/ imagens e a emergência de ilusões, as quais são o próprio terreno em que se constitui o discurso da multidão:

> Como eles (os povos) precisam ter suas ilusões a todo custo, elas se voltam instintivamente, assim como o inseto atraído pela luz, aos retóricos que lhes proporcionam aquilo que elas querem. Não a verdade, mas o erro, tem sido o principal fator na evolução dos povos, e o motivo pelo qual o socialismo é tão poderoso hoje é o fato de ele constituir a última ilusão ainda viva [...]. As multidões jamais tiveram sede da verdade. Elas dão as costas a evidências que não são de seu gosto e preferem deificar o erro, caso o erro as seduza.[7]

A dissociação entre o "verdadeiro significado" das palavras e as imagens que elas evocam requer alguns recursos teóricos para tornar possível esse fato. De acordo com Le Bon, esses recursos são três: afirmação, repetição e contágio. "A afirmação pura e simples, mantida livre de todo raciocínio e de toda prova, constitui um dos meios mais seguros de fazer com que uma ideia penetre na mente das multidões. Quanto mais concisa uma afirmação, quanto mais destituída de qualquer aparência de prova e demonstração, mais peso ela carrega."[8] Quanto à repetição, "seu poder se deve ao fato de que uma afirmação repetida se enraíza, a longo prazo, naquelas camadas profundas de nosso inconsciente, nas quais se forjam as motivações de nossos atos. No final de um certo tempo esquecemos quem é o autor da assertiva repetida e acabamos por acreditar nela".[9] Finalmente o contágio:

> As ideias, os sentimentos, as emoções e crenças possuem, nas multidões, um poder contagioso tão intenso quanto o dos micróbios. O fenômeno é muito natural, pois é observado até mesmo em animais quando eles se reúnem em grande número [...]. No caso dos homens reunidos numa multidão, todas as emoções se tornam contagiosas com rapidez, o que explica os pânicos repentinos. Desordens cerebrais, tais como a loucura, são contagiosas. A frequência da loucura entre médicos especialistas em doenças mentais é notória. De fato, recentemente têm sido citadas formas de loucura – a agorafobia, por exemplo – que são transmissíveis dos homens para os animais.[10]

Devemos distinguir a validade descritiva das características da psicologia das massas, enumeradas por Le Bon, dos julgamentos normativos a que essas características são associadas em seu discurso. A ausência de fixidez do relacionamento entre palavras e imagens é a própria precondição de qualquer operação discursiva politicamente significativa. A partir desse ponto de vista, as observações de Le Bon são penetrantes e esclarecedoras. O que, porém, se tem a dizer a respeito da distinção entre o *verdadeiro significado* de um termo e as imagens a ele associadas de maneira contigente? Tal distinção corresponde, num sentido amplo, à distinção entre denotação e conotação, que a semiologia contemporânea vem questionando cada vez mais. Para se ter uma correspondência precisa entre significante e significado, a linguagem precisaria possuir a estrutura de uma nomenclatura, algo que iria contra o princípio linguístico básico, formulado por Saussure, segundo o qual na linguagem não existem termos positivos, apenas diferenças. A linguagem é organizada em torno de dois polos: o paradigmático, que Saussure denominou associativo, e o sintagmático. Isso significa que as tendências associativas subvertem sistematicamente a própria possibilidade de um significado puramente denotativo. Recorramos a alguns exemplos dados por Saussure: existe na linguagem uma tendência à regularização de suas formas. Ao termo nominativo latino *orator* corresponde o genitivo *oratoris*, ao passo que ao nominativo *honos* corresponde o genitivo *honoris*. A tendência à regularização das formas linguísticas faz com que todas as palavras terminadas em "r", no nominativo, terminem em "ris", no genitivo, de tal modo que, em um estágio mais avançado da evolução do latim, *honos* é substituído por *honor*. Essas regras associativas que regularizam as formas linguísticas chegam até mesmo a criar, em certos casos, palavras inteiramente novas. É a regra que Saussure denominou *quatrième proportionelle* [quarta proporcional]: à palavra *réaction* [reação] corresponde, como adjetivo, *réactionnaire* [reacionário] e, por analogia, *répression* [repressão] conduz a *répressionaire* ["repressionário"], termo originalmente inexistente em francês.[11]

O mais importante para nosso propósito é enfatizar o fato de que esse processo associativo não opera unicamente em nível gramatical – o nível primariamente estudado por Saussure – mas também em nível semântico. Na realidade, ambos os níveis cruzam-se constantemente e conduzem a associações que podem avançar em diversas direções. Esse é o processo que a psicanálise explora, essencialmente. No estudo de Freud sobre o Homem dos Ratos, por exemplo, "rato" é associado a "pênis" devido ao fato de que os ratos espalham doenças venéreas. Nesse caso, a associação opera basicamente no nível do significado. Em outros exemplos, porém, a associação resulta originalmente da similitude das palavras, que Freud denominou "pontes verbais": *ratten* significa em alemão "prestação", e assim o dinheiro se introduz no complexo dos ratos; *spielratten* significa "jogar"; como o pai do Homem dos Ratos havia contraído dívidas de jogo, foi associado ao complexo.[12] Como podemos ver, é uma questão completamente secundária se a associação se inicia no nível do significante ou do significado. Qualquer que seja o caso, as consequências serão sentidas em ambos os níveis e serão traduzidas no deslocamento da relação significante/ significado.

Visto que as coisas são assim, não podemos simplesmente diferenciar o "verdadeiro" sentido de um termo, que seria necessariamente permanente, de uma série de imagens a ele associadas num sentido conotativo, pois as redes associativas constituem parte integral da própria estrutura da linguagem. Essa afirmação certamente não priva de suas características específicas o tipo de associação a que Le Bon se refere. Implica, no entanto, que a especificidade deveria ser localizada no contexto de um conjunto mais amplo de associações, diferenciadas umas das outras em termos de seu tipo de desempenho. O equívoco é apresentar essas associações como perversões da linguagem, cujo significado exigiria apenas combinações sintagmáticas.

Isso se torna mais evidente quando consideramos os três "recursos retóricos" descritos por Le Bon como meios de ocasionar a dissociação entre o verdadeiro significado e o sentido evocado. Em cada caso, a tese de Le Bon somente se sustenta se simplificarmos consideravelmente a operação performática que, conforme se supõe, cada um desses recursos deve levar a cabo. Vamos examiná-los um por um.

Afirmação: para Le Bon, esta é uma operação ilegítima, cuja única função é romper o liame entre aquilo que é afirmado e qualquer raciocínio que o apoie. Para ele, afirmar algo que vá mais além da possibilidade de uma prova racional só pode ser uma forma de mentir. Mas será que isso é correto? Deveríamos conceber a interação social como um terreno no qual não existem afirmações sem fundamento? E o que acontece se uma afirmação for um apelo para reconhecer algo que está presente na experiência de todo mundo, mas que não pode ser formalizado nas linguagens sociais existentes e dominantes? Poderia semelhante afirmação – que seria, como se lê em São Paulo, "loucura para os gregos e escândalo para os pagãos" – ser reduzida a uma mentira porque é incomensurável com as formas existentes de racionalidade social? Evidentemente que não. Afirmar algo que se situaria para além de qualquer prova *poderia ser* um primeiro estágio da emergência de uma verdade, que somente poderia ser afirmada ao se romper com a coerência dos discursos existentes. É claro que o exemplo a que Le Bon se refere – a afirmação sem prova como um modo de mentir – não é algo impossível, mas constitui apenas uma instância numa série de outras possibilidades que ele nem chega a considerar.

Podemos dizer o mesmo sobre a *repetição*. Algumas das colocações iniciais de Le Bon sobre ela podem ser aceitas prontamente, a saber: é pela repetição que os hábitos sociais são criados, e esses hábitos estão incrustados "naquelas profundas regiões de nosso inconsciente, nas quais são forjadas as motivações de nossos atos". Nesse sentido, poderíamos afirmar que a repetição exerce múltiplos papéis na moldagem das relações sociais: através de um processo de erros e acertos, torna possível o ajustamento de uma comunidade a seu meio. Um grupo dominado, por meio do reconhecimento do mesmo inimigo numa pluralidade de experiências antagônicas, adquire o sentido de sua própria identidade; através da presença de um conjunto de rituais, arranjos institucionais, inúmeras imagens e símbolos, uma comunidade adquire um senso de continuidade temporal e assim por diante. Nesse sentido, a repetição é uma condição da vida social e ética. Como Benjamin Franklin observou: "Concluí finalmente que a simples convicção especulativa de que era nosso interesse sermos completamente virtuosos não era suficiente para impedir nossos deslizes; e que é preciso, antes, romper com os maus hábitos e adquirir hábitos bons e sólidos para que consigamos alcançar uma retidão de conduta, estável e uniforme".[13] Le Bon, no entanto, não explora a pluralidade dos jogos de linguagem a que alguém pode entregar-se, tratando-se de práticas repetitivas, e retém delas apenas um elemento: sua oposição a uma deliberação racional. Que não pairem dúvidas: o que Le Bon está articulando como dicotomia exclusiva não é o hábito em geral *versus* a racionalidade, mas um hábito criado através da manipulação, um hábito que resulta da sedimentação de uma decisão racional. Porém, como a racionalidade do hábito é a garantia de sua legitimidade, não nos restam alternativas que não as categorias da "racionalidade" e "irracionalidade". Assim, ele afirma o seguinte:

> O raciocínio inferior das multidões baseia-se, tal como o raciocínio de uma ordem mais elevada, na associação de ideias, mas entre as ideias associadas pela multidão existem apenas aparentes cadeias de analogia ou sucessão [...]. As características do raciocínio da multidão consistem na associação de coisas dessemelhantes, que possuem uma conexão meramente aparente entre si, além da generalização

> imediata de exemplos particulares [...]. Uma cadeia de argumentação lógica é totalmente incompreensível para as multidões, e por esse motivo é possível afirmar que elas não raciocinam, ou que raciocinam falsamente, e que não são influenciadas pelo raciocínio.[14]

Assim, torna-se claro de que maneira se estrutura o raciocínio de Le Bon: o inconexo – isto é, as conotações puramente associativas – opõe-se a um processo de argumentação lógica. O resultado é que nada existe que possamos conceber como uma maneira específica de raciocínio das multidões. Seu *modus operandi* é tratado como mero reverso negativo da racionalidade concebida em seu sentido estrito e acanhado. A possibilidade de que a repetição aponte para algo comparável, presente numa pluralidade de instâncias –, por exemplo, a noção, para uma variedade de estratos sociais, de compartilhar uma experiência comum de exploração – não é absolutamente levada em consideração.

Finalmente o *contágio*. Para Le Bon, este só pode ser uma forma de transmissão patológica. Sua explicação deve ser encontrada no fenômeno geral da "sugestionabilidade", que era, naquela época, o *deus ex machina* onipresente no discurso da psicologia das massas. Isso explica, entretanto, o fato de que a sugestionabilidade é algo a que jamais se prestou atenção. Conforme Freud apontou: "Minha resistência se orientou em protestar contra a visão segundo a qual a sugestão, que tudo explicava, era ela própria isenta de explicação".[15] Também nesse caso, poderia ser formulado um conjunto de questões que solapariam o dogmatismo da visão de Le Bon. O que ocorreria, por exemplo, se o contágio não fosse uma doença, mas a expressão de um traço comum, compartilhado por um grupo de pessoas, difícil de se verbalizar de maneira direta, e que somente pudesse ser expresso por alguma forma de representação simbólica?

Como explicar a sistemática simplificação de Le Bon em relação ao horizonte de possibilidades aberto pelas categorias que ele analisa? Por qual motivo suas explicações são tão unilaterais e enviesadas? Não é preciso muito tempo para nos darmos conta de que isso se deve ao fato de que seu pensamento se baseia nos dois pressupostos principais que dominaram boa parte dos primeiros estágios da psicologia das massas. O primeiro deles, como deve ter ficado suficientemente claro nos trechos citados, é que a linha divisória entre as formas racionais da organização social e dos fenômenos de massa coincide, em grande medida, com a fronteira que separa o normal do patológico. Esse primeiro pressuposto, por sua vez, está incrustado em outro, certamente presente em Le Bon, mas também na maior parte da literatura de sua época relativa ao comportamento das massas: a distinção entre racionalidade e irracionalidade coincidiria amplamente com a distinção entre o indivíduo e o grupo. Ao tornar-se parte de um grupo, o indivíduo experimenta um processo de degradação social. Conforme suas palavras:

> Pelo simples fato de fazer parte de uma multidão organizada, um homem desce vários degraus na escala da civilização. Isolado, ele pode ser um indivíduo culto; na multidão, ele é um bárbaro, isto é, uma criatura que age por instinto. Possui a espontaneidade, a violência, a ferocidade e também o entusiasmo e o heroísmo dos seres primitivos, a quem, além disso, tende a assemelhar-se devido à facilidade mediante a qual se permite deixar-se impressionar por palavras e imagens, as quais não exerceriam efeito algum em cada um dos indivíduos que compõem as multidões. Será induzido a cometer atos contrários a seus interesses mais óbvios e a seus hábitos mais conhecidos.[16]

Esse fato foi observado muito antes de Le Bon. De acordo com o que escreve Serge Moscovici:

> Esse fenômeno é universalmente confirmado por registros públicos. Segundo Sólon, um ateniense isolado é uma raposa astuta, mas um grupo de atenienses é um rebanho de carneiros. Frederico, O Grande, confiava em cada um de seus generais enquanto indivíduos, mas os descrevia como tolos quando se reuniam em um conselho de guerra. E temos uma dívida com os romanos por este provérbio tão apropriado e universal: "*Senatores omnes boni viri, senatus romanus mala bestia*". Ou seja: "Todos os senadores são homens bons, o Senado romano é um animal nocivo".[17]

A história intelectual que esboçarei no próximo capítulo, "Sugestão, imitação, identificação", é, em boa medida, a história do progressivo abandono desses dois pressupostos. Esse abandono possibilitou uma abordagem diferente e mais nuançada para os problemas da sociedade de massas. Iniciarei meu relato a partir do grau zero dessa transformação intelectual, isto é, a partir do momento em que os dois pressupostos foram formulados da maneira mais crua e intransigente, na obra de Hippolyte Taine. Descreverei, mais adiante, como mudanças na teoria psiquiátrica e uma progressiva transferência da "racionalidade" individual ao grupo abriram caminho para uma nova compreensão do comportamento das massas (o próprio Le Bon já representa certo distanciamento em relação às dicotomias de Taine). O ponto culminante dessa reversão de paradigmas encontra-se na obra de Freud, na qual os dois pressupostos são resolutamente abandonados.

3. Sugestão, imitação, identificação

MULTIDÃO E DISSOLUÇÃO SOCIAL

Escolhamos ao acaso duas citações de Hippolyte Taine (1828-1893) relativas à mobilização das massas no decorrer da Revolução Francesa (digo ao acaso porque dificilmente haverá uma página em *Origines de la France contemporaine* [Origens da França contemporânea] em que não se encontre uma descrição equivalente). A primeira citação diz respeito à composição dos participantes numa agitação de província:

> Temos observado como se tornaram numerosos os contrabandistas, os traficantes de sal, os caçadores ilegais, os vagabundos, os prisioneiros foragidos e de que maneira um ano de fome e carestia aumenta esse contingente. Todos eles são recrutas para a multidão, e numa situação de distúrbio ou através de um distúrbio cada um deles enche seus bolsos. No entorno de Caux, até mesmo nos arredores de Rouen, em Roncherolles, Quévrevilly, Préaux, Saint-Jacques e em todas essas regiões bandos de rufiões armados forçam a entrada das casas, sobretudo as casas paroquiais, e metem as mãos no que quer que lhes agrade [...]. Os camponeses se deixam seduzir pelos bandidos. O homem desce rapidamente pela ladeira da desonestidade. Alguém que é medianamente honesto, e que, de maneira inadvertida, ou apesar de si mesmo, participa de um distúrbio, repete o ato, atraído pela impunidade ou pela ganância [...].

> Em toda insurreição importante encontram-se os mesmos personagens vagabundos e praticantes do mal, inimigos da lei, selvagens, gatunos desesperados que, à semelhança dos lobos, perambulam por todos os lugares onde sentem o cheiro de uma presa. São eles que atuam como diretores e executantes da malícia pública ou privada [...]. A partir de então eles se constituem como os novos líderes, pois em cada multidão é o mais atrevido e o menos escrupuloso que caminha na frente e dá o exemplo da destruição. Tal exemplo é contagioso: o início foi a fome de pão, o fim é o assassinato e os incêndios. A selvageria desencadeia-se e acrescenta sua violência sem limites à limitada revolta da necessidade.[1]

A segunda citação se refere ao colapso dos mecanismos de autoridade que possibilitam os motins:

> Em meio a uma sociedade desintegrada, sob um governo meramente de aparência, torna-se manifesto que uma invasão está a caminho, uma invasão de bárbaros que, por meio do terror, completará aquilo que teve início pela violência e que, à semelhança da invasão dos normandos nos séculos X e XII, terminará com a conquista e o esbulho de toda uma classe [...]. Essa é a obra de Versalhes e Paris e lá, em Paris como em Versalhes, alguns, através de uma falta de previsão e de envolvimento, e outros, através da cegueira e da indecisão – estes últimos mediante a fraqueza, e os primeiros mediante a violência – estão se esforçando por realizar tal obra.[2]

Alguns componentes dessa descrição são imediatamente visíveis. Taine não nos oferece o retrato de um choque entre forças sociais cujos objetivos são colocados com clareza e cuja incompatibilidade seria a fonte da violência resultante. Com toda certeza, as reivindicações sociais estão presentes em sua descrição – "a revolta limitada da necessidade" –, porém elas carecem de vigor para explicar a ação social. São sobrepujadas por uma "violência sem limites", resultante unicamente da ação de "vagabundos", "rufiões" e "bandidos", isto é, por forças que escapam a toda espécie de racionalidade social. Do mesmo modo, a incapacidade do governo em controlar a situação pouco tem a ver com a situação objetiva da monarquia na véspera da Revolução, mas é apresentada como resultado de uma "falta de previsão", "paixão", "cegueira" e "indecisão" – isto é, como consequência de um fracasso *subjetivo*. Toda a descrição da sociedade francesa que nos oferece Taine é a de um organismo social ameaçado pela erupção de forças que conduzem à sua desintegração. Mas o ponto importante é que tais forças são desprovidas de qualquer consistência. São simplesmente o resultado da liberação de impulsos instintivos que as normas sociais mantêm habitualmente sob controle. Nesse caso, como explicaremos a natureza desses impulsos?[3]

Para começar, perguntemo-nos quais foram os instrumentos intelectuais disponíveis para um psicólogo das massas, no último terço do século XIX, a fim de que ele pudesse abordar essa questão. Susanna Barrows resume a situação nos seguintes termos: "A partir das teorias sobre o hipnotismo, eles articularam o mecanismo da irritação, tão característico de grupos; partindo das doutrinas populares sobre a evolução, eles elaboraram uma hierarquia da civilização humana; e, da medicina, tomaram emprestado o modelo de psicologia anormal e as mais contundentes metáforas para o comportamento das multidões: estas, conforme descritas por franceses no final do século XIX, assemelhavam-se a alcoólatras ou a mulheres".[4]

Na visão de Taine nem todos esses componentes têm o mesmo peso. A sugestão, que se tornará tão importante em teorias posteriores sobre a multidão, para ele não exerce qualquer papel significativo. As razões para isso são em parte cronológicas – o hipnotismo ainda não possuía aquela centralidade que iria adquirir após Charcot adotá-lo como prática científica válida. Como Susanna Barrows assinala em *Distorting Mirrors* [Espelhos Deformadores], essas razões derivam do conceito de Taine segundo o qual os líderes "não possuíam capacidades especiais ou poder carismático", visto que "unicamente a 'escória' louca da sociedade poderia manipular uma multidão reunida".[5] À parte isso, entretanto, todos as demais características dominantes da teoria da multidão estão presentes em sua abordagem, sob as suas formas mais cruas. Como resultado da lei do contágio mental, as multidões são controladas pelos setores mais criminais da população. A anarquia é o resultado inevitável da ação da multidão, já que envolve uma reversão a um estado da natureza no qual prevalecem apenas instintos bestiais. Isso pressupõe, na abordagem darwiniana, um retrocesso biológico concebido em termos daquilo que Jackson e Ribot denominaram "o mecanismo da dissolução".[6] E o alcoolismo é intimamente ligado à ação da multidão. As sublevações terminam habitualmente em todo tipo de orgias regadas a álcool.[7]

A abordagem de Taine, entretanto, não se limita a enfatizar a natureza irracional do comportamento das massas. Foi também uma tentativa de mostrar qual estrato, no corpo social, era particularmente sujeito a degenerar-se em multidão. A imagem da história francesa que Taine apresenta é a de um progressivo declínio, resultante da dissolução das instituições tradicionais que organizavam o corpo político. Esse declínio se iniciara no Absolutismo, o qual, através de uma incansável centralização, destruiu todos os organismos intermediários que haviam estruturado tradicionalmente as instituições sociais francesas. O processo foi acelerado mais tarde pelo Iluminismo, cujos planos utópicos de reconstrução social ajudaram a disseminar ideias subversivas que solaparam qualquer conceito de controle social. Assim, quando o processo revolucionário começou, nada existia que pudesse contê-lo em limites razoáveis. O Terceiro Estado não poderia hegemonizar o processo, e a liderança caiu rapidamente nas mãos do Quarto Estado – a ralé das cidades que, para Taine, era o verdadeiro ator no processo revolucionário.

No âmbito desse declínio geral, *qualquer* grupo poderia degenerar numa multidão. Taine antecipa aquilo que se tornará um critério bem estabelecido entre os teóricos da multidão, a saber, que a racionalidade pertence ao indivíduo, que perde muitos de seus atributos racionais ao participar de uma multidão. Taine gosta de comparar o comportamento da multidão a formas inferiores de vida, como plantas ou animais, ou a formas primitivas de organização social.[8] Na sociedade contemporânea, o perigo da infecção e contágio das multidões é maior em alguns grupos do que em outros. A aristocracia é menos sujeita ao contágio mental do que as classes populares, e as mulheres e crianças são mais sujeitas do que os homens. A ligação entre as mulheres e o comportamento da multidão é, na verdade, não apenas a visão idiossincrática de Taine; era a visão geral que vigorava naquela época.[9] A teoria subjacente a visões como esta era a de que, no decorrer da evolução biológica, os homens haviam desenvolvido suas capacidades mentais mais do que as mulheres (os crânios das mulheres tinham crescido menos do que os dos homens e seu vigor cerebral era significativamente menor). Isso as tornava mais sujeitas à insanidade e menos capazes de restringir seus impulsos instintivos. Quanto mais o temor às multidões crescia no final do século XIX, menos lisonjeiro se tornou o modo como as mulheres eram representadas. Como observa Susanna Barrows:

> Em muitas outras descrições de mulheres feitas no século XIX, elas encarnavam tudo aquilo que era ameaçador, degradante e inferior. À semelhança dos loucos, elas se compraziam na violência; como as crianças, elas eram incessantemente solicitadas pelos instintos; como os bárbaros, seu apetite de sangue e sexualidade era insaciável.[10]

A essa altura da argumentação deveria ficar claro que toda a discussão sobre o comportamento da multidão passou a depender de tal maneira do estabelecimento de uma linha clara de demarcação entre o normal e o patológico que a multidão passou a ocupar uma posição cada vez mais subalterna no âmbito da ciência médica, especialmente (mas não apenas) da psiquiatria. Jaap van Ginneken nos informa que a Biblioteca Nacional de Paris contém milhares de livros, escritos naquela época, que tentaram trabalhar com essa relação. Seus títulos são reveladores. Um deles, por exemplo, publicado em 1872, chama-se *Les hommes et les actes de l'insurrection de Paris devant la psychologie morbide* [Os homens e os atos da insurreição de Paris diante da psicologia mórbida]. O centro dessa discussão, que abordarei no próximo segmento, foi o debate realizado na França relativo à hipnose e, na Itália, o conceito de "criminoso nato", elaborado por Lombroso e sua escola.

HIPNOSE E CRIMINOLOGIA[11]

O epicentro da elucubração "científica" da psicologia das massas foi proporcionado pelo debate sobre a hipnose travado entre as escolas da Salpêtrière e de Nancy, que causou furor na psiquiatria francesa na última década do século XIX. Esse debate, entretanto, ocorreu no âmbito de uma história intelectual complexa, na qual um número muito maior de opções do que aquelas finalmente adotadas estava à disposição dos teóricos do comportamento das massas. O próprio termo escolhido – multidão – já encerrava conotações pejorativas. Como afirmam Apfelbaum e McGuire:

> Na verdade, o conceito de multidão pareceu ser essencialmente um eufemismo para o comportamento violento e destrutivo. Deve-se notar que o termo "multidão" jamais era empregado naquela época em círculos socialistas, pois o socialista se preocupava menos com o contágio das massas do que com a solidariedade do coletivismo [...]. Subscrever esse conceito destrutivo do comportamento da multidão foi algo amplamente demonstrado pela maneira com que esses dois autores (Gabriel Tarde e Gustave Le Bon) recorreram a um vocabulário abertamente sobrecarregado de valores para descrever o objeto da investigação de ambos. Por um lado, a descrição da multidão evocava estranhamente a polêmica literatura da década de 1870 sobre a Comuna [...]. Ao mesmo tempo, porém, a referência à metáfora da sugestão hipnótica implicava na verdade uma desqualificação daqueles envolvidos nas ações das massas, pois naquela época a sugestão hipnótica havia desenvolvido uma associação com a patologia psicológica.[12]

Os psicólogos de massas dispunham essencialmente de três opções, caso apelassem ao magnetismo no estudo do comportamento das multidões.[13] Uma delas era a tradição espiritualista de Bergasse, Carra e Brissot, cujas "Sociedades de Harmonia" tinham constituído certas formas de anarquia semimística. As duas outras opções eram as abordagens representadas por Charcot no Hospital da Salpêtrière e por Liebeault e Bernheim em Nancy. É especialmente com esse debate que nos devemos preocupar. Para Charcot os fenômenos hipnóticos possuem uma base estritamente fisiológica.

> A posição da escola de Charcot [...] melhor se exemplifica pela ênfase em vários fatores primordiais, a saber: (a) a hipnose somente ocorrerá quando certas condições fisiológicas coincidirem simultaneamente; (b) o sonambulismo hipnótico segue uma progressão rígida através de três estágios distintos – letargia, catalepsia e sonambulismo; (c) a hipnose está irrevogavelmente ligada à neuropatologia; e (d) existe uma causa orgânica específica. A ligação com as desordens patológicas era considerada tão vital para a existência da hipnose a ponto de se acreditar que bastaria uma análise etiológica para distinguir entre o estado hipnótico e a condição histérica.[14]

A posição da escola de Nancy era, ao contrário, mais psicológica. Ela refutava uma relação obrigatória entre patologia e sugestão hipnótica e sustentava que qualquer pessoa, em um estado normal, poderia experimentar esta última.

Pois bem, é característico dos valores que governavam as opções teóricas de grande número de psicólogos o fato de que, entre os vários modelos de comportamento coletivo disponíveis para eles, escolhessem as categorias da escola de Charcot, precisamente aquelas que mais enfatizam a dimensão patológica. A terminologia que eles empregam é frequentemente a de Bernheim. Referem-se mais à sugestão do que à hipnose, mas o marco conceitual é, sem dúvida, fornecido pelo modelo de histeria de Charcot. Além do mais, conforme assinalaram vários autores, nossos teóricos da multidão raramente se referem ao debate travado entre as várias escolas de psiquiatria e tendem a apresentar as descobertas dessas escolas como se elas constituíssem um todo indiferenciado. Por meio dessa operação, completava-se o enquadramento do comportamento das massas num marco patológico:

> Ali se localiza a desqualificação das massas emergentes na escolha de um modelo muito deliberado, baseado na desorientação patológica. O fato de que se procurava aplicar essa desqualificação a acontecimentos históricos tais como a Comuna pode ser exemplificado pela diferenciação estabelecida por Tarde, relativa às atividades da multidão. Ele distinguia três tipos de sublevação social, todos os quais faziam com que o autor se recordasse da *epilepsia disfarçada*. Tais sublevações incluíam: (a) *convulsão social* e/ou guerra civil; (b) o entusiasmo em relação ao culto, à nação e à religião; (c) a guerra externa contra as nações [...]. Semelhante enfoque enfatiza a escolha deliberada, ao mesmo tempo em que leva em consideração as descrições disponíveis das multidões [...]. Já observamos que, simultaneamente à psicologia da multidão, existia uma abundante literatura sobre o sindicalismo e o comportamento coletivo positivo, que encarava as massas construtivamente, mas numa perspectiva ideológica que não era compartilhada por Tarde e Le Bon.[15]

Na Itália, o cientificismo do final do século XIX seguiu um padrão diferente. Embora não se desconhecesse o debate travado na França sobre o hipnotismo, o qual produziu alguns efeitos importantes, a principal influência foi a do darwinismo, por meio de sua fusão com as teses criminológicas elaboradas por Cesare Lombroso (1835-1909), cujo livro *L'uomo delinquente* [O homem delinquente] foi publicado em 1876. Lombroso, professor de psiquiatria clínica e mais tarde de antropologia criminal em Turim, iniciou sua carreira como médico do exército italiano, mensurando recrutas com o objetivo de descobrir neles possíveis traços criminosos atávicos. Após realizar medições físicas, sobretudo cranianas, em considerável número de criminosos, ele concluiu que um conjunto de traços físicos distinguíveis constituíam estigmas de criminalidade e eram transmissíveis por hereditariedade. Lombroso afirmou a possibilidade de que

> características prejudiciais [...] tendem a reaparecer através de reversão, tais como a cor negra nas ovelhas. No que diz respeito à espécie humana, algumas das piores disposições, que ocasionalmente e sem nenhuma causa aparente surgem nas famílias, talvez sejam atavismos de um estado selvagem, do qual não somos desconectados por muitas gerações. Essa visão parece estar presente quando nos referimos a alguém como sendo a ovelha negra da família.[16]

Mais tarde ele ampliou seus estudos, enfocando crimes praticados pela multidão durante agitações políticas, especialmente a Revolução Francesa, nos quais – o que não é de surpreender – cita Taine como uma fonte primordial.

No início da década de 1880, a escola criminológica positivista inspirada por Lombroso iniciou a publicação de sua própria revista, *Archivio di Psichiatria, Antropologia Criminale e Scienze Penali*, seguida mais tarde por *La Scuola Positiva nella Giurisprudenza Civile e Penale*. O principal tópico de discussão era a questão da responsabilidade penal dos criminosos das multidões. Scipio Sighele, um membro mais jovem e proeminente da escola, estabeleceu, em seu influente livro *La folla delinquente* [A multidão delinquente], de 1891, a distinção entre "criminosos natos", organizados em torno de seitas de bandidos, cujas motivações criminosas possuem raízes antropológicas/ biológicas, e "criminosos ocasionais", levados a cometer ações criminosas por uma variedade de fatores ambientais. De acordo com Sighele, os criminosos natos deveriam ser punidos com todo o rigor da lei, ao passo que criminosos ocasionais deveriam receber apenas sentenças reduzidas pela metade. O critério para discriminar os dois era se o criminoso tinha sido ou não condenado previamente (como tem sido assinalado com frequência, tal critério é um tanto dúbio: a mesma pessoa poderia ter cometido várias ofensas por razões puramente circunstanciais).[17] No todo, Sighele, que era bem versado no debate francês, ofereceu uma explicação um tanto eclética para as fontes do comportamento da multidão. Às causas clássicas – contágio moral, imitação social e sugestão hipnótica – ele acrescentou tendências emocionais primitivas e o fator quantitativo, derivado do número de pessoas participantes de atividades da multidão. Já Enrico Ferri, o mentor de Sighele, identificou cinco tipos de criminosos: criminosos "natos", insanos, habituais, ocasionais e passionais.

No entanto, quanto mais a discussão prosseguia, mais aumentava a tendência a questionar a relação entre características anatômicas e a criminalidade, tal como proposto por Lombroso. Ele próprio, em sucessivas edições de *L'uomo delinquente,* tendeu a intensificar a importância dos fatores ambientais em relação aos fatores puramente biológicos. O Primeiro Congresso Internacional de Antropologia Criminal, realizado em Roma, em 1885, presenciou um primeiro confronto entre os criminólogos italianos e franceses, quando estes questionaram o modelo anatômico-biológico daqueles. O confronto foi muito mais agudo por ocasião do Segundo Congresso Internacional (1889), em Paris, quando todas as evidências anatômicas apresentadas pelos italianos foram objeto de severas críticas. Após a década de 1890, explicações biológicas sobre o comportamento da multidão entraram em nítido retrocesso. A escola positivista italiana manteve algumas posições de poder na Itália e até mesmo obteve algumas vitórias quanto à reforma da lei penal no início do período fascista, mas sua influência declinou no plano internacional. Esse declínio deveu-se parcialmente à emergência de novas correntes na pesquisa sobre o comportamento das multidões, resultantes da desintegração do modelo patológico.

O desdobramento decisivo dessa desintegração aconteceu no país onde toda uma tradição de psicologia das massas havia começado: a França. Na última década do século XIX, a discussão entre as correntes psiquiátricas rivais de Charcot e Bernheim foi definitivamente resolvida. A vitória coube à escola de Nancy. As consequências desse fato são de considerável importância para nossa pesquisa. Em primeiro lugar, o colapso do modelo fisiológico dissolveu o terreno patológico no qual a psicologia das multidões havia se firmado tradicionalmente. Quaisquer que fossem as novidades e até mesmo os perigos envolvidos na transição para uma sociedade de massas, tornou-se cada vez mais claro que essas novidades não poderiam ser abordadas com o enfoque patológico que havia dominado a teoria das massas em seus inícios. A sociedade de massas requeria uma caracterização positiva, e não uma caracterização dominada pela linguagem da desintegração social. Existia, porém, algo talvez mais importante. Quaisquer que fossem suas limitações, a psicologia das massas *tocou* em alguns aspectos importantes e fundamentais na construção das identidades sociais e políticas, aspectos que não tinham sido abordados anteriormente. A relação entre palavras e imagens, a predominância do "emotivo" sobre o "racional", o senso de onipotência, a sugestionabilidade e a identificação com os líderes e assim por diante constituem traços muito reais do comportamento coletivo. Enfocá-los foi a contribuição mais original da teoria da multidão para a compreensão do ator social e da ação social. Então por que os psicólogos das massas acabaram fracassando? Não é difícil descobrir o motivo: devido a seu viés ideológico antipopular;

porque eles enquadravam seus discursos em dicotomias ortodoxas e estéreis – o indivíduo/ a multidão; o racional/ o irracional; o normal/ o patológico. Basta, entretanto, introduzir alguma *souplesse* nessas rígidas oposições para deixar que cada um de seus dois polos contamine parcialmente o outro, e assim emergirá um quadro muito diferente. Nesse caso, o comportamento das massas descrito pelos teóricos da multidão será um catálogo não de uma aberração social, mas de processos que, em diferentes graus, estruturam *qualquer* tipo de vida sociopolítica. Foi necessário integrar suas descobertas a uma abrangente teoria da política, que não relegasse essas ideias ao aberrante, ao marginal e ao irracional. Tornou-se necessária uma mudança de perspectiva para possibilitar essa ruptura. Esse rubicão foi atravessado alguns anos mais tarde, em Viena: Freud nos dirá que a psicopatologia possui a chave da compreensão da psicologia normal. Para provar sua colocação, ele iniciou seu estudo sobre a psicologia das massas não pela *canaille* [em francês, "canalha", no sentido de gentalha marginalizada] descrita por Taine e Le Bon, mas por dois grupos extremamente organizados: o Exército e a Igreja. Entretanto, antes de passar a Freud, devo mencionar outros acontecimentos que, até certo ponto, possibilitaram a descoberta freudiana.

TARDE E MCDOUGALL

O avanço em direção a uma abordagem mais complexa da psicologia social seguiu um padrão cujas principais características definidoras eram: (1) uma crescente diferenciação quanto à tipologia dos grupos; (2) a transferência de muitos traços das multidões de Le Bon para grupos mais permanentes e a redefinição daqueles traços quando aplicados a essas novas entidades sociais; (3) a transferência, para o grupo, de muitos traços que se considerava pertencerem exclusivamente ao indivíduo – transferência que começou a diluir a rígida oposição grupo/ indivíduo que havia dominado a psicologia de grupos em seus inícios. Se as duas primeiras características são associadas principalmente à intervenção teórica de Gabriel Tarde (1843-1904), a terceira se encontra nos escritos de William McDougall (1871-1938).

A trajetória intelectual de Tarde é sintomática dessa mudança de perspectiva.[18] Inicialmente, sua categoria central de "imitação" ainda é inteiramente dominada pelo conceito de "sugestão". Em *Les lois de l'imitation* [As leis da imitação], livro editado em 1890, ele estabelece uma estrita analogia entre a imitação e o sonambulismo. O papel do líder, equivalente ao do hipnotizador, é fundamental ao determinar a possibilidade da imitação. Ele formula uma nítida distinção entre a *invenção*, que envolve a introdução de novidades (um papel que corresponde ao líder), e a *imitação*, que é o modo de reprodução social, correspondente à massa popular. A coesão social resulta dessas leis imitativas, que operam numa pluralidade de níveis, mas sempre tendem a subordinar os momentos racionais e criativos aos níveis mais baixos e não criativos. O aspecto cognitivo das crenças (*croyances*), por exemplo, ocupa um papel secundário em relação ao dos afetos ou desejos (*désirs*), e a possibilidade de imitação depende do reforço das funções mentais mais baixas, às expensas das funções mais elevadas. A descrição do comportamento das massas fornecida por Taine naquele estágio de sua carreira repete todas as platitudes dos primeiros teóricos das massas: as multidões são incapazes de formular um pensamento racional (Henry Fournial as denomina "criaturas raquidianas"); elas são assemelhadas aos selvagens e às mulheres; qualquer espécie de reunião coletiva é sistematicamente desqualificada.

Entretanto, mesmo naquele antigo estágio, Tarde estabeleceu um conjunto de diferenciações que antecipam seu pensamento posterior. Na sequência, discutiremos dois ensaios de sua autoria: o primeiro é "Les foules et les sectes criminelles" [As multidões e as seitas criminosas], publicado em 1893; e o segundo, "Le public et la foule" [O público e a multidão]. Ambos constam do livro *L'opinion et la foule* (1901) [A opinião e as massas].[19] Compará-los nos ajuda a perceber a natureza cada vez mais nuançada das distinções que Tarde introduz.

Ele inicia seu primeiro ensaio estabelecendo uma distinção entre várias formas de agregação humana, de acordo com o grau interno de organização que elas alcançam. Transeuntes na mesma rua, pessoas que ocupam o mesmo vagão num trem ou aquelas que compartilham em silêncio a mesma mesa num restaurante são grupos sociais virtuais, que se tornam reais somente se um acontecimento súbito os funde numa única emoção (o trem que descarrila, uma explosão na rua etc.). "Nestes exemplos nasce o primeiro grau de associação a que denominamos multidão. Através de uma série de graus intermediários passamos de uma agregação rudimentar, transitória e amorfa à multidão organizada, hierárquica, duradoura e regular, que se pode denominar *corporação*, no sentido mais amplo do termo."[20] Nenhum desses dois polos extremos – multidão e corporação – consegue prevalecer totalmente às expensas do outro. Isso já levanta nossa suspeita de que Tarde está descrevendo não tanto diferentes *tipos* de organização social como diferentes *lógicas sociais* que, em vários graus, sempre estão presentes na estruturação do corpo social. Existe, no entanto, um traço comum, compartilhado pelas multidões e pelas corporações: os alicerces do grupo se fundamentam na presença de um líder. Assim, "todos os tipos de associações possuem este caráter comum e permanente de ser produzidos, de ser em maior ou menor medida conduzidos por um chefe visível ou oculto; muito frequentemente oculto, no caso das multidões, sempre aparente e visível no caso das corporações".[21] Isso nos propicia algum critério para distinguir o grau em que a ideia dominante que unifica um grupo pode se imprimir nas corporações: "É possível afirmar que qualquer forma de associação humana pode ser distinguida: (1) pelo modo como um pensamento ou uma vontade tornam-se dominantes, mediante as condições da confluência de pensamentos e vontades, a partir das quais eles alcançam a vitória; (2) pela maior ou menor facilidade oferecida à propagação do pensamento e da vontade preponderante".[22] O grau de hegemonização do grupo pelas ideias é claramente mais elevado na corporação do que na multidão.

Assim, a multidão e a corporação constituem os dois extremos de um *continuum* que admite muitas variações e agrupamentos temporários. De qualquer modo, os acontecimentos são o resultado de uma ação combinada das multidões e das corporações. Sem a presença destas últimas, as primeiras careceriam de qualquer direção inteligente e não iriam além de uma explosão massiva. Sem sua propagação em eventos que reúnem multidões, os efeitos sociais da corporação seriam necessariamente limitados (pensemos nas tentativas anarquistas do século XIX, que Tarde discute com alguns detalhes). No entanto, o importante para nossos objetivos é sublinhar o mecanismo através do qual a ideia que se origina numa corporação – nos termos de Tarde, uma seita, criminosa ou não – é propagada. A propagação depende da constituição prévia de um terreno ideológico pronto para recebê-la. O essencial é "a preparação das almas por meio de diálogos ou leituras, pela visita regular a clubes e cafés, atividades as quais, por meio de um prolongado contágio, lentamente imitado, inculcaram-lhes ideias prévias, apropriadas para receber ideias novas".[23] Mesmo no estágio embrionário da propagação de uma ideia, da associação entre duas pessoas, a sugestão é necessária para consolidá-lo: um dos dois membros do par (*suggestionnaire*, isto é, o que sugestiona) exerce o papel ativo, e ao outro (*suggestionné*, o que é sugestionado) cabe o papel passivo. Quando a propagação da ideia se estende a grupos mais amplos, podemos presenciar dois fenômenos: ou a sugestão opera como um fenômeno recíproco entre todos os membros do grupo, incluindo o líder, ou ocorre uma ação unilateral de sugestão por parte deste.

Há também uma importante distinção a ser estabelecida aqui: o mecanismo da sugestão pode requerer em alguns casos a presença física das duas partes, mas também pode operar à distância (Tarde assinala que essa última possibilidade implica que não se deve exagerar a assimilação da sugestão social ao hipnotismo). Essa coesão de grupo, acarretada pela sugestão à distância, leva Tarde a estabelecer outro conjunto de distinções que dizem respeito à liderança do grupo. Os grupos primitivos requeriam de seus líderes "uma vontade de ferro, um olhar agudo e uma fé sólida, imaginação fértil e ilimitado orgulho". Tais características, entretanto, são dissociadas uma vez que o processo civilizatório tenda a privilegiar, no que concerne à liderança, a superioridade intelectual ou imaginativa em detrimento de forças indiferenciadas. Assim, a ação da massa torna-se menos violenta e traumatizante e mais controlável: "Felizmente a civilização tem o efeito de aumentar constantemente as ações à distância sobre outras pessoas, por meio de um incessante prolongamento do campo territorial e da quantidade de pessoas a quem se dirige, como resultado da difusão do livro e do jornal, e este não é o menor serviço que ela presta [...] como compensação por tantos males".[24]

Desse breve resumo de "As multidões e as seitas criminosas" podemos tirar as seguintes conclusões: (1) o mecanismo de imitação tende a criar relações equivalentes que atravessam todo o espectro social; (2) o que explica a imitação é uma predisposição humana que deve ser compreendida em termos de *sugestionabilidade*; (3) a sugestionabilidade, entretanto, não se encontra apenas em um conjunto limitado de fenômenos sociais – o comportamento das multidões –, mas opera em todas as instituições humanas, concebidas, num sentido amplo, como corporações; (4) a civilização introduz uma diferenciação social cada vez maior, que resulta na expansão do papel exercido pela ação à distância. Isso não modifica nem a centralidade da sugestão, nem a estrutura básica da díade líderes/ liderados, porém torna mais complexos os modos pelos quais ambos operam. Estamos nos distanciando claramente da simplicidade do dualismo de Le Bon.

O conceito da imitação, adotado por Tarde, modificou-se ao longo da década de 1890.[25] Das duas formas de sugestão que descrevi – a sugestão mútua entre todos os membros do grupo, incluído o líder, e a sugestão unilateral dos membros do grupo pelo líder – é à primeira que se confere uma centralidade cada vez maior. Tal centralidade, conforme vimos, resulta daquilo que Tarde considera a linha dominante no desenvolvimento da civilização: o avanço em direção a um tipo de organização social na qual a ação à distância substitui o contato físico direto. Como assinala Van Ginneken, o prefixo "inter" é empregado frequentemente por Tarde: "interespiritual", "intermental", "interpsicológico". Disso resulta que a imitação é concebida cada vez menos em termos de sugestão: "Ele considerou que a influência social em grupos reunidos pode muito bem ser concebida como uma forma de sugestão, e a influência social em grupos dispersos pode ser pensada com maior precisão como uma forma de interação. Ao continuar a dar ênfase a essa divisão, Tarde rompeu com os antigos paradigmas da psicologia das multidões e possibilitou ultrapassar e transcender a limitada abordagem de Le Bon."[26]

Essa nova abordagem é nitidamente evidente no ensaio de Tarde, "Le public et la foule" [O público e a multidão], publicado em 1898. O contraste entre multidão e público é colocado logo no início: "A psicologia das multidões foi estabelecida; agora é preciso estabelecer a psicologia do público, concebida nesse novo sentido como uma coletividade puramente espiritual, como uma disseminação de indivíduos separados fisicamente, cuja coesão é inteiramente mental".[27] O público, nesse sentido, era desconhecido no mundo antigo e na Idade Média, e a precondição de sua emergência foi a invenção da imprensa no século XVI. Os leitores, entretanto, eram reduzidos, e somente no século XVII iniciou-se um processo de generalização e de fragmentação, processo este que se aprofundaria e consolidaria com o advento do jornalismo político durante a Revolução Francesa. Naquela época, porém, o público revolucionário era sobretudo parisiense. Seria necessário aguardar até o século XX, quando ocorreu o desenvolvimento de meios rápidos de transporte e comunicação, para presenciar a emergência de públicos verdadeiramente nacionais, e até mesmo internacionais. De acordo com Tarde, a multidão – que, com a família, é o mais antigo dos grupos sociais – pertence ao passado. É no público que deve ser encontrado o futuro de nossas sociedades: "Formou-se, assim, pela ação conjunta de invenções que interagiram mutuamente (a tipografia, a ferrovia e o telégrafo), o formidável poder da imprensa, esse prodigioso telefone que alargou tão incrivelmente o antigo público dos oradores e pregadores. Assim, não posso concordar com um vigoroso escritor, o dr. Le Bon, que nossa era é a 'era das multidões'. É a era do público ou dos públicos, o que é muito diferente".[28]

As diferenças estruturais entre públicos e multidões são claramente determinadas por Tarde. Uma pessoa pode pertencer a muitos públicos, mas somente a uma multidão. A consequência dessa pluralidade é que o público representa "um progresso na tolerância, quando não no ceticismo". E embora os movimentos de retrocesso do público para a multidão possam ser altamente perigosos, eles são bastante excepcionais e "sem examinar se as multidões oriundas de um público não são ligeiramente menos brutais do que aquelas que antecedem quaisquer públicos, é evidente que a oposição de dois públicos, sempre prontos a unir-se, ultrapassando suas fronteiras indecisas, representa um perigo muito menor para a paz social do que o encontro de duas multidões que se confrontam".[29] Os públicos são menos sujeitos à influência dos fatores naturais, bem como dos fatores raciais.[30] A influência que o publicista exerce sobre seu público, embora menos intensa do que aquela que um dos líderes exerce, em determinado momento, sobre sua multidão, é, em longo prazo, mais profunda e persistente. Ela confere expressão e cristaliza em imagens um estado difuso de sentimento que não se encontrou anteriormente em qualquer forma de representação discursiva:

> Para que Édouard Drummond despertasse o antissemitismo, foi necessário que sua tentativa mobilizadora correspondesse a um certo estado de espírito disseminado na população, mas como não se elevou nenhuma voz que, em alto e bom som, expressasse aquele estado de espírito, essa tentativa continuou sendo algo puramente individual, não muito intensa, pouco contagiosa, inconsciente de si [...]. Conheço regiões da França onde as pessoas jamais viram um judeu. Isso não impede o antissemitismo de florescer, pois ali se leem jornais antissemitas.[31]

A emergência do público não apenas *acrescenta* uma nova entidade social àquelas já existentes, mas modifica as lógicas sociais que governaram as relações entre estas. Todos os grupos – religiosos, econômicos, estéticos, políticos e assim por diante – querem ter sua própria imprensa e constituem seu próprio público. No entanto, ao agir assim, eles modificam profundamente sua identidade e suas relações com outros grupos. A partir da pura expressão de interesses profissionais, eles tendem a se tornar a expressão de divisões concebidas em termos de aspirações ideais, sentimentos e ideias teóricas. "Os interesses se expressam unicamente através dela (a imprensa) [...], como sempre encobertos ou sublimados em teorias e paixões; ela os espiritualiza e idealiza."[32] Da mesma forma, os partidos políticos deixam de ser os pontos de referência estáveis do passado e, na medida em que se tornam públicos, submetem-se a uma variedade de influências ideológicas que, em questão de anos, conduz à sua divisão e reagrupamento. Permitam-me colocar claramente a principal implicação, fundamental para nossa análise do populismo, e que essa transformação do grupo social envolve: enquanto as multidões foram apresentadas pelos anteriores teóricos das massas como algo que caminhava rumo à dissolução daquelas diferenciações, próprias de uma organização racional da sociedade, e à absorção do indivíduo por uma massa indiferenciada, de acordo com Tarde a lógica da homogeneização opera *não apenas no caso das multidões mas também no caso dos públicos*. Assim:

> A despeito de todas as diferenças que assinalamos, a multidão e o público, esses dois extremos da evolução social, possuem em comum o fato de que o vínculo entre os diferentes indivíduos que os integram não consiste em *harmonizá-los* através de sua própria

> diversidade, através de especializações mutuamente úteis, mas em se inter-refletir uma na outra, em aglutinar-se, através de sua similitude nata ou adquirida, numa *sociedade* simples e poderosa – porém com força muito maior no público do que na multidão! –, numa comunhão de ideias e paixões que, além do mais, não interfere no livre exercício de suas diferenças individuais.[33]

Não nos deteremos na longa discussão de Tarde sobre os vários tipos de multidão e seus traços que podem ser comparáveis aos públicos porque, por mais importante que ela seja, nos afastaria demais de nosso principal objetivo. Lembremos apenas uma distinção final introduzida por Tarde, que nos é altamente relevante: a distinção entre multidões motivadas pelo amor e multidões motivadas pelo ódio. Torna-se necessário, mais uma vez, enfatizar a diferença entre multidões e públicos:

> O que multidões iradas pedem é uma ou mais cabeças. A atividade do público é, entretanto, menos simplista, pois ela se direciona tão facilmente para um ideal de reformas ou utopias como para ideias de ostracismo, perseguição e espoliação.[34]

Mas até mesmo no caso dos públicos, o ódio exerce um papel fundamental: "Descobrir ou inventar para o público um grande e novo objeto de ódio ainda é um dos meios mais seguros de se tornar um dos reis do jornalismo". A conclusão de Tarde não é, entretanto, inteiramente pessimista. As vantagens dos públicos devem ser localizadas não apenas em substituir o costume pela moda e a tradição pela inovação: "[eles] também substituem a nítida e persistente divisão entre muitas variedades de associações humanas, com seus intermináveis conflitos, por uma segmentação incompleta e variável, cujos limites são imprecisos, num processo de perpétua renovação e mútua penetração".[35]

Embora os primeiros teóricos da multidão opusessem a vida mental das multidões à do indivíduo, William McDougall introduziria a distinção entre a multidão e o grupo altamente organizado. A primeira rebaixava as realizações individuais, o segundo as valorizava. Conforme Freud observou, a descrição que McDougall faz da multidão é tão pouco lisonjeira como a que encontramos nos escritos de teóricos da multidão ao estilo de Le Bon. Ele enfatiza a dimensão de homogeneidade que se deve encontrar em qualquer multidão que seja mais do que um mero e fortuito ajuntamento:

> Assim, é preciso que haja algum grau de similaridade quanto à constituição mental, de interesse e de sentimento, entre as pessoas que formam uma multidão, um certo grau de homogeneidade mental do grupo. Quanto mais elevado o grau de homogeneidade mental de qualquer agrupamento de homens, mais prontamente eles formam uma multidão psicológica e mais notáveis e intensas são as manifestações da vida coletiva.[36]

A formação de uma multidão requer a exaltação e a intensificação das emoções. McDougall cita como típico delas o pânico que um grupo de indivíduos vivencia quando se confronta com um perigo iminente. Ele explica essa rápida difusão da mesma emoção numa multidão como algo resultante daquilo que denomina "o princípio da indução direta da emoção":

> O princípio da indução direta da emoção mediante a primitiva reação solidária nos possibilita compreender o fato de que um ajuntamento

> de pessoas (ou de animais) pode transformar-se rapidamente numa multidão tomada pelo pânico, devido a algum objeto ameaçador, perceptível por apenas alguns poucos dos indivíduos presentes.[37]

Do mesmo modo, alguns dos poucos indivíduos destemidos que ocupam uma posição proeminente numa multidão podem interromper o pânico.

O mesmo princípio de indução direta explica a expansão de outras emoções, o que proporciona a todos os que as compartilham uma sensação de irresistível e sólido poder. Isso se relaciona a duas peculiaridades da mente das multidões:

> Em primeiro lugar o indivíduo, quando ingressa numa multidão, perde em certo grau a autoconsciência, a percepção de si mesmo como uma personalidade distinta, e com isso também perde parte da consciência que tem de suas relações especificamente pessoais. Ele se torna, até certo grau, despersonalizado. Em segundo lugar e intimamente ligada a esta última mudança, ocorre uma diminuição do sentido de responsabilidade pessoal: o indivíduo se sente envolvido, ofuscado e impelido por forças que ele não tem o poder de controlar.[38]

As multidões têm o efeito de rebaixar a inteligência média de seus membros, como resultado do fato de que mentes inferiores estabelecem o nível a que todos têm de se submeter, e também da maior sugestionabilidade dos membros da multidão. O resultado é uma descrição que já nos é familiar:

> Podemos resumir o caráter psicológico de uma multidão desorganizada e simples ao afirmar que ela é excessivamente emotiva, impulsiva, violenta, instável, inconsistente, irresoluta, extremada

> em suas ações, demonstrando somente as emoções mais toscas e os sentimentos menos refinados; é extremamente sugestionável, descuidada em suas deliberações, emite julgamentos apressados, é incapaz de qualquer coisa que não seja uma forma mais simples e imperfeita de raciocínio, é facilmente conduzida e influenciada, é despojada de autoconsciência, desprovida de autorrespeito e senso de responsabilidade, apta a se deixar arrastar pela consciência de sua própria força, de tal modo que tende a produzir todas as manifestações que aprendemos a esperar de qualquer poder irresponsável e absoluto.[39]

E assim por diante.

Entretanto, quando abordamos um grupo altamente organizado, a situação torna-se diferente: "Existe [...] uma condição que pode elevar o comportamento de uma multidão temporária e desorganizada a um patamar superior, a saber, a presença de um propósito comum, claramente definido na mente de todos seus membros".[40] Antes de descrever os traços estruturalmente definidores de semelhante objetivo comum, permitam-me mencionar brevemente quais são, para McDougall, as cinco precondições para se elevar a consciência do grupo acima do nível de uma multidão desorganizada.[41] A primeira delas é a de que o grupo necessita ter algum tipo de continuidade temporal. A segunda é que os membros do grupo deveriam "ter formado algumas ideias adequadas sobre o grupo, sua natureza, composição, funções e capacidades, bem como da relação dos indivíduos com o grupo". A terceira, embora não seja essencial, é que, através da interação com outros grupos, os membros tenham elaborado alguma visão comparativa do grupo a que pertencem. A quarta é "a existência de um corpo de tradições, hábitos e costumes nas mentes dos membros do grupo, os quais determinam suas relações mútuas e com o grupo como um todo". A quinta e última precondição é a existência de uma diferenciação interna ou de organização do grupo, que pode ou repousar nas tradições ou costumes especificados pela quarta precondição, ou ser imposta ao grupo por um poder externo.

Como exemplo de um grupo bem organizado, McDougall cita o exército japonês por ocasião da Guerra Russo-Japonesa (1904-5). Esse tipo de grupo combina uma diferenciação funcional, mediante a qual o indivíduo se vê como parte de um todo, com a atribuição da capacidade de deliberação e escolha aos membros mais capacitados do grupo (no exemplo do exército, ao comandante em chefe). Essa combinação dos melhores atributos de ação coletiva com a deliberação e decisão individual eleva os padrões morais e intelectuais do grupo organizado muito acima dos padrões dos membros individuais. O trecho primordial é o seguinte:

> Esse constitui o caráter essencial da organização efetiva de qualquer grupo humano. Ele assegura que, enquanto a finalidade comum da ação coletiva é desejada por todos, a escolha dos meios cabe àqueles mais bem qualificados e que se encontram na melhor posição para deliberar e escolher. Garante que a coordenação das ações voluntárias das partes proporcione o fim comum mediante os meios escolhidos. Desse modo, as ações coletivas do grupo bem organizado, em vez de constituírem ações meramente impulsivas ou instintivas, como as de uma simples multidão, que implicam um grau de inteligência e moralidade muito inferior ao do indivíduo médio dessa multidão, tornam-se ações verdadeiramente intencionais, as quais expressam um grau de inteligência e de moralidade muito mais alto do que as do membro médio do grupo, isto é, o todo é elevado acima do nível de um membro médio e até mesmo, por

motivo da exaltação da emoção e da cooperação organizada, em se tratando da deliberação, acima do nível de seus membros mais bem posicionados.[42]

Finalmente, devo dizer algo a respeito do conceito de vontade coletiva elaborado por McDougall, isto é, o propósito comum presente nas mentes dos membros do grupo. Ele começa por estabelecer uma distinção quase ao estilo de Rousseau, entre uma vontade geral ou coletiva e a vontade dos indivíduos. Um propósito comum não é suficiente para constituir uma vontade coletiva. McDougall dá como exemplo uma multidão de brancos no Sul dos Estados Unidos, a linchar um negro que supostamente cometeu um crime. Mesmo se o grupo for dominado pela vontade comum de levar adiante a execução, dominado por uma impiedosa determinação, isso não é suficiente para constituir uma vontade coletiva. O que estará faltando? A identificação com alguma imagem de grande carga emocional da identidade do grupo enquanto tal. Como é que isso pode surgir? Aqui precisamos levar em consideração a relação entre a intenção individual e coletiva na psicologia social de McDougall. Aquilo que ele denomina "sentimento de autoestima", o sentimento da autoidentidade, pode se estender, conforme ele argumenta, a outros objetos:

> a todos os objetos com os quais o Eu se identifica, considerados como pertencentes ao Eu ou como parte de um Eu mais amplo. Essa extensão depende largamente do fato de que outros nos identificam a algo como um objeto, de tal modo que nos sentimos como um objeto alvo de todos os olhares, atitudes e ações dos outros, direcionados para esse objeto, e somos emocionalmente afetados por eles do mesmo modo que somos afetados por semelhantes

> olhares, atitudes e ações direcionadas a nós individualmente. Foi demonstrado, igualmente, que tal sentimento pode se tornar mais amplo e emocionalmente mais rico do que o puro sentimento de autoestima, através da fusão de um sentimento de amor pelo objeto que cresceu independentemente.[43]

McDougall ilustra a questão ao comparar um patriota e um exército mercenário. Para sua concepção é fundamental que não exista uma separação estrita entre a autoestima e a identificação com o grupo, porque a autoestima é sempre a consideração de um Eu já socializado que pressupõe a presença de objetos como parte da própria construção do Eu:

> A principal diferença entre o sentimento de autoestima e o sentimento de grupo desenvolvido é que este envolve comumente um elemento de devoção ao grupo tendo em vista seu próprio bem e o bem de um de seus membros. Isso quer dizer que o sentimento de grupo é uma síntese da autoestima e das tendências altruístas nas quais eles se harmonizam para alcançar o apoio e o reforço mútuos: os poderosos impulsos egoístas são sublimados objetivando fins mais elevados do que a promoção do bem-estar próprio.[44]

A questão importante é que, para McDougall, a unidade do grupo se baseia em um objeto comum de identificação que estabelece, de maneira equivalente, a unidade dos membros do grupo. Já havíamos detectado algo semelhante na assertiva de Tarde segundo a qual uma homogeneizante "comunhão de ideias e paixões" – a equivalência que essa comunhão proporciona – opera não apenas no caso das multidões, mas também no dos públicos. O conceito de equivalência (desenvolvido, é claro, muito além da teorização de McDougall e Tarde) é fundamental para o conceito de populismo que proponho na segunda parte deste livro. Antes disso, entretanto, devemos considerar a decisiva intervenção de Freud.

O AVANÇO FREUDIANO

Psicologia das massas e análise do Eu (1921), de Freud, constituiu, indubitavelmente, o mais radical avanço até então realizado tendo em vista a psicologia das massas; a despeito, como devemos reconhecer desde o início, de vários impasses que impediram que suas percepções desenvolvessem todo o seu potencial. Freud começa afirmando que o contraste entre a psicologia individual e a psicologia social perde, ao ser considerada cuidadosamente, a maior parte de sua nitidez porque o indivíduo, desde o começo de sua vida, está invariavelmente ligado a alguém "como um modelo, um objeto, um ajudante, um oponente e assim, desde o início, a psicologia individual [...] é ao mesmo tempo psicologia social".[45] Freud relativiza, entretanto, o caráter constitutivo do laço social ao argumentar que os laços sociais com os pais, irmãos, o objeto de amor e o médico "podem ser contrastados com alguns outros processos, descritos por nós como 'narcísicos', nos quais a satisfação dos instintos escapa, parcial ou totalmente, da influência de outras pessoas".[46] É em relação à diferença entre impulsos sociais e impulsos narcisistas que Freud estabelece a distinção entre a psicologia social e a psicologia individual. Como veremos, isso tem consequências importantes, pois ele conclui que ambas evoluíram paralelamente e se aplicam a diferentes aspectos do laço social: enquanto os membros estáveis do grupo, no que diz respeito a seus laços mútuos, seriam incluídos no campo da psicologia social, o narcisismo, enquanto terreno da psicologia individual, se aplicaria amplamente apenas ao líder do grupo.[47] Pode-se entretanto imaginar, mesmo nesta etapa inicial da argumentação, caso a satisfação dos impulsos *se aparte*, no narcisismo, da influência das outras pessoas, se esse "apartar-se" não retém, em sua própria recusa, os traços de uma referência ao outro e, nesse sentido, se ele continua fazendo parte de um processo social.

Voltaremos a essa questão, mas, antes de mais nada, devemos reconstruir os principais passos da argumentação de Freud. Ele afirma que a psicologia social de seus predecessores se preocupou mais em descrever as mudanças que o indivíduo experimenta ao se tornar parte de uma multidão do que com a natureza do laço social. A "sugestão" havia sido o limite de todos os esforços para determinar a natureza desse laço. Freud propõe deixar de lado a "sugestão" como um termo que requer explicação, e apelar à *libido* como categoria primordial para explicar a natureza do laço social. Este seria um laço libidinal e, enquanto tal, relaciona-se com tudo que diz respeito ao "amor". Seu núcleo consiste, é claro, em amor sexual, mas a psicanálise tem demonstrado que não devemos separar o amor sexual "do amor a si próprio e, por outro lado, do amor pelos pais e filhos, pelos amigos e pela humanidade em geral, e também da devoção a objetos concretos e a ideias abstratas". Ainda que nas relações entre os sexos os impulsos tendam à união sexual, "em outras circunstâncias eles se desviam desse objetivo ou são impedidos de alcançá-lo, embora preservando o suficiente de sua natureza original para manter reconhecível sua identidade".[48] Segue-se uma descrição dos laços libidinais que operam na Igreja e no Exército, os quais, por um lado, ligam uns aos outros os membros dessas instituições e, por outro lado, ligam todos eles a seus líderes, Cristo ou o comandante em chefe; e uma descrição dos processos de desintegração que sobrevêm à desaparição repentina dessas figuras de liderança.

Freud prossegue discutindo o sentimento de aversão ou de hostilidade que habita todos os laços íntimos com outras pessoas e que são mantidos fora da percepção unicamente por meio da repressão. Nos casos em que essa hostilidade é direcionada a pessoas com as quais mantemos uma associação próxima, falamos de sentimentos ambivalentes. Quando, porém, a hostilidade é direcionada a estranhos, podemos nela reconhecer claramente uma expressão de amor a si mesmo, de narcisismo. O amor a si mesmo, no entanto, é limitado ou suspenso no caso da formação de um grupo. Segundo Freud:

> Os indivíduos no grupo comportam-se como se eles fossem uniformes, tolerassem as peculiaridades de seus outros membros, se igualassem com eles e não tivessem sentimentos de aversão para com eles. Essa limitação do narcisismo, de acordo com nossa visão teórica, só pode ser produzida por um fator, o laço libidinal com outras pessoas. O amor a si conhece uma única barreira – o amor aos outros, o amor aos objetos.[49]

Isso requer estudarmos a espécie de laço emocional que se estabelece entre os membros de um grupo, o que por sua vez requer contemplar mais intimamente o fenômeno do enamoramento. Esses laços emocionais que unem o grupo constituem, obviamente, impulsos de amor que foram desviados de seu objetivo original e que, de acordo com Freud, seguirão um padrão muito preciso: o da *identificação*.

A identificação, diz Freud, "é a expressão mais antiga de um laço emocional com outra pessoa",[50] vinculada à história do complexo de Édipo. Existem três formas principais de identificação. A primeira é a identificação com o pai. A segunda é a identificação com o objeto da escolha amorosa. A terceira, de acordo com Freud, surge "com quaisquer novas percepções de uma qualidade comum compartilhada com alguma outra pessoa que não seja um objeto do instinto sexual. Quanto mais importante for essa qualidade comum, mais bem sucedida será essa identificação parcial e, assim, ela pode representar o início de um novo laço"[51]. Esse terceiro tipo de identificação é encontrado no laço mútuo entre os membros do grupo, e Freud acrescenta – decisiva, embora problematicamente – que a qualidade comum na qual essa identificação se baseia "reside na natureza do laço com o líder".[52]

Como deve ser concebido o laço com o líder? Freud aborda a questão em termos das várias formas de "enamoramento". O modo primário de enamorar-se de alguém é vivenciar a satisfação sexual em um objeto. No entanto a catexia investida em um objeto se exaure toda vez que a satisfação é obtida. Assim, a consciência da renovação periódica da necessidade conduz ao amor como um sentimento "de afeto", ligado ao objeto até mesmo durante os intervalos desprovidos de paixão. O amor da criança por seus pais, uma vez estabelecida a repressão dos impulsos sexuais originais, é de natureza "terna". A vida futura do indivíduo será dominada por essa sensual dualidade amor/ afeto, que pode ou sobredeterminar o mesmo objeto, ou ter seus dois polos investidos em objetos diferentes. O investimento no objeto de amor significa que a libido narcisista se transfere para o objeto. Isso pode assumir várias formas ou mostrar vários graus. Seu denominador comum é a *idealização* do objeto, que dessa forma se torna imune à crítica. Assim, tal situação surge “sob várias formas de escolha amorosa, nas quais o objeto serve como substituto para algum ideal não alcançado de nosso próprio Eu. Amamos em virtude das perfeições que nos empenhamos em atingir para nosso próprio Eu, e que agora gostaríamos de obter, de maneira sinuosa, como um meio de satisfazer nosso narcisismo”.[53]

Uma vez chegado a esse ponto de sua argumentação, Freud, em três parágrafos particularmente densos, analisa o sistema de alternativas que o encaminhamento de seu raciocínio proporcionou. Quando amamos, “o Eu se torna cada vez mais modesto, e o objeto cada vez mais sublime e precioso, até que finalmente chega a possuir todo o amor-próprio do Eu, cujo autossacrifício surge como uma consequência natural. O objeto, por assim dizer, consumiu o Eu [...]. A situação pode ser cabalmente resumida numa fórmula: *O objeto foi posto no lugar do ideal do Eu*”.[54] Qual é, então, a relação entre estar amando e a identificação? Aqui a argumentação de Freud adquire certa hesitação, mas é isso que a torna particularmente esclarecedora. Ele começa afirmando que a diferença entre a identificação e as formas extremas de enamoramento, que descreve como “fascinação” e “escravidão”, reside no fato de que na identificação o Eu introjetou o objeto, enquanto no enamoramento “ele se rendeu ao objeto, substituiu o objeto por aquilo que existe de mais importante em sua constituição”.[55]

No entanto, ele prossegue com suas hesitações, pois essa descrição “cria a ilusão de distinções que não têm existência real. No plano econômico, não se trata de empobrecimento ou enriquecimento. É até mesmo possível descrever um caso extremo de enamoramento como um estado no qual o Eu introjetou o objeto”.[56] Assim, ele tenta deslocar essa distinção para uma outra, diferente: enquanto na identificação o objeto foi perdido e introjetado no

Eu, o que causa uma alteração parcial de si mesmo "segundo o modelo do objeto perdido", no caso de se estar amando ocorreria um hiperinvestimento do objeto pelo Eu, às custas do Eu. Essa alternativa, entretanto, não satisfaz inteiramente Freud que, então, formula uma pergunta fundamental: "Existe plena certeza de que se desistiu do objeto do investimento? Não pode haver uma identificação enquanto o objeto é conservado?".[57] Aqui Freud vislumbra a possibilidade de uma alternativa "a saber, *que o objeto seja posto no lugar do Eu ou do ideal do Eu*".[58]

Com isso chegamos ao clímax da argumentação de Freud. A partir daí ele apresenta uma breve comparação entre a hipnose e o enamoramento e uma caracterização da formação do grupo em termos de ligações equivalentes, forjadas entre as pessoas, como resultado de seu amor comum por um líder – amor cujos impulsos sexuais foram inibidos, é claro. A definição do laço social emana desta análise: "Esse tipo de grupo primário se constitui de um número de indivíduos que puseram o mesmo objeto no lugar de seu Eu ideal e, em consequência, identificaram-se mutuamente em seus Eus".[59] Tendo em vista uma discussão mais ampla, precisamos reter duas conclusões implícitas na análise. Primeiramente, se seguirmos estritamente a argumentação de Freud, a identificação acontece entre aqueles que são liderados, mas não entre eles e o líder. Assim, a possibilidade de este ser o *primus inter pares* estaria encerrada. Em segundo lugar, a base de qualquer identificação seria exclusivamente o amor comum por esse líder. A tortuosa e um tanto hesitante elaboração de Freud sobre a distinção entre identificação e enamoramento é aparentemente resolvida numa estrita diferenciação de funções na constituição do laço social: a identificação entre os irmãos e o amor pelo pai. Podemos facilmente nos deslocar daí para o mito da horda como constitutiva da sociedade e para a distinção entre a psicologia individual e social, em termos da diferenciação entre atos mentais narcisistas e sociais.

O que devemos pensar dessa notável sequência teórica? Uma conclusão possível é aquela a que chegou Mikkel Borch-Jacobsen.[60] Em sua visão, Freud, longe de abordar o político de maneira crítica, considerando-o a alienação da essência do laço social, concebe o social como algo moldado pelo político, que depende, para sua constituição, da presença de um chefe amado. A sociedade seria concebida como massa homogênea, cuja coerência seria garantida exclusivamente pela presença do líder. É verdade que, para Freud, o político tem um papel básico no que diz respeito à instauração do laço social. É igualmente verdadeiro que a visão de Freud sobre o amor de todos pelo líder como um traço compartilhado por aqueles que se identificam mutuamente de certo modo torna atraente a leitura de Borch-Jacobsen. Penso, porém, que sua conclusão é excessiva, pois a ênfase unilateral no relacionamento com o líder simplesmente ignora todas as passagens do texto de Freud nas quais diferentes arranjos sociais são sugeridos como possibilidades reais. Elas não questionam necessariamente o papel do político na instituição do laço social, mas evocam diferentes tipos de política, e nem todos possuem as implicações autoritárias que Borch-Jacobsen detecta. Se desenvolvermos as amplas implicações dessas possibilidades alternativas, surge um panorama muito mais complexo do social, e o significado da intervenção teórica, em *Psicologia das massas e análise do Eu*, surge sob nova luz. A tentativa de Freud de limitar a validade social de seu próprio modelo segue essencialmente em duas direções.

Temos, em primeiro lugar, aquelas passagens nas quais ele coloca a possibilidade, como modo alternativo de agregação social, de que, através da organização, a sociedade adquira as características do indivíduo. A definição de grupo anteriormente citada, como algo que consiste de indivíduos que põem um objeto no lugar do ideal do Eu, que se identificam mutuamente através de seus Eus, é precedida pela seguinte limitação: "Estamos na posição de indicar a fórmula da constituição libidinal dos grupos ou, pelo menos, dos grupos que levamos em consideração até aqui, especificamente daqueles que têm um líder e não vêm se mostrando capazes, por meio de excessiva 'organização', de adquirir secundariamente as características de um indivíduo".[61] Freud discorda também da visão de McDougall segundo a qual as desvantagens intelectuais do grupo podem ser superadas "ao se retirar do grupo o desempenho das tarefas intelectuais, reservando-as para seus membros individuais". A alternativa que Freud tem em mente é muito mais radical: "O problema consiste em como obter, para o grupo, precisamente aqueles traços característicos do indivíduo e que nele se extinguiram devido à formação do grupo".[62] O fato de Freud ter pretendido dizer isso em um sentido literal, e não em mero sentido analógico, fica provado mais tarde por sua frontal rejeição, numa nota de rodapé acrescentada à edição de 1923, a uma crítica formulada por Hans Kelsen, o qual mencionara que proporcionar à mente do grupo semelhante organização seria uma hipóstase (atribuir à sociedade uma função mental que pertence unicamente aos indivíduos).

Mas, então, como devemos conceber essa oposição entre dois modos de agregação social, um deles baseado na "organização", mediante a qual a sociedade adquire as características secundárias do indivíduo, e o outro fundamentado no laço libidinal com o líder? Esses modos se aplicam a diferentes tipos de grupo? Ou antes constituem lógicas sociais que, em graus variados, entram na constituição de todos os grupos sociais? Creio que a segunda hipótese é correta. No meu modo de pensar, o grupo totalmente organizado e o líder *puramente* narcisista são simplesmente uma *reductio ad absurdum* – isto é, impossível –, são extremos de um *continuum* no qual as duas lógicas sociais são articuladas de várias maneiras. Entretanto, para provar que a "organização" e o "líder narcisista" gozam de semelhante *status* na economia do texto de Freud, eu deveria ser capaz de mostrar algumas instâncias textuais da combinação de ambos os princípios. Nisso consiste minha próxima tarefa.

Na verdade não é uma tarefa difícil, pois Freud fornece muitos exemplos de semelhante combinação. No capítulo sugestivamente denominado "Um grau no interior do Eu", ele discute o prodígio do desaparecimento das aquisições individuais na multidão, prodígio a ser interpretado – e ele nos diz novamente – "com o significado de que o indivíduo desiste de seu ideal de Eu e o substitui pelo ideal do grupo, tal como ele é corporificado no líder". No entanto, ele imediatamente agrega o seguinte:

> Precisamos acrescentar, a modo de correção, que o fenômeno não tem a mesma grandeza em cada um dos casos. Em muitos indivíduos a separação entre o Eu e o ideal do Eu não se encontra muito avançada; os dois ainda coincidem facilmente; o Eu preserva com frequência a autocomplacência narcísica. A escolha do líder é bastante facilitada por essa circunstância. Muitas vezes ele precisa possuir apenas as qualidades típicas dos indivíduos sob uma forma particularmente clara e pura, e basta-lhe transmitir uma impressão de maior vigor e de maior liberdade libidinal. Nesse caso, surge a necessidade de um chefe forte, e ele é investido de um poder que, de outro modo, talvez não pudesse reivindicar.[63]

O que Freud está exatamente nos dizendo com essa nova consideração? Somente que sempre que a necessidade de um líder forte se encontra apenas na metade do caminho, o líder somente será aceito se apresentar, de modo particularmente marcado, características que compartilha com aqueles que se supõe que deve liderar. Em outras palavras: os liderados encontram-se, em grande medida, *pari passu* com o líder – isso quer dizer que este último torna-se *primus inter pares*. Decorrem dessa mutação estrutural três consequências de extrema importância. Primeiramente, aquele "algo em comum" que possibilita a identificação entre os membros do grupo não pode consistir exclusivamente de amor ao líder, mas de algum traço positivo que o líder e os liderados compartilham. Em segundo lugar, a identificação não ocorre entre Eus, pois a separação entre o Eu e o ideal do Eu está longe de ser completa. Isso significa que um certo grau de identificação com o líder torna-se possível. Em *Psicologia das massas e análise do Eu*, Freud aventa essa possibilidade, ao comparar o Exército à Igreja Católica. Enquanto no Exército o soldado se tornaria ridículo caso se identificasse com o comandante, a Igreja exige do crente mais do que uma identificação com outros cristãos:

> Ele também tem de se identificar com Cristo e amar todos os demais cristãos assim como Cristo os ama. Em ambos os casos, portanto, a Igreja requer que a posição da libido, que é dada pela formação do grupo, deve ser suplementada. A identificação tem de ser adicionada sempre que ocorra a escolha do objeto, e o amor ao objeto quando existe a identificação.[64]

Em terceiro lugar, se o líder comanda por apresentar, de modo particularmente marcado, traços comuns a todos os membros do grupo, ele já não pode ser, em sua pureza, um dirigente despótico, narcisista. Por um lado, ao participar da própria substância da comunidade, que torna a identificação possível, sua identidade está dividida: ele é o pai, mas também é um dos irmãos. Por outro lado, como seu direito de dirigir se baseia no reconhecimento, por outros membros do grupo, de uma característica de líder que ele compartilha com todos eles, de modo muito pronunciado, o líder é, em grande medida, responsável pela comunidade. A necessidade de uma liderança ainda pode estar presente, devido a razões estruturais – que Freud, na verdade, não explora, mas às quais nos reportaremos em breve –, porém se trata de uma liderança muito mais democrática do que aquela presente no conceito do déspota narcisista. Na verdade, não estamos muito distantes daquela peculiar combinação de consenso e coerção que Gramsci denominou hegemonia.

Terminemos esta discussão enfatizando que Freud estava tão agudamente consciente da impossibilidade de reduzir o processo de formação do grupo ao papel central do chefe autoritário da horda que, no início do capítulo 6 de *Psicologia das massas e análise do Eu*, ele nos proporciona um inventário de outras situações possíveis e combinações sociais. Trata-se, de fato, de uma descrição programática de um terreno virgem, a ser ocupado intelectualmente. Vale a pena citá-lo *in extenso*:

> Muito ainda resta a ser examinado e descrito sobre a morfologia das massas. Deveríamos dedicar nossa atenção aos diversos tipos de grupos, mais ou menos estáveis, que surgem espontaneamente, e estudar as condições de sua origem e de sua dissolução. Deveríamos nos preocupar, acima de tudo, com a distinção entre massas que têm um líder e massas que não o têm. Precisamos averiguar se as massas com líderes são as mais primitivas e completas;

se em outros grupos uma ideia, uma abstração, poderia ocupar o lugar do líder – uma configuração na qual grupos religiosos, com seu dirigente invisível, constituem um estágio de transição –, e se uma tendência comum, um desejo que numerosas pessoas possam compartilhar, talvez possam servir como substituto. Essa abstração, repito, poderia estar mais ou menos encarnada na figura que podemos denominar um líder secundário, e surgiriam variedades interessantes da relação entre a ideia e o líder. O líder ou a ideia dominante também poderiam ser negativos, por assim dizer. O ódio a uma determinada pessoa ou instituição poderia operar da mesma maneira unificadora, e poderia evocar o mesmo tipo de laços emocionais enquanto uma ligação positiva. Então surgiria um questionamento: se o líder é realmente indispensável para a essência da massa, além de outros questionamentos.[65]

CONCLUSÃO: RUMO AO PONTO DE PARTIDA

Existe um tema recorrente que dê coerência às reflexões sobre a sociedade de massas, de Taine a Freud? Penso que sim, e ele é encontrado na progressiva renegociação teórica da dualidade entre a homogeneidade (ou indiferenciação) social e a diferenciação social. No início do processo, em relação àquilo que denominamos o grau zero de qualquer avaliação positiva da ação das massas, essa *dualidade* é, na verdade, um *dualismo*. Para Taine, a sociedade pode abrir as portas para as forças homogeneizantes somente às custas de sua coesão interna. A equalização das condições pode unicamente significar a ruptura de toda hierarquia e diferenciação, isto é, o colapso da ordem social. Como vimos, para Taine a Revolução Francesa foi um banho de sangue, mas ela foi o resultado direto da uniformidade introduzida pelo Absolutismo, que fez desaparecer todos os organismos intermediários que ligavam o indivíduo ao Estado. Para ele, a homogeneidade social e a ruptura de qualquer tipo de organização social eram sinônimos.

Partindo desse ponto de vista inflexível, a história que narrei é a de sucessivos esforços para tornar a lógica social homogeneizante (ou seu equivalente) compatível com o funcionamento de um corpo social viável. A dualidade homogeneização/ diferenciação foi mantida, mas adotou cada vez menos o caráter de dualismo. Em primeiro lugar, ocorreu uma profunda indistinção entre o normal e o patológico e, paralelamente a esse fato, uma transferência ao grupo de muitas funções previamente concebidas como pertencentes exclusivamente ao indivíduo. Le Bon viu a multidão como parte inevitável da comunidade e arquitetou uma espécie de catecismo manipulador para mantê-la dentro de seus limites. Para Tarde, o momento de equivalência da homogeneização deve se localizar naquilo que ele denominou "imitação", nas práticas repetitivas que seguem habitualmente os momentos de criação ou invenção. Assim, o momento equivalente é a própria urdidura do tecido social. Como vimos, era mais disso que se tratava quando ele, posteriormente, estabeleceu a distinção entre multidões e públicos. Embora os públicos sejam mais compatíveis do que as multidões no funcionamento ordenado da sociedade, eles se baseiam igualmente na homogeneizante lógica da similitude. Quanto a McDougall, se por um lado ele estabeleceu uma nítida distinção entre a multidão e o grupo organizado, por outro, através de um conceito de "vontade coletiva" baseada numa identificação comum com um objeto, introduziu o princípio de equivalência como condição da constituição de um grupo altamente organizado. A diferenciação e a homogeneidade, que para Taine eram antípodas, já não se opunham mais. Com isso, nós nos situamos na fronteira da teorização de Freud.

Com Freud desaparecem os últimos vestígios do dualismo. Ele contribuiu com um marco intelectual no qual tudo que até então tinha sido apresentado como uma soma heterogênea de princípios incomensuráveis agora podia ser elaborado a partir de uma matriz teórica unificada. Se minha leitura de seu texto for correta, tudo gira em torno da noção primordial de identificação, e o ponto de partida para explicar uma pluralidade de alternativas sociopolíticas deve ser encontrado no *grau* de distância entre o Eu e o ideal do Eu. Se essa distância aumenta – e por que aumenta é a pergunta que devemos nos fazer –, encontramos a situação fundamental descrita por Freud: a identificação entre os pares enquanto membros do grupo e a transferência do papel do ideal do Eu para o líder. Nesse caso, os princípios fundantes da ordem comunitária transcenderão o líder e, de acordo com esse princípio, a identificação de equivalência entre os membros do grupo aumentará. Se, ao contrário, a distância entre o Eu e o ideal do Eu for menor, ocorrerá o processo que descrevi anteriormente: o líder será o objeto escolhido pelos membros do grupo, mas ele também fará parte do grupo, participando do processo geral de mútua identificação. Nesse caso, haverá um processo parcial de imanência da base da ordem comunitária. Finalmente, na situação imaginária de redução ao absurdo (*reductio ad absurdum*) em que a brecha entre o Eu e ideal do Eu seja *inteiramente* transposta, nós nos veremos diante de uma situação também contemplada pela teoria freudiana como um caso-limite: a total transferência das funções do indivíduo à comunidade, através da organização. Os vários mitos de uma sociedade *totalmente* reconciliada, o que supõe invariavelmente a ausência de liderança, isto é, o esvaziamento do político, compartilham esse último tipo de visão.

Com esse sistema de alternativas à nossa disposição, podemos agora voltar a nos reportar à questão do populismo. Iniciamos nossa reflexão enumerando as estratégias discursivas mediante as quais o populismo foi ora descartado, ora subestimado, como fenômeno político, porém jamais pensado em sua especificidade como um meio legítimo, entre outros meios de estruturação do vínculo político. E podemos, desde já, manter uma forte suspeita de que a razão para o descarte do populismo não está totalmente desconectada daquelas invocadas naquilo que denominei "a denigração das massas". Em ambos os casos, estamos diante das mesmas acusações de marginalidade, transitoriedade, pura retórica, vaguidão, manipulação e assim por diante. Há, também, outra suspeita a fervilhar em nossa mente: que em ambos os casos o descarte é ligado a um preconceito idêntico, isto é, o repúdio ao meio indiferenciado que é a "multidão", ou o "povo", em nome da estruturação social e da institucionalização. É verdade que as mobilizações populistas não possuem aquela expressão totalmente desprovida de forma das ações das massas descritas por Taine, mas, quando passamos de sua concepção para os fenômenos mais organizados descritos por Le Bon, Tarde ou McDougall, as diferenças entre o populismo e o comportamento do grupo se reduzem expressivamente. Com Freud, no entanto, chegamos a uma abordagem mais complexa e promissora, na qual essas variações podem ser vistas como alternativas a ser explicadas no bojo de uma matriz teórica unificada. Este será meu ponto de partida para elaborar, na segunda parte deste livro, um conceito de "populismo".

Duas observações, antes que eu me lance a essa tarefa. A primeira é que Freud, como resultado do molde psicanalítico com o qual constrói sua teoria, oferece uma abordagem predominantemente genética ao objeto de seu estudo. Daí decorre que suas categorias requerem, obviamente, uma reformulação estrutural, caso venham a ser úteis como instrumentos de análise sociopolítica. No contexto de nossa discussão sobre o populismo, não podemos nos entregar totalmente a essa tarefa, embora alguns passos mínimos nessa direção sejam dados no início do capítulo 4. Em segundo lugar, embora eu tome Freud como meu ponto de partida, este livro não deve ser concebido como um empreendimento "freudiano". Há muitas questões que Freud não abordou e muitas vertentes, de grande importância para nossos propósitos, que ele não seguiu. Assim, minha pesquisa deve apelar a uma pluralidade de tradições intelectuais. Espero que essa intertextualidade não a torne excessivamente eclética.

PARTE II

A construção do "povo"

4. O "povo" e a produção discursiva do vazio

ALGUNS VISLUMBRES ONTOLÓGICOS

Voltemos, por um momento, ao final do primeiro capítulo. Sugeri que uma maneira possível de abordar o populismo seria encarar em sentido literal alguns dos rótulos pejorativos que têm sido ligados a ele e mostrar que essas conotações pejorativas podem ser mantidas apenas se aceitarmos, como ponto inicial de análise, um conjunto de pressupostos um tanto questionáveis. Os dois pressupostos pejorativos a que me referi são: (1) o populismo é vago e indeterminado quanto ao público a que se dirige, em seu discurso e em seus postulados políticos; (2) o populismo não passa de mera retórica. A isto contrapus duas possibilidades: (1) a vagueza e a indeterminação não são deficiências de um discurso *sobre* a realidade social, mas, em algumas circunstâncias, estão inscritas na realidade social enquanto tal; (2) a retórica não é um epifenômeno *vis-à-vis* uma estrutura conceitual autônoma, pois nenhuma estrutura conceitual encontra sua coesão interna sem apelar a dispositivos teóricos. Se assim for, a conclusão é que o populismo é o caminho para se compreender algo sobre a constituição ontológica do político enquanto tal. É o que tentarei provar neste capítulo. Antes de fazê-lo, porém, devo explicitar alguns pressupostos ontológicos gerais que guiarão minha análise. Abordei preliminarmente esses aspectos em outros escritos[1] e aqui resumirei as principais conclusões a que cheguei, mas apenas na medida em que forem relevantes para as colocações deste livro.

Há três conjuntos de categorias que são fundamentais para minha abordagem teórica:

1) *Discurso*. O discurso constitui o território primário da construção da objetividade enquanto tal. Por discurso, como tentei esclarecer várias vezes, não tenho em mente algo que é essencialmente relativo às áreas da fala e da escrita, mas quaisquer conjuntos de elementos nos quais as *relações* desempenham o papel constitutivo. Isso significa que os elementos não preexistem ao complexo relacional, mas se constituem através dele. Assim, "relação" e "objetividade" são sinônimos. Saussure afirmou que não existem termos positivos na linguagem, mas unicamente diferenças – uma coisa é o que é somente por meio de suas relações diferenciais com outras coisas. E aquilo que é verdadeiro em relação à linguagem concebida em *estrito senso* é também verdadeiro em relação a qualquer elemento significativo (isto é, objetivo): uma ação é aquilo que é somente através de suas diferenças relativas a outras ações possíveis e a outros elementos – palavras ou ações –, que podem ser sucessivos ou simultâneos. São apenas dois os tipos de relação que podem existir entre esses elementos significativos: a combinação e a substituição. Quando as escolas de Copenhague e de Praga radicalizaram o formalismo linguístico, tornou-se possível ir além da subjugação de Saussure às substâncias fônicas e conceituais e desenvolver as implicações ontológicas desse avanço fundamental: toda referência linguística puramente específica foi, em grande medida, abandonada.

Dada a centralidade da categoria da "relação" para minha análise, torna-se claro que meu horizonte teórico se diferencia de outras abordagens contemporâneas. Alain Badiou, por exemplo, encara a teoria dos conjuntos como o território de uma ontologia fundamental. Entretanto, tendo em vista a centralidade do conceito de extensão na teoria dos conjuntos, a categoria de relação pode, na melhor das hipóteses, exercer apenas um papel marginal. Porém, em várias abordagens holísticas, também existe algo que, em última análise, é incompatível com minha perspectiva. O funcionalismo, por exemplo, tem uma concepção relacional do todo social, mas aqui as relações são subordinadas à função e, desse modo, teleologicamente integradas a um todo estrutural, necessariamente anterior a articulações diferenciais e àquilo que elas contêm. E até mesmo na perspectiva estruturalista clássica, como a de Lévi-Strauss, na qual a teleologia certamente está ausente, o todo alcança sua unidade em algo diverso do jogo das diferenças, ou seja, nas categorias básicas da mente humana, que reduzem toda variação a uma combinação de elementos governados por um conjunto subjacente de oposições. Em minha perspectiva, não existe algo que vá além do jogo das diferenças, nenhum fundamento que, *a priori*, privilegie alguns elementos do todo em detrimento dos outros. Qualquer que seja a centralidade que um elemento adquira, ela tem de ser explicada pelo jogo das diferenças enquanto tais. Como? Isso conduz a meu segundo conjunto de categorias.

2) *Significantes vazios e hegemonia.* Apresentarei essas categorias da maneira mais sumária, pois teremos de retornar a elas várias vezes ao longo deste capítulo. Uma versão mais desenvolvida da argumentação teórica pode ser encontrada em "Why do Empty Signifiers Matter to Politics" [Por que significantes vazios importam à política?].[2] Nossa dupla tarefa é a seguinte:

a) Visto que estamos lidando com identidades puramente diferenciadas, de certo modo temos de determinar o todo no qual essas identidades, sendo diferentes, são constituídas (obviamente o problema não se colocaria se estivéssemos lidando com identidades positivas, relacionadas apenas externamente).

b) Como não estamos postulando nenhum centro estrutural necessário, dotado *a priori* de uma capacidade de "determinação em última instância", os efeitos "centralizadores" que conseguem constituir um horizonte precário e totalizante têm de partir da interação das próprias diferenças. Como isso é possível?

Em "Por que significantes vazios importam à política?" apresento uma argumentação estruturada nos seguintes passos. Primeiramente, se tivermos um conjunto puramente diferencial, sua totalidade tem de estar presente em cada ato individual de significação. Apreender conceitualmente essa totalidade é a condição da significação enquanto tal. Em segundo lugar, para apreender essa totalidade conceitualmente temos de apreender seus limites, isto é, temos de diferenciá-la de outra coisa *que não* ela. Essa outra, porém, só pode ser outra diferença, e como estamos lidando com uma totalidade que engloba *todas* as diferenças, essa *outra diferença* – ela provê o fator externo que nos permite constituir a totalidade – seria interna, não externa, a essa totalidade. Isso quer dizer que ela seria inadequada para a tarefa totalizadora. Assim, em terceiro lugar, a única possibilidade de se ter um verdadeiro exterior seria que esse exterior não fosse um elemento neutro, mas um elemento *excluído*, algo que a totalidade expele de si para se constituir. Um exemplo político: é por meio da demonização de um setor da população que a sociedade se apodera da noção de sua própria coesão. Isso, entretanto, cria um novo problema: *vis-à-vis* o elemento excluído, todas as outras diferenças se equivalem mutuamente. Elas são equivalentes em sua comum rejeição à identidade excluída. Como deveríamos lembrar, esta é uma das possibilidades da formação de um grupo antecipadas por Freud: o traço que possibilita a mútua identificação entre membros do grupo é um ódio comum de algo ou de alguém. A equivalência, porém, é precisamente aquilo que subverte a diferença, e assim toda identidade é construída no bojo da tensão entre a lógica da diferença e a lógica da equivalência. Em quarto lugar, isso significa que no *locus* da totalidade encontramos apenas essa tensão. O que temos, em última análise, é uma totalidade fracassada, o espaço de uma inalcançável plenitude. Essa totalidade constitui um objeto ao mesmo tempo impossível e necessário. Impossível porque a tensão entre equivalência e diferença é, em última instância, insuperável; necessário porque sem alguma espécie de fechamento, por mais precário que possa ser, não haveria significação nem identidade. Em quinto lugar: demonstramos que não existem, no entanto, meios *conceituais* de determinar inteiramente aquele objeto. A representação, porém, é mais ampla do que a apreensão conceitual. Permanece a necessidade de que esse objeto impossível tenha acesso, de alguma forma, ao campo da representação. A representação, porém, enquanto seu único meio, possui diferenças particulares. A argumentação que desenvolvi é que, a esta altura, existe a possibilidade de que uma diferença, sem deixar de ser uma diferença *particular*, assuma a representação de uma totalidade incomensurável. Desse modo, seu corpo está dividido entre a particularidade que ela continua sendo e o significado mais universal do qual ela é portadora. A operação de assumir, por meio de uma particularidade, um significado universal incomensurável é aquilo que denominei *hegemonia*. E uma vez que essa totalidade ou universalidade incorporada é, conforme vimos, um objeto impossível, a identidade hegemônica torna-se algo da ordem de um significante *vazio*, sendo que sua própria particularidade encarna uma completude inalcançável. Com isso, deveria ficar claro que a categoria da totalidade não pode ser erradicada, mas que, enquanto totalidade fracassada, é um horizonte, e não um fundamento. Se a sociedade fosse unificada por meio de um conteúdo ôntico determinado – determinação, em última instância, pela economia, pelo espírito do povo, pela coerência sistêmica ou qualquer outra coisa –, a totalidade poderia ser representada diretamente em nível estritamente conceitual. Como não é o caso, a totalização hegemônica requer um investimento radical, isto é, um investimento não determinável *a priori*, além de um engajamento em jogos de significados que são muito diferentes da apreensão puramente conceitual. Conforme veremos, a dimensão afetiva desempenha aqui um papel fundamental.

3) *Retórica*: Ocorre um deslocamento retórico toda vez que um termo literal é substituído por um termo figurativo. Comecemos por assinalar um aspecto da retórica altamente relevante para nossa discussão anterior. Cícero, ao refletir sobre a origem dos dispositivos teóricos,[3] imaginou um estágio primitivo da sociedade no qual havia mais coisas a serem nomeadas do que as palavras disponíveis na linguagem, e assim tornava-se necessário usar palavras em mais de um sentido, desviando-as de seu significado literal, primordial. Para ele, é claro, essa escassez de palavras representava uma carência puramente empírica. Imaginemos, porém, que essa carência não seja empírica, que esteja ligada a um bloqueio constitutivo

da linguagem, que requer nomear algo essencialmente *inominável* como uma condição para o próprio funcionamento da linguagem. Nesse caso, a linguagem original não seria literal, mas figurativa, pois sem dar nomes ao inominável não existiria de modo algum uma linguagem. Na retórica clássica, um termo figurativo que não pode ser substituído por um termo literal era denominado uma catacrese (por exemplo, quando falamos da "*perna* de uma cadeira"). Esse argumento pode ser generalizado se aceitarmos o fato de que qualquer distorção do significado possui, em sua raiz, a necessidade de expressar algo que o termo literal simplesmente não transmitiria. Nesse sentido, a catacrese é mais do que uma figura particular: é o denominador comum da retórica enquanto tal. Eis o ponto em que posso conectar essa argumentação a minhas observações prévias sobre a hegemonia e os significantes vazios: se acaso estes surgem da necessidade de nomear um objeto ao mesmo tempo impossível e necessário, a partir da estaca zero da significação que, entretanto, é a precondição de qualquer processo significativo, a operação hegemônica obedecerá cada vez mais à catacrese. Conforme veremos, a construção política do "povo" é, por esse motivo, essencialmente catacrética.

Embora seja necessário dizer muito mais sobre a retórica – o que será feito mais adiante –, a fim de revelar os recursos discursivos que intervêm na construção de um "povo", podemos deixar de lado a questão por alguns momentos. Apenas mais um ponto precisa ser focalizado. Afirmei que, numa relação hegemônica, uma diferença particular assume a representação de uma totalidade que a excede. Isso confere uma clara centralidade a uma figura particular no arsenal da retórica clássica: a sinédoque (a parte que representa o todo). Sugere também que a sinédoque é um dispositivo retórico a mais, simplesmente acrescentado, no plano da taxonomia, a outras figuras como a metáfora e a metonímia, mas que exerce uma função ontológica diferente. Não posso manter aqui uma discussão sobre essa questão, que, como diz respeito aos fundamentos gerais da classificação retórica, excede em muito o tema deste livro. Mas devo dizer, de passagem, que as classificações da retórica têm sido ancilares às categorias da ontologia clássica e que o questionamento desta última acarreta consequências importantes para os princípios da primeira.

Agora estamos na posse da maioria das precondições necessárias para nossa discussão sobre o populismo.

DEMANDAS E IDENTIDADES POPULARES

Será preciso tomar uma primeira decisão. Qual vai ser nossa unidade mínima de análise? Tudo gira em torno da resposta para essa indagação. Podemos decidir que tomaremos como nossa unidade mínima o grupo enquanto tal, e nesse caso veremos o populismo como a ideologia ou o tipo de mobilização de um grupo *já* constituído, isto é, como a expressão – o epifenômeno – de uma realidade diferente de si mesma; ou então podemos ver o populismo como um modo de constituir a própria unidade do grupo. Se optarmos pela primeira alternativa, imediatamente nos confrontaremos com todas as armadilhas que descrevi no primeiro capítulo. Se escolhermos a segunda, como acho que deveríamos, teremos de aceitar suas implicações: "o povo" não é uma expressão de natureza ideológica, mas uma relação real entre agentes sociais. É, em outras palavras, um modo de constituir a unidade do grupo. Esta não é, obviamente, a única maneira de se proceder. Existem outras lógicas operando no social e que possibilitam tipos de identidade diferentes do tipo populista. Assim, se quisermos aferir a especificidade de uma prática articulatória populista, precisaremos isolar unidades menores do que o grupo e determinar o tipo de unidade que o populismo contém.

A menor unidade da qual partiremos corresponde à categoria de "demanda social". Conforme assinalei em outra oportunidade,[4] em inglês o conceito de "demanda" (*demand*) é ambíguo: pode significar uma solicitação, mas também pode significar uma exigência, por exemplo "exigir uma explicação". Essa ambiguidade de significado, porém, é útil para nossos propósitos, pois é na transição da solicitação para a exigência que iremos encontrar um dos primeiros traços definidores do populismo.

Darei um exemplo de como emergem demandas isoladas e como elas iniciam seu processo de articulação. Esse exemplo, embora imaginário, corresponde muito bem a uma situação amplamente vivenciada em países do Terceiro Mundo. Imagine uma grande massa de migrantes agrários que vão morar nas periferias de uma cidade industrial em desenvolvimento. Surgem problemas habitacionais, e as pessoas por eles afetadas solicitam algum tipo de solução às autoridades locais. Aqui temos uma *demanda* que inicialmente talvez seja apenas uma *solicitação*. Se ela for atendida, o problema termina aí. Caso contrário, as pessoas podem começar a perceber que seus vizinhos têm outras demandas que também não foram atendidas: problemas com a água, a saúde, a escola etc. Caso a situação permaneça imutável durante algum tempo, ocorrerá um acúmulo de demandas não atendidas e uma crescente inabilidade do sistema institucional em absorvê-las de modo *diferenciado* (cada uma delas isolada das outras). Estabelece-se entre elas uma relação de equivalência. O resultado, caso a situação não seja contornada por fatores externos, poderia facilmente ser um abismo cada vez maior a separar o sistema institucional das pessoas.

Assim, temos aqui a formação de uma fronteira interna, uma dicotomização do espectro político local através da emergência de uma cadeia equivalente de demandas não atendidas. As *solicitações* estão se transformando em *exigências*. Uma demanda que, satisfeita ou não, permanece isolada, será denominada por nós uma *demanda democrática*.[5] Uma pluralidade de demandas que, através de sua articulação de equivalência, constitui uma subjetividade social mais ampla, serão denominadas *demandas populares*. Em um nível muito incipiente, elas começam a constituir o "povo" como um ator histórico potencial. Temos, aqui, em embrião, uma configuração populista. Já dispomos de duas claras precondições do populismo: (1) a formação de uma fronteira antagonista interna separando o "povo" do poder; e (2) uma articulação equivalente das demandas, que possibilitam a emergência do "povo". Existe uma terceira precondição que não desponta de fato enquanto a mobilização política não atingir um nível mais elevado. Trata-se da unificação dessas várias demandas, cuja equivalência, até este ponto, não tenha ido além de um sentimento de vaga solidariedade. Teremos então um sistema estável de significados.

Se permanecermos durante mais um momento no nível local, poderemos perceber claramente como essas equivalências, sem as quais não pode existir populismo, só podem ser consolidadas quando forem dados alguns passos a mais, através da expansão das cadeias de equivalência e por meio de sua unificação simbólica. Tomemos como exemplo os motins pré-industriais, causados por reclamações contra a comida e descritos por George Rudé.[6] Em um nível mais elementar, é a "força do exemplo", correspondente ao "contágio" dos teóricos das massas, que pode estabelecer uma equivalência efêmera. Os chamados "motins do trigo", ocorridos em 1775 na região de Paris, por exemplo:

> Longe de ser uma erupção simultânea que tocou em algum ponto central sob controle, eles [os levantes] constituíram uma série de explosões menores, que irromperam não apenas como resposta à iniciativa local, mas também à força do exemplo [...]. Em Magny, por exemplo, noticiou-se que o povo tinha ficado "excitado com a revolta em Pontoise" (a 27 quilômetros de distância); em Villemomble, ao sul de Gonesse, noticiou-se que, em apoio aos preços mais baixos oferecidos pelos compradores, "o preço do pão foi fixado em 2 sous em Paris e o trigo, em 12 francos em Gonesse. Outros exemplos semelhantes poderiam ser citados.[7]

O insucesso desses motins, em comparação com aqueles que ocorreram durante a Revolução Francesa, é explicado pelo fato de que, por um lado, suas cadeias de equivalência não se haviam estendido até as demandas de outros setores sociais; por outro lado, porque não havia nenhum discurso nacional contrário ao *status quo* no qual o campesinato pudesse inscrever suas demandas como mais um vínculo de equivalência. George Rudé é bastante explícito quanto a essa questão:

> Isso [o fracasso deles] foi motivado pelo isolamento daqueles primeiros amotinados, que se viram confrontados [...] pela oposição conjunta do Exército, da Igreja, do governo, da burguesia urbana e dos camponeses proprietários [...]. Mais uma vez – e isso é da maior importância –, as novas ideias de "liberdade", soberania popular e direitos do homem, em torno das quais mais tarde as classes baixas e médias se uniriam contra um inimigo comum,

> ainda não tinham começado a circular entre os pobres urbanos e rurais [...]. O único alvo era o fazendeiro ou o camponês próspero, o mercador de grãos, o moleiro ou o padeiro [...]. Não se tratava de derrubar o governo ou de romper com a ordem estabelecida, de apresentar novas soluções, ou até mesmo de procurar uma compensação pelos agravos, por meio da ação política. Este é o motim da comida, no século XVIII, em sua forma mais pura. Movimentos semelhantes irão surgir por ocasião da Revolução Francesa, porém jamais possuirão o mesmo grau de espontaneidade e de inocência política.[8]

Temos aqui um duplo padrão: por um lado, quanto mais extensa a cadeia de equivalência, mais mista será a natureza dos elos que a compõem. "A multidão pode amotinar-se por ter fome ou por recear tê-la, por abrigar algum ressentimento social profundo, por buscar uma reforma imediata ou o milenarismo, ou porque quer destruir um inimigo ou aclamar um 'herói', mas raramente isso se deve a apenas um dos motivos aqui expostos."[9] Por outro lado, se o confronto for mais que puramente episódico, as forças nele engajadas terão de atribuir a alguns dos componentes de equivalência um papel de ancoragem que os distinga do resto. A partir dessa perspectiva, Rudé estabelece a distinção entre os motivos ostensivos de um motim e "os motivos subjacentes, bem como os mitos e crenças tradicionais – aquilo que os psicólogos das massas e os cientistas sociais têm denominado crenças 'fundamentais' ou 'generalizadas', que desempenharam um papel nada desprezível em tais distúrbios".[10] Rudé discute o instinto de "nivelamento", a antipatia em relação a inovações fundamentais, a identificação da "justiça" com o rei como protetor ou "pai" de seu povo, bem como um conjunto de temas religiosos ou milenaristas recorrentes. Todos esses temas evidenciam um padrão claramente discernível: exercem um papel diferente dos conteúdos materiais das demandas, pois caso contrário não poderiam fundamentar ou dar consistência a elas. Por exemplo, a respeito do "instinto de nivelamento", Rudé escreve:

> Existe um tradicional "instinto de nivelamento" [...] que impele os pobres a procurar um grau de justiça social elementar às custas dos ricos, *les grands*, e daqueles que ocupam uma posição de autoridade, independente do fato de que sejam funcionários do governo, senhores feudais, capitalistas ou líderes revolucionários de classe média. É o território comum no qual, para além dos gritos de guerra dos dois lados em contenda, o militante *sans-culotte* se assemelha ao amotinado partidário de "a Igreja e o Rei" ou o camponês em busca de seu milenarismo [...]. O instinto de "nivelamento" da multidão poderia atrelar-se tanto a uma causa antirradical como a uma causa radical.[11]

Os outros exemplos que ele menciona são igualmente reveladores: por ocasião dos Motins de Gordon, as multidões atacaram os católicos *ricos* mais do que os católicos em geral. Durante os distúrbios em torno "da Igreja e do Rei", o povo de Nápoles atacou os jacobinos, não só porque eles eram aliados dos franceses ateus, mas sobretudo porque eles se deslocavam em carruagens. Por ocasião das revoltas na região da Vendeia, se os camponeses se revoltaram contra a Paris revolucionária, isso se deveu ao fato de que eles odiavam mais os ricos cidadãos urbanos do que o senhor de terras local. A conclusão é inequívoca: se esse "instinto de nivelamento" pode ser ligado aos mais diversos conteúdos sociais, ele, em si, não pode possuir um conteúdo próprio. Isso significa que aquelas imagens, palavras etc. através das quais ele é reconhecido, que proporcionaram a conteúdos concretos sucessivos um senso de continuidade temporal, funcionam exatamente como aquilo que denominei significantes vazios.

Isso nos oferece um bom ponto de partida para uma abordagem do populismo. Todas as três dimensões estruturais necessárias para elaborar seu conceito estão contidas, em suma, nas mobilizações locais a que acabo de me referir: a unificação de uma pluralidade de demandas numa cadeia de equivalência; a constituição de uma fronteira interna, que divide a sociedade em dois campos; e a consolidação da cadeia de equivalência por meio da construção de uma identidade popular que é algo quantitativamente maior do que a simples soma dos laços de equivalência. O restante deste capítulo será dedicado à discussão sucessiva de cada um desses três aspectos. O conceito de populismo a que chegaremos no final desta investigação será, entretanto, provisório, pois se baseará em dois pressupostos simplificadores, heuristicamente necessários. Ambos serão sucessivamente eliminados no capítulo 5, "Significantes flutuantes e heterogeneidade social". Somente então estaremos em posição de apresentar um conceito amplamente desenvolvido de populismo.

AS AVENTURAS DAS EQUIVALÊNCIAS

Quando passamos de nossos motins localizados ao populismo, devemos necessariamente alargar as dimensões de nossa análise. O populismo, em suas formas clássicas, pressupõe uma comunidade mais ampla, e assim a lógica da equivalência perpassará novos e mais heterogêneos grupos sociais. O alargamento, entretanto, revelará mais claramente alguns traços dessa lógica que as mobilizações mais restritas tendiam a ocultar.

Reportemo-nos novamente à distinção previamente estabelecida entre as demandas democráticas e populares. Já sabemos algo sobre essas últimas. Elas propõem, para sua constituição, a equivalência de uma pluralidade de demandas. No entanto, muito pouco temos falado das demandas democráticas. A única coisa que sabemos é que elas permanecem num estado de isolamento. Isolamento em relação a quê? Apenas em relação ao processo de equivalência. Não se trata, porém, de um isolamento de mônada, pois sabemos que se uma demanda não estabelecer uma relação de equivalência com outras demandas, isto ocorrerá porque se trata de uma demanda *atendida* (no capítulo 5, "Significantes flutuantes e heterogeneidade social", discutirei um tipo diferente de isolamento, ligado ao *status* dos significantes flutuantes). Pois bem: uma demanda que é atendida não permanece isolada. Ela está inscrita numa totalidade institucional/ diferencial. Temos, assim, duas maneiras de construir o social: seja por meio da afirmação de uma particularidade – no caso, uma particularidade de demandas – cujas únicas ligações com outras particularidades são de natureza diferencial (como vimos, nenhum termo positivo, apenas diferenças) ou por meio de uma rendição parcial da particularidade, enfatizando tudo o que as particularidades possuem em comum no plano da equivalência. O segundo modo de construção do social envolve, como sabemos, estabelecer uma fronteira antagônica, o que o primeiro modo não faz. Denominei *lógica da diferença* o primeiro modo de construir o social, e o segundo, *lógica da equivalência*. Aparentemente, poderíamos chegar à conclusão de que uma precondição para a emergência do populismo é a expansão da lógica da equivalência às custas da lógica da diferença. Isso é verdadeiro sob vários aspectos, mas deixar a questão neste estágio significaria vencer a argumentação com demasiada facilidade, pois ela pressuporia que a equivalência e a diferença se encontram simplesmente numa relação de exclusão mútua, cuja soma final é zero. As coisas são muito mais complexas.

Podemos agora retomar nossa discussão sobre a totalização discursiva. Vimos que não existe totalização sem exclusão e que essa exclusão pressupõe a cisão de toda identidade entre sua natureza diferencial, que a liga/ separa de outras identidades, bem como seu laço de equivalência com todas as demais em relação ao elemento excluído. A totalização parcial que o laço hegemônico consegue criar não elimina essa cisão, mas, ao contrário, tem de operar a partir das possibilidades estruturais que derivam dela. Assim, tanto a diferença como a equivalência têm de se refletir mutuamente. Como pode ser isto? Permitam-me dar dois exemplos opostos, para mais tarde extrair deles uma conclusão teórica.

Uma sociedade que postula o Estado de Bem-Estar Social como seu horizonte último é aquela na qual somente a lógica da diferença seria aceita como um meio legítimo de construir o social. Nessa sociedade, concebida como um sistema em contínua expansão, qualquer necessidade social seria atendida diferencialmente; e não haveria nenhuma base para a criação de uma fronteira interna. Uma vez que ela seria incapaz de diferenciar-se de qualquer outra coisa, essa sociedade não poderia totalizar-se, não poderia criar um "povo". O que acontece, na realidade, é que os obstáculos identificados durante o estabelecimento dessa sociedade – a cobiça dos empresários, os interesses arraigados e assim por diante – forçam seus proponentes a identificar inimigos e a reintroduzir um discurso de divisão social baseado em lógicas de equivalência. Desse modo, os sujeitos coletivos constituídos em torno da defesa do Estado de Bem-Estar Social podem emergir. O mesmo se pode dizer sobre o neoliberalismo: ele também se apresenta como uma panaceia para uma sociedade sem fissuras, com a diferença de que, neste caso, o ardil é perpetrado pelo mercado e não pelo Estado. O resultado é o mesmo: em algum momento Margaret Thatcher deparou-se com "obstáculos", começou a denunciar os parasitas da seguridade social, além de outros, e terminou fazendo um dos mais agressivos discursos de divisão social da história britânica contemporânea.

Entretanto, do ponto de vista da lógica da equivalência, a situação é semelhante. As equivalências podem debilitar-se, mas não conseguem domesticar as diferenças. Em primeiro lugar, torna-se claro que a equivalência *não tenta* eliminar diferenças. Em nosso exemplo inicial, a equivalência foi estabelecida devido ao fato de que uma série de demandas sociais particulares se frustraram; e se a particularidade das demandas desaparece também não há uma base para a equivalência. Assim, a diferença continua a operar no bojo da equivalência, tanto quanto seu fundamento como uma relação de tensão com ela. Darei um exemplo. No decorrer da Revolução Francesa e especialmente durante o período jacobino, o "povo", como sabemos, constituiu uma construção de equivalência, e toda a dinâmica política do período é ininteligível se não a enxergarmos em termos da tensão entre a universalidade da cadeia de equivalência e a particularidade das demandas de cada um de seus elos. Consideremos o exemplo das demandas dos trabalhadores nessa cadeia.[12] Todo o período revolucionário é pontuado pela tensão – uma, entre outras – entre as demandas dos trabalhadores e o discurso de equivalência da democracia popular radical. Por um lado, as demandas dos trabalhadores, que pertenciam ao campo revolucionário, refletiam-se contraditoriamente no discurso revolucionário oficial. Este não podia simplesmente ignorá-las, o que levou a um movimento de zigue-zague de reconhecimento parcial e de repressão parcial. Por outro lado, algumas hesitações também são detectáveis nas ações dos trabalhadores. Embora os *sans-culottes*, através de Hébert e seus seguidores, controlassem a Comuna Insurrecional de Paris nos anos que se seguiram à Revolução Francesa, ocorreu o reconhecimento político, em grande medida, das demandas sociais dos trabalhadores. Porém, após o fim da Comuna Insurrecional, em abril de 1794, e o subsequente encerramento das "sociedades populares" dos *sans-culottes*, houve o desmonte das incipientes organizações dos trabalhadores. Mais tarde, naquele mesmo ano, os movimentos de protesto dos trabalhadores ressurgiram como resultado da lei do Máximo Geral, que estabeleceu novos índices salariais em Paris. Tais movimentos constituíram um elemento importante na queda de Robespierre e, mais tarde, da Comuna, cujos conselheiros foram levados ao local da execução rodeados por uma massa hostil de trabalhadores, que gritavam à sua passagem: "*Foutu maximum!*" ["Foda-se o máximo!"]. Mais tarde, porém, os novos governantes deixaram que as leis do mercado operassem, o que levou a uma rápida inflação e à deterioração do valor dos salários. Dessa vez, em meio à crise de desemprego, o protesto social assumiu a forma dos motins provocados pela escassez de comida, mais tradicionais. O que essa complexa história evidencia é que a tensão equivalência/ diferença não foi rompida em qualquer momento durante o período revolucionário. Aqueles que estavam no controle do Estado não se renderam às demandas dos trabalhadores, mas também não podiam ignorá-las; os trabalhadores, por seu lado, não podiam, de modo algum, afirmar sua autonomia a ponto de abandonar o campo revolucionário. Em nenhum momento se vislumbrou, como um novo capítulo, o início de uma luta independente de classes, conforme sustentou Daniel Guérin num livro hoje desacreditado.[13]

Para onde, porém, tudo isso nos leva? Demonstrei que, em última análise, a equivalência e a diferença são incompatíveis entre si. Elas, no entanto, precisam uma da outra como condições necessárias para a construção do social. O social nada mais é do que o *locus* dessa irredutível tensão. E, nesse caso, o que dizer do populismo? Se não é possível uma definitiva separação entre essas duas lógicas, em que sentido seria específico do populismo privilegiar o momento de equivalência? E, acima de tudo, nesse contexto, o que significa "privilegiar"? Examinemos cuidadosamente a questão. O que eu disse acima sobre a totalização, a hegemonia e o significante vazio fornece a pista necessária para resolver esse enigma. Por um lado, *toda* identidade social (isto é, discursiva) é constituída no ponto de encontro da diferença e da equivalência, assim como as identidades linguísticas constituem a sede das relações sintagmáticas de combinação e das relações paradigmáticas de substituição. Por outro lado, existe um desnível essencial no social, pois, como vimos, a totalização requer que um elemento diferencial assuma a representação de uma totalidade impossível (os símbolos do sindicato polonês Solidariedade,* por exemplo, não permaneceram como demandas particulares de um grupo de trabalhadores de Gdansk, mas passaram a significar a expressão de um movimento popular muito mais amplo e contrário a um regime opressivo). Assim, uma certa identidade é selecionada do campo das diferenças e passa a incorporar essa função totaliza-

* O Solidariedade, fundado na Polônia em 1980, foi a primeira organização sindical independente nos países do bloco soviético. Transformou-se num amplo movimento social de reação às diretrizes do Partido Comunista polonês. Em 1981, foi declarado ilegal. Em 1983, seu líder, Lech Walesa, ganhou o prêmio Nobel da Paz e, em 1990, foi eleito presidente da Polônia. [N.E.]

dora. Para responder a uma interrogação prévia, o significado de *privilegiar* é exatamente este. Ressuscitando uma antiga categoria fenomenológica, podemos dizer que essa função consiste em estabelecer o *horizonte* do social, o limite daquilo que nele é representável (já discutimos a relação entre limite e totalidade).

A diferença entre uma totalização populista e uma totalização institucionalista deve ser localizada naqueles significantes privilegiados, hegemônicos, que estruturam, como pontos nodais, o conjunto de uma formação discursiva. Em ambos os casos, a diferença e a equivalência estão presentes, mas um discurso institucionalizado é aquele que tenta fazer com que os limites da formação discursiva coincidam com os limites da comunidade. Assim, o princípio universal da "diferencialidade" poderia tornar-se a equivalência dominante nesse espaço comunitário homogêneo (pensemos, por exemplo, no lema "Uma Nação", de Disraeli). Ocorre o oposto no caso do populismo: uma fronteira de exclusão divide a sociedade em dois campos. Nesse caso, o "povo" é algo menor que a totalidade dos membros da comunidade: é um componente parcial, que ainda assim aspira a ser concebido como a única totalidade legítima. A terminologia tradicional, que tem sido traduzida para a linguagem comum, torna clara essa diferença: o povo pode ser concebido como *populus*, o corpo de todos os cidadãos, ou como *plebs*, os desprivilegiados. Essa distinção, entretanto, não capta exatamente aquilo que estou apontando, pois ela poderia ser vista facilmente como algo *juridicamente* reconhecido. Assim, seria simplesmente uma diferenciação em um espaço homogêneo, conferindo legitimidade universal a todas as suas partes componentes, isto é, a relação entre seus dois termos não seria de antagonismo. Para termos o "povo" do populismo, precisamos de algo mais. Precisamos de uma *plebs* que reivindica ser o único *populus* legítimo, uma parcialidade que quer funcionar como totalidade da comunidade ("todo o poder aos sovietes", ou seu equivalente em outros discursos, seria uma reivindicação estritamente populista). No caso de um discurso institucionalizado, vimos que a diferencialidade reivindica ser o único equivalente legítimo: todas as diferenças são consideradas igualmente válidas no contexto de uma totalidade mais ampla. No caso do populismo, essa simetria é rompida: existe uma parte que se identifica com o todo.

Assim, como já sabemos, ocorrerá uma exclusão radical no interior do espaço comunitário. No primeiro caso, o princípio da diferencialidade pode permanecer como a única equivalência dominante; no segundo caso, isso não basta: a rejeição de um poder muito ativo na comunidade requer a identificação de todos os elos da cadeia popular com um princípio de identidade que cristalize todas as reivindicações quanto à diferença em torno de um denominador comum. Este exige, é claro, *uma expressão simbólica positiva*. O primeiro caso pode ser acomodado numa formação hegemônica em expansão; o segundo caso representa um desafio à formação hegemônica enquanto tal. No México, durante o longo período (1929-2000) da hegemonia do Partido Revolucionário Institucional (PRI), o jargão político costumava estabelecer uma distinção entre as demandas pontuais que o sistema poderia absorver de modo *transformista* (para empregar um termo gramsciano) e entre aquilo que era denominado *el paquete* [o pacote], isto é, um grande conjunto de demandas apresentadas como um todo unificado. Foi apenas com estas que o regime não se mostrou preparado para negociar – elas eram, geralmente, objeto de uma cruel repressão.

A essa altura podemos voltar, por um momento, à nossa discussão sobre Freud. Seu conceito de um grupo que, através da organização, assumiu todas as funções do indivíduo e eliminou a necessidade de um líder corresponde, quase ponto por ponto, a uma sociedade inteiramente governada por aquilo que denominei a lógica da diferença. Sabemos que semelhante sociedade é uma impossibilidade e, como eu disse acima, penso que existem bons fundamentos para pensar que Freud a encarou como um conceito limite, e não como uma alternativa viável. No entanto, seu antípoda, um grupo duradouro cujo *único* laço libidinal é o amor pelo líder, é igualmente impossível. A dimensão da particularidade da diferença que, como vimos, continua operando sob a relação de equivalência, teria desaparecido, e a equivalência teria passado a ser uma simples identidade. Nesse caso, o grupo não existiria de modo algum. Penso que Freud passa rápido demais da postura de assinalar o amor pelo líder como condição fundamental para *consolidar* o laço social à posição de sustentar que tal amor é a *origem* dessa ligação. Os únicos exemplos que Freud pode fornecer de grupos baseados *apenas* no amor pelo líder envolvem situações um tanto passageiras, tais como o contágio de um ataque de histeria num grupo de garotas porque uma delas recebeu uma carta decepcionante de um namorado; ou, num segundo exemplo, porque outro grupo está apaixonado por um cantor ou um pianista. Nesses exemplos a identificação seria apenas uma maneira de superar a inveja ou o ciúme. No entanto, ao abordarmos qualquer dos outros grupos que Freud discute, essa explicação é claramente insuficiente. Os soldados não se alistam no exército *devido* a seu amor pelo comandante em chefe, por mais importante que esse amor venha a se tornar para consolidar a unidade do grupo. Entretanto, se complementarmos essa análise com as referências de Freud a um grau diferenciado no interior do Eu, que já discutimos, acabamos obtendo um quadro muito diferente, o qual corresponde, em todos os aspectos substantivos, à nossa análise da articulação necessária entre equivalência e diferença.

Avançamos um passo – e apenas um – na abordagem do conceito de populismo. Vimos até aqui que o populismo requer a divisão dicotômica da sociedade em dois campos – e um deles apresenta-se como uma parte que reivindica ser o todo; sabemos que essa dicotomia envolve a divisão antagônica do campo social; que o campo popular pressupõe, como condição de sua constituição, a construção de uma identidade global a partir da equivalência de uma pluralidade de demandas sociais. O exato significado dessas conclusões permanece, entretanto, necessariamente indeterminado enquanto não estabelecermos mais precisamente o que está envolvido na construção discursiva tanto de uma "fronteira antagônica" como de uma particular articulação de equivalência e diferença que denominamos "identidade popular". É a isso que vou me referir em seguida.

ANTAGONISMO, DIFERENÇA E REPRESENTAÇÃO

O que nosso conceito de fronteira antagônica requer para que possa cumprir o papel que a ele confiamos – isto é, pensar a sociedade como dois campos irredutíveis, estruturados em torno de duas cadeias de equivalência incompatíveis? O que se torna claro é que não podemos passar de um campo para outro em termos de qualquer continuidade diferencial.[14] Se, através da lógica interna de um determinado campo, conseguíssemos passar para o outro campo, estaríamos lidando com uma relação diferencial, e o abismo que separava os dois campos não seria algo verdadeiramente radical.

A radicalidade do abismo envolve sua impossibilidade de representação conceitual. Isso se assemelha ao *dictum* lacaniano segundo o qual "o relacionamento sexual não existe". Essa colocação não significa, obviamente, que as pessoas não mantêm relações sexuais. Significa, *isto sim*, que os dois participantes desse relacionamento não podem ser incluídos numa fórmula única de sexualismo.[15] O mesmo acontece com o antagonismo: o momento estrito da brecha, o momento antagônico enquanto tal, escapa à apreensão intelectual. Um simples exemplo demonstrará esse fato. Suponhamos uma explicação histórica que proceda de acordo com a seguinte sequência: (1) no mundo do mercado, o crescimento da demanda por trigo joga seu preço para cima; (2) assim, os produtores de trigo num país "x" têm um incentivo para aumentar a produção; (3) como resultado, eles começam a ocupar novas terras e, para isso, têm de alijar comunidades camponesas tradicionais; (4) assim, não resta aos camponeses alternativa senão resistir a essa expropriação, e assim por diante. Existe um claro hiato nessa sequência. Os primeiros três pontos se seguem naturalmente como parte de um encadeamento objetivo; o quarto, entretanto, possui uma natureza completamente diferente: é um apelo ao nosso senso comum ou ao nosso conhecimento da "natureza humana" para adicionarmos à sequência um elo que a explicação objetiva é incapaz de proporcionar. Temos um discurso que *incorpora* esse elo, porém essa incorporação não acontece por meio de uma apreensão conceitual.

Não é difícil detectar o significado desse hiato conceitual. Se fôssemos capazes de reconstituir toda uma série de eventos recorrendo a meios puramente conceituais, o abismo antagônico não seria algo constitutivo. O momento de conflito seria a expressão epifenomênica de um processo subjacente e inteiramente racional, conforme ocorre na astúcia da razão de Hegel. Entre a maneira como as pessoas "vivem" suas relações antagônicas e o "verdadeiro significado" destas haveria um abismo intransponível. É por isso que a "contradição", em seu sentido dialético, é completamente incapaz de apreender o que está em jogo num antagonismo social. B pode ser, no plano dialético, a negação de A, mas posso passar para B somente mediante o desenvolvimento de algo que já estava contido, desde o começo, em A. Quando A e B se incorporam a C, podemos ver com mais clareza que a contradição faz parte de uma sequência dialética que, em termos conceituais, é inteiramente dominável. Caso, entretanto, o antagonismo for estritamente constitutivo, a força antagônica mostra uma exterioridade que certamente pode ser superada, mas não dialeticamente recuperada.

Talvez fosse possível argumentar que isso só ocorre porque temos identificado a objetividade com aquilo que é conceitualmente apreensível num todo existente, ao passo que outros conceitos relativos a um campo objetivo unificado – por exemplo, distinções semiológicas – não estão expostos ao mesmo tipo de crítica. As diferenças de Saussure, por exemplo, não pressupõem conexões lógicas entre si. Isso é verdade, mas é irrelevante para a questão que estamos levantando. Estamos questionando não a universalidade do campo lógico, mas a objetividade enquanto tal. As diferenças elaboradas por Saussure ainda pressupõem um espaço contínuo, no qual elas estão constituídas enquanto tal. Um conceito de antagonismo constitutivo, de uma fronteira radical, requer, ao contrário, um espaço *fraturado*. Devemos analisar as várias dimensões dessa fratura e suas consequências para o surgimento das identidades populares.

Discutirei aqui somente as dimensões inerentes à fratura como tal, reservando para o próximo segmento a questão da construção discursiva do "povo". Retornemos à nossa cena original: a frustração de uma série de demandas sociais possibilita o movimento que vai das demandas democráticas isoladas em direção às demandas populares de equivalência. Uma primeira dimensão da fratura é que, em sua raiz, existe a experiência de uma *falta*, uma brecha que emergiu na harmoniosa continuidade do social. Existe uma plenitude da comunidade e ela está ausente. Isto é decisivo: a construção do "povo" seria a tentativa de dar um nome a essa plenitude ausente. Sem essa ruptura inicial de algo na ordem social, por mínimo que esse algo possa ser, não existe a possibilidade de um antagonismo, de uma fronteira ou, em última instância, de "povo". No entanto, essa experiência inicial não é apenas uma experiência de falta. A falta, conforme vimos, é ligada a uma demanda que não é atendida.[16] Isso, porém, implica introduzir no quadro um poder que não atendeu à demanda. Uma demanda sempre é dirigida a alguém. Assim, desde o início, estamos confrontados com uma divisão dicotômica entre demandas sociais não atendidas e um poder insensível a elas. Agora começamos a ver porque a *plebs* se vê como *populus*, a parte como o todo: como a plenitude da comunidade é meramente o reverso imaginário de uma situação vivida como um existir deficiente, aqueles responsáveis por isso não podem ser parte legítima da comunidade, e o abismo em relação a eles é intransponível.

Isso nos leva a nossa segunda dimensão. Conforme vimos, o movimento que se desloca das demandas democráticas para as demandas populares pressupõe uma pluralidade de posições. As demandas, isoladas no início, emergem em diferentes pontos do tecido social, e a transição para uma subjetividade popular consiste em estabelecer um laço de equivalência entre elas. Essas lutas populares, entretanto, colocam para nós um novo problema, com o qual não nos defrontávamos quando lidávamos com demandas democráticas precisas. O significado de tais demandas é determinado em grande parte por suas posições diferenciais na estrutura simbólica da sociedade e é somente sua frustração que as apresenta sob uma nova luz. Se existir uma série muito ampla de demandas sociais que não sejam atendidas, essa estrutura simbólica começa a desintegrar-se. Nesse caso, as demandas populares são sustentadas cada vez menos por uma estrutura diferencial preexistente: precisarão, em grande medida, construir uma nova estrutura. Pelo mesmo motivo, a identidade do inimigo também depende cada vez mais de um processo de construção política. Posso ter relativa certeza sobre quem é o inimigo quando, em lutas limitadas, estou me rebelando contra o conselho local, contra aqueles responsáveis pelo sistema de saúde ou contra as autoridades universitárias. A luta popular envolve, porém, a equivalência entre essas lutas parciais e, nesse caso, o inimigo global a ser identificado torna-se cada vez menos óbvio. Em consequência, a fronteira política interna se tornará muito menos determinada, e as equivalências que intervêm nessa determinação podem operar em muitas direções diferentes.

As verdadeiras dimensões dessa indeterminação podem ser mais bem apreendidas se levarmos em conta a seguinte consideração. Como vimos, nenhum conteúdo particular traz inscrito em sua especificidade ôntica seu significado numa formação discursiva. Tudo depende das articulações diferenciais e de equivalência em que ele está situado. Um significante como "trabalhadores", por exemplo, em certas configurações discursivas pode exaurir-se num significado particularista, setorial, enquanto que em outros discursos – o discurso peronista seria um exemplo – pode tornar-se o nome *par excellence* do "povo". O que precisa ser enfatizado é que essa mobilidade também envolve outra possibilidade, fundamental para a compreensão do modo como operam as variações populistas. Sabemos, a partir de nossa análise prévia, que o populismo envolve a divisão da cena social em dois campos. Essa divisão pressupõe, como veremos com mais detalhes, a presença de alguns significantes privilegiados que condensam em si o significado de todo um campo antagônico (para o inimigo, o "regime", a "oligarquia", "os grupos dominantes" etc.; e, para a massa oprimida, o "povo", a "nação", a "maioria silenciosa" etc.; esses significantes adquirem o papel de articulação de acordo, obviamente, com uma história contextual). Nesse processo de condensação precisamos, entretanto, diferenciar dois aspectos: o papel *ontológico* ao se construir discursivamente a divisão social e o conteúdo *ôntico* que, em certas circunstâncias, desempenha esse papel. O importante é que, em algum estágio, o conteúdo ôntico pode exaurir sua capacidade de desempenhar o papel, embora permaneça a necessidade desse desempenho; e que, dada a indeterminação da relação entre o conteúdo ôntico e a função ontológica, essa função pode ser desempenhada por significantes de um signo político inteiramente oposto. É por isso que entre o populismo de esquerda e o populismo de direita existe uma nebulosa terra de ninguém, que pode ser atravessada – e tem sido atravessada – em muitas direções.

Permitam-me um exemplo. Tem existido tradicionalmente na França um voto esquerdista de protesto, canalizado sobretudo através do Partido Comunista, que desempenhou aquilo que Georges Lavau denominou uma "função tribunícia",[17] ou seja, de voz daqueles que foram excluídos do sistema. Constituiu, assim, uma clara tentativa de criar um "*peuple de gauche*" [povo de esquerda], baseado na construção de uma fronteira política. Com o colapso do comunismo e a formação de um centro político no qual o Partido Socialista e seus associados não eram muito diferentes dos gaullistas, a divisão entre direita e esquerda tornou-se cada vez mais imprecisa. Permaneceu, entretanto, a necessidade de um voto radical de protesto, e como os significantes de esquerda tinham abandonado o campo da divisão social, esse campo foi ocupado por significantes da direita. A necessidade ontológica de expressar a divisão social foi mais forte do que a ligação ôntica a um discurso de esquerda, a qual, de qualquer modo, não tentou mantê-lo. Isso se traduziu em um considerável movimento de antigos eleitores comunistas em direção ao partido de direita Front National (Frente Nacional), de Jean-Marie Le Pen. Como observaram Mény e Surel: "No exemplo da Frente Nacional (FN), muitos trabalhadores tentaram mostrar que a transferência de votos a favor do partido de extrema direita seguiu uma lógica profundamente atípica. Assim, ambos os conceitos de 'lepenismo de esquerda' (*gauche-lepénisme*) e de 'lepenismo dos trabalhadores' (*ouvrier-lepénisme*) derivam da constatação de que uma apreciável proporção de votos da FN é de eleitores que 'pertenciam' anteriormente ao eleitorado da esquerda clássica, especialmente o Partido Comunista".[18] Penso que a atual ressurgência de um populismo de direita na Europa Ocidental pode ser explicada em grande parte por uma lógica semelhante.[19] Visto que estou falando sobre populismo, apresentei a simetria entre a função ontológica e sua efetivação ôntica em relação a discursos de mudança radical, mas ela também pode ser encontrada em outras configurações discursivas. Conforme argumentei em outro escrito,[20] quando as pessoas são confrontadas com uma *anomia* radical, a necessidade de *algum tipo* de ordem torna-se mais importante do que a ordem ôntica que a acarreta. O universo hobbesiano é a versão extrema desse vazio. Devido ao fato de que a sociedade se encontra diante de uma situação de *total* desordem (o estado da natureza), qualquer coisa que o Leviatã fizer será legítima, independente de seu conteúdo, contanto que o resultado seja a ordem.

Na construção das fronteiras políticas existe uma importante dimensão final que exige nossa atenção. Diz respeito à tensão que detectamos entre diferença e equivalência num conjunto de demandas que se tornaram "populares" por meio de sua articulação. Para qualquer demanda democrática, sua inscrição numa cadeia de equivalência é uma bênção dúbia. Por um lado, essa inscrição fornece à demanda uma corporeidade que, de outro modo, ela não teria. Ela deixa de ser uma ocorrência efêmera, transitória, e torna-se parte daquilo que Gramsci denominou uma "guerra de posição": um conjunto discursivo/ institucional que assegura sua sobrevivência no longo prazo. Por outro lado, o "povo" (a cadeia de equivalência) possui leis estratégicas de movimento próprias, e nada garante que essas leis não levariam ao sacrifício (ou pelo menos comprometeriam substancialmente) as solicitações envolvidas em algumas das demandas democráticas individuais. A possibilidade torna-se ainda mais real porque cada uma dessas demandas está ligada a outras *unicamente* através da cadeia de equivalência, que resulta de uma construção discursiva contingente, e não de uma convergência imposta *a priori*. As demandas democráticas, em suas relações mútuas, assemelham-se aos porcos-espinhos de Schopenhauer, a que Freud se refere.[21] Se estiverem muito distantes uns dos outros, sentem frio; caso se aproximem demais para se aquecerem, acabam se ferindo com seus espinhos. E não é só isso: o lugar no qual ocorre essa incômoda alternância de calor e frio – ou seja, o "povo" – não é um lugar neutro, que atua como uma câmara de compensação para as demandas individuais, pois na maioria dos casos transforma-se numa hipóstase que começa a ter demandas próprias. Voltaremos a algumas das possíveis variantes políticas desse jogo de articulações de diferença e de equivalência, desse jogo inconcluso e interminável. Gostaria, entretanto, de reportar-me a um deles, o que é uma possibilidade muito real, embora extrema, pois envolve a dissolução do "povo": especificamente, a absorção de cada uma das demandas individuais, enquanto pura diferencialidade, pelo sistema dominante, com seu concomitante resultado, a dissolução de seus laços de equivalência com outras demandas. Assim, o destino do populismo relaciona-se estritamente ao destino da fronteira política: se essa fronteira entrar em colapso, o "povo" enquanto ator histórico se desintegrará.

Tomarei como ilustração a análise da desintegração do cartismo britânico realizada por Gareth Stedman Jones num ensaio pioneiro e hoje clássico.[22] Seu ponto de partida é a crítica à versão dominante do cartismo como um movimento *social*, em reação aos deslocamentos acarretados pela Revolução Industrial.* O que essa imagem do cartismo não leva em conta, de acordo com Stedman Jones, é seu discurso específico (linguagem, nos termos dele), que a localiza na principal corrente do radicalismo britânico. Essa tradição, que tem suas raízes na oposição Tory à oligarquia Whig, no século XVIII, passou por uma reviravolta radical na época da Revolução Francesa e das guerras

* Cartismo designa uma série de movimentos sociais que reuniram operários e pequenos profissionais liberais na Grã-Bretanha das décadas de 1830 e 1840. Entre suas reivindicações políticas, estavam o sufrágio universal para os homens a partir de 21 anos, a eligibilidade de todos os cidadãos, eleições anuais para o Parlamento e o voto secreto. O nome do movimento vem de um documento intitulado *People's Charter* [A carta do povo], publicado em 1838. [N.E.]

napoleônicas. Seu *leitmotiv* é situar os males da sociedade não em algo inerente ao sistema econômico, mas exatamente o oposto: o abuso do poder por grupos especulativos, parasitários, que têm o controle do poder político – a "velha corrupção", nos termos de Cobbett: "Se foi possível socializar a terra, liquidar a dívida nacional, abolir o controle monopolizador dos banqueiros sobre as reservas monetárias, isso se deveu ao fato de que todas essas formas de propriedade compartilhavam a característica comum de não ser produto do trabalho. Foi por esse motivo que o traço mais fortemente ressaltado da classe dirigente foi sua ociosidade e seu parasitismo."[23] Sendo esse o discurso dominante que dividia a sociedade em dois campos, as demandas dos trabalhadores poderiam ser apenas um elo a mais na cadeia de equivalência, embora a sequência dos acontecimentos lhes conferissem uma centralidade cada vez maior. De todo modo, o que caracterizou aquele discurso é que ele não era um discurso *nacional* da classe trabalhadora, mas um discurso *popular*, dirigido, em princípio, a todos aqueles que produziam e em oposição aos "ociosos": "A distinção não se estabelecia basicamente entre as classes dirigentes e exploradas, no sentido econômico, mas entre os beneficiários e as vítimas da corrupção e do monopólio do poder político. A justaposição foi, em primeira instância, moral e política. Linhas divisórias podiam ser traçadas tanto no interior das classes como entre elas".[24] Os temas dominantes, ao se denunciar o inimigo, eram a consolidação do poder dos latifundiários ao longo de uma sequência histórica, cujas etapas foram a ocupação normanda, a perda do direito ao sufrágio na era medieval, a dissolução dos mosteiros e das clausuras, no século XVIII, o aumento da dívida nacional durante as guerras francesas e o retorno do padrão-ouro que se seguiu a elas e assim por diante. Embora após 1832 houvesse, como Stedman Jones assinala, uma identificação cada vez maior do "povo" com as classes trabalhadoras, e também uma extensão do conceito de "antiga corrupção" aos próprios capitalistas, nem o caráter político e moral das denúncias, nem a esperança de recuperação das classes médias foram abandonados.

Naquela saga houve dois momentos de fundamental significado para a questão teórica que estamos discutindo. O primeiro deles foi a onda de reformas administrativas centralizadoras, ocorridas na década de 1830. Em um curto prazo houve uma sucessão de medidas que romperam todas as estruturas do poder local, tal como ele foi herdado do século XVIII. Aquela centralização autoritária enfrentou uma reação violenta, e o discurso antiestatista do cartismo aparentemente teria sido ideal para galvanizar e amalgamar o protesto social. Isso não aconteceu, porém, pois a fratura do campo popular após 1832 se tornara intransponível. As classes médias preferiram buscar alternativas no quadro institucional existente a arriscar uma aliança com forças que elas viam como algo cada vez mais ameaçador.[25]

O que aconteceu em seguida foi ainda mais revelador. A política estatal de confrontação da década de 1830 não teve continuidade na década de 1840. Por um lado, tivemos um tipo mais humano de legislação que tratou de questões como a habitação, a saúde e a educação; por outro, houve um reconhecimento cada vez maior de que o poder político não devia interferir no funcionamento das forças de mercado. Isso solapou as duas bases do discurso político do cartismo. Agora os atores sociais tinham de estabelecer uma discriminação entre uma legislação e outra. Isso quer dizer, em nossos termos, que havia menos confronto com um inimigo global, já que demandas isoladas tinham uma possibilidade de ser bem-sucedidas em seus tratos com um poder que não era mais inequivocamente antagônico. Agora sabemos o que isto significa: o afrouxamento dos laços de equivalência e a desagregação das demandas populares numa pluralidade de demandas democráticas. Algo mais aconteceu: a oposição entre os produtores e os parasitas, que fora o alicerce do discurso de equivalência do cartismo, perdeu seu significado quando o Estado afrouxou seu controle sobre a economia, de um modo não inteiramente dessemelhante daquele que os cartistas tinham defendido, e essa oposição já não podia mais ser apresentada como fonte de todos os males econômicos. Conforme Stedman Jones assinalou, temos aqui o início daquela dissociação entre Estado e economia que seria a marca registrada do liberalismo do período médio vitoriano:

> Se a retórica cartista era idealmente adequada para organizar a oposição às medidas dos Whigs na década de 1830, pelo mesmo motivo ela estava precariamente equipada para modificar sua posição, em reação ao caráter diferente da atividade estatal na década de 1840. A crítica cartista ao Estado e à exploração de classe que ele havia engendrado era uma crítica totalizadora. Não se adequava à discriminação entre uma medida legislativa e outra, pois isto significaria conceder que nem todas as medidas aplicadas pelo Estado tivessem propósitos classistas obviamente perniciosos e que reformas benéficas podiam ser implementadas por uma legislatura egoísta, em um sistema não reformado.[26]

Percebemos, na citação acima, onde deve ser localizado o padrão de desintegração do "povo": não apenas no fato de que o político (o poder estatal) deixou de desempenhar seu papel totalizador na construção discursiva do inimigo, mas no fato de que nenhum outro poder poderia desempenhar o mesmo papel. A crise popular foi mais do que um simples fracasso, por parte do Estado, em funcionar como um eixo que mantivesse unido um sistema de dominação. Foi, antes, uma crise na capacidade do "povo" de realizar uma totalização, seja em relação à identidade do inimigo, seja em relação à sua própria identidade "global". A crescente separação entre a economia e a intervenção estatal não constituiu em si um obstáculo insuperável à construção de uma fronteira política e de um "povo". Tratou-se apenas de uma questão de dar menos peso a "ociosos" e "especuladores" e mais peso aos capitalistas – uma transição que o discurso cartista já havia iniciado. Isso, porém, teria pressuposto que a localização estrutural do povo na oposição nós/ eles sobreviveu à progressiva substituição de seu conteúdo. E foi exatamente o que não ocorreu. Conforme indicamos, o abismo entre a classe média e a classe dos trabalhadores tornou-se mais profundo, várias medidas estatais foram capazes de atender demandas sociais *individuais* e – o que é fundamental – essa ruptura de laços de equivalência implicou repercussões de longo prazo para a identidade das próprias classes trabalhadoras. Este é o verdadeiro significado da transição para o liberalismo do período médio vitoriano: a política tornou-se menos uma questão de enfrentamento entre dois blocos antagonistas e mais uma questão de negociar demandas diferenciadas no bojo de um Estado social em expansão. Quando organizações da classe trabalhadora voltaram a emergir como sindicatos modernos, elas descobriram que suas demandas *específicas* poderiam progredir mais vantajosamente através da negociação com o Estado do que através de um confronto direto com ele. Isto, é claro, não excluiu momentos de explosões violentas, mas mesmo elas não puderam ocultar seu caráter *setorial*. E embora se possa caracterizar a construção de uma hegemonia burguesa na segunda metade do século XIX como qualquer coisa, menos como um processo pacífico, é inequívoco o progresso no longo prazo: o primado da lógica da diferença em relação às rupturas de equivalência.

A ESTRUTURAÇÃO INTERNA DO "POVO"

Expliquei duas das dimensões *sine qua non* do populismo: o laço de equivalência e a necessidade de uma fronteira interna. Na realidade, ambos se encontram estritamente correlacionados. Agora devo explicar o agente precipitante do laço de equivalência: a identidade popular enquanto tal. Eu disse antes que as relações de equivalência não iriam além de um vago sentimento de solidariedade, caso não se cristalizassem numa certa identidade discursiva, que não mais representava as demandas democráticas *como* equivalentes, mas o laço de equivalência enquanto tal. É unicamente esse momento de cristalização o que constitui o "povo" do populismo. O que era simplesmente uma mediação entre demandas agora adquire consistência própria. Embora originalmente o laço se subordinasse às demandas, agora ele reage sobre elas e, através de uma inversão do relacionamento, começa a comportar-se como seu fundamento. Sem essa operação de inversão não existiria populismo. Isso se assemelha àquilo que, no *Capital*, Marx descreve como a transição de uma forma geral de valor para a forma dinheiro.

Vamos explorar agora os diferentes momentos dessa construção do "povo" como uma cristalização de uma cadeia de equivalência, na qual a instância cristalizadora tem, em sua autonomia, tanto peso quanto a cadeia infraestrutural de demandas que possibilitaram sua emergência. Um bom ponto de partida poderia ser minha referência anterior a uma brecha na continuidade do espaço de comunicação, resultante do fato de que a *plebs* se representou como a totalidade do *populus*. Essa assimetria essencial que localizamos na raiz da ação popular também é enfatizada por Jacques Rancière, em termos semelhantes:

> O *demos* atribui a si mesmo, como algo que lhe cabe de direito, uma igualdade que pertence a todos os cidadãos. Ao agir assim, essa parte que não é parte, identifica sua propriedade imprópria com o princípio exclusivo de comunidade e identifica seu nome – o nome da massa indistinta de homens sem qualidade – com o nome da própria comunidade. [...] o povo se apropria da qualidade comum como se fosse sua. Estritamente falando, o que ele aporta à comunidade é a disputa.[27]

Qual é, porém, o significado dessa aspiração por parte de certa parcela de ser vista como a totalidade social? Onde repousa sua possibilidade ontológica? Para que a totalidade possua o *status* de uma aspiração, ela precisa, para início de conversa, diferenciar-se do conjunto das relações sociais factualmente dado. A causa disso já conhecemos: é porque o momento da ruptura antagônica é irredutível. Não pode ser conduzido a quaisquer positividades mais profundas, que o transformariam na expressão epifenomênica de algo diferente de si próprio. Isso significa que nenhuma totalidade institucional pode inscrever em seu interior, como momentos positivos, o conjunto das demandas sociais. É por isso que as demandas insatisfeitas, que não podem ser inscritas, teriam, como vimos, uma *existência* deficiente. Entretanto, ao mesmo tempo, a *completude* do ser comunitário está muito presente, para essas demandas insatisfeitas, como aquilo que está ausente; como aquilo que, sob a existente ordem social positiva, tem de permanecer insatisfeito. Assim, o *populus* como um dado, como o conjunto de relações sociais *tais como* elas realmente são, se revela como falsa totalidade, como parcialidade que é uma fonte de opressão. Por outro lado, a *plebs*, cujas demandas parciais são inscritas no horizonte de uma totalidade plena – uma sociedade justa que só existe idealmente –, pode aspirar a constituir um *populus* verdadeiramente universal, que a situação atualmente existente nega. É devido ao fato de que as duas visões do *populus* são estritamente incomensuráveis que uma certa particularidade, a *plebs*, pode identificar-se com o *populus* concebido como uma totalidade ideal.

O que está envolvido nessa identificação? Já descrevi como opera a transição das demandas individuais para as demandas populares – pela construção de laços de equivalência. Agora preciso explicar como essa pluralidade de laços se torna uma singularidade através de sua condensação em torno de uma identidade popular. Antes de mais nada, quais são as matérias-primas que participam desse processo de condensação? Somente – o que é óbvio – as demandas individuais em seu particularismo. No entanto, se um laço de equivalência se estabelecerá entre elas, será preciso encontrar um denominador comum que incorpore a totalidade da série. Como esse denominador comum tem de provir da própria série, ele só pode ser uma demanda individual que, por um conjunto de razões circunstanciais, adquire uma certa centralidade (lembremos do exemplo do Solidariedade). Essa é a operação hegemônica, que já descrevi. Não existe hegemonia sem a construção de uma identidade popular a partir de uma pluralidade de demandas democráticas. Assim, localizemos a identidade popular no complexo relacional que explica as condições tanto de sua emergência quanto de sua dissolução.

Existem dois aspectos da constituição das identidades populares importantes para nós. Primeiramente, a demanda que cristaliza a identidade popular está internamente dividida. Por um lado, ela continua sendo uma demanda particular; por outro lado, sua própria particularidade passa a significar algo muito diferente de si mesma: a totalidade da cadeia das demandas de equivalência. Ainda que continue sendo uma determinada demanda, torna-se também o significante de uma universalidade mais ampla (por exemplo, durante um breve período, após 1989, o "mercado" significou, no Leste Europeu, muito mais do que um arranjo puramente econômico; através de laços de equivalência, ele absorveu conteúdos tais como o fim do governo burocrático, as liberdades civis, equiparar-se à Europa Ocidental etc.). No entanto esse significado mais universal é transmitido necessariamente a outros elos da cadeia que, em consequência, também se dividem entre o particularismo de suas próprias demandas e a significação popular propiciada por sua inscrição na cadeia. Esse é o lugar de uma tensão: quanto mais fraca a demanda, mais ela depende, para sua formulação, de sua inscrição popular; inversamente, quanto mais discursiva e institucionalmente autônoma ela se tornar, mais tênue será sua dependência de uma articulação de equivalência. A ruptura dessa dependência pode levar, como vimos no exemplo do cartismo, a uma desintegração quase completa do campo popular-equivalencial.

Em segundo lugar, nossa argumentação tem de se harmonizar com aquilo que eu disse anteriormente sobre a produção dos "significantes vazios". Como sabemos, a identidade popular precisa ser condensada em torno de alguns significantes (palavras, imagens) que se referem à cadeia de equivalência como uma totalidade. Quanto mais extensa a cadeia, menos esses significantes serão ligados às suas demandas particularistas originais. Isso quer dizer que a função de representar a relativa "universalidade" da cadeia prevalecerá sobre a função de expressar a reivindicação particular que constitui o sustentáculo material dessa função. Em outras palavras, a identidade popular torna-se cada vez mais plena de um ponto de vista *extensivo*, pois representa uma cadeia de demandas cada vez maior; torna-se, porém, *intensivamente* mais pobre, pois precisa despojar-se de conteúdos particularistas a fim de abarcar demandas sociais muito heterogêneas. Isto é, a identidade popular funciona como um significante que tende a ser vazio.

É, no entanto, fundamental não confundir a *vacuidade* com a *abstração*, isto é, não conceber o denominador comum expresso pelo símbolo popular como um traço positivo, compartilhado por todos os elos da cadeia. Se acaso fosse assim, não teríamos transcendido a lógica da diferença. Estaríamos lidando com uma diferença *abstrata*, que pertenceria à ordem diferencial e seria, enquanto tal, conceitualmente apreensível. Porém, numa relação de equivalência, as demandas não compartilham nada que seja positivo, com exceção do fato de que todas permanecem irrealizadas, não atendidas. Existe, assim, uma negatividade específica que é inerente ao laço de equivalência.

Como esse momento de negatividade se incorpora à constituição de uma identidade popular? Voltemos brevemente a uma questão que já discutimos: numa situação de desordem radical, a demanda é por *algum tipo* de ordem, e o arranjo social *concreto* que atenderá a essa solicitação é uma consideração secundária (o mesmo pode ser dito de termos semelhantes a "ordem", tais como "justiça", "igualdade", "liberdade" etc.). Seria perda de tempo tentar oferecer uma definição positiva de "ordem" ou "justiça", isto é, atribuir-lhes um conteúdo conceitual, por mínimo que pudesse ser.

O papel semântico desses termos não é expressar *qualquer* conteúdo positivo, mas, conforme vimos, funcionar como nomes de uma plenitude que está constitutivamente ausente. É porque não existe situação humana na qual não ocorra algum tipo de injustiça que a "justiça", enquanto termo, faz sentido. Na medida em que nomeia uma plenitude indiferenciada, não possui um conteúdo conceitual, qualquer que seja: não é um termo *abstrato*, mas, no sentido mais estrito, é *vazio*. A discussão sobre se uma sociedade justa será instaurada por uma ordem fascista ou socialista não procede como uma dedução lógica, que parte de um conceito de "justiça" aceito pelos dois lados, mas ela se dá através de um investimento radical, cujos passos discursivos não constituem conexões lógico-conceituais, mas conexões atributivo-performativas. Se eu me referir a um conjunto de agravos sociais, a uma injustiça muito difusa, e atribuir sua origem à oligarquia, por exemplo, estarei realizando duas operações interconectadas. Por um lado, estou constituindo o "povo", ao descobrir a identidade comum de um conjunto de reivindicações sociais em sua oposição à oligarquia; por outro, o inimigo deixa de ser puramente circunstancial e adquire dimensões mais globais. É por isso que a cadeia de equivalência *tem de ser* expressada através da catexia de um elemento *singular*, porque não estamos procedendo a uma operação conceitual de *encontrar* um traço comum abstrato subjacente a todos os agravos sociais, mas a uma operação performativa que constitui a cadeia enquanto tal. É semelhante ao processo de condensação que ocorre nos sonhos: uma imagem não expressa sua particularidade, mas uma pluralidade de correntes muito dessemelhantes de pensamento inconsciente, que encontram sua expressão naquela única imagem. É fato muito conhecido que Althusser[28] empregou esse conceito de condensação para analisar a Revolução Russa:

todos os antagonismos existentes na sociedade russa foram condensados numa unidade de ruptura, em torno de reivindicações por "pão, terra e paz". O momento de uma vacuidade se torna decisivo aqui: sem que termos vazios como "justiça", "liberdade" etc. fossem investidos naquelas três reivindicações, elas teriam permanecido fechadas em seu particularismo. Devido, porém, ao caráter radical do investimento, algo da vacuidade da "justiça" e da "liberdade" foi transmitido às reivindicações, que assim se tornaram os *nomes* de uma universalidade que transcendeu seus conteúdos particulares. O particularismo, entretanto, não é eliminado: como ocorre em todas as formações hegemônicas, as identidades populares sempre constituem pontos de tensão/ negociação entre a universalidade e a particularidade. Agora deve ter ficado claro por que estamos nos defrontando com o "vazio" e não com a "abstração": paz, pão e terra não foram o denominador comum *conceitual* de todas as reivindicações sociais russas em 1917. Como acontece em todos os processos de sobredeterminação, ressentimentos que nada tinham a ver com aquelas três reivindicações se expressaram por meio delas.

Posso abordar agora dois aspectos do populismo aos quais a literatura sobre o tema se refere com frequência, mas para os quais, como vimos, nenhuma explicação satisfatória tem sido fornecida. O primeiro aspecto diz respeito à assim denominada "imprecisão" e "vagueza" dos símbolos populistas. Tal costuma ser o passo que precede o repúdio ao populismo, como se pode ver nos autores aqui analisados. Se, no entanto, a questão for abordada a partir da perspectiva que enfatizei, relativa à produção social dos significantes vazios, as conclusões serão totalmente diferentes. O caráter vazio dos significantes que conferem unidade ou coerência a um campo popular não é o resultado de qualquer subdesenvolvimento ideológico ou político. Ele simplesmente expressa o fato de que qualquer unificação populista ocorre em um espaço social radicalmente heterogêneo. Devido a seu caráter diferencial, essa heterogeneidade não tende a aglutinar-se em torno de uma unidade que resultaria de seu mero desenvolvimento *interno*. Assim, qualquer tipo de unidade procederá de uma inscrição, sendo que a superfície da inscrição (os símbolos populares) são irredutíveis aos conteúdos que nela estão inscritos. Os símbolos populares são, sem dúvida, a expressão das reivindicações democráticas que eles enfeixam, mas o meio de expressá-las não pode ser reduzido àquilo que ele expressa: não se trata de um meio *transparente*. Voltando a meu exemplo anterior: afirmar que a oligarquia é responsável pela frustração das demandas sociais não significa afirmar algo que possivelmente pode ser lido a partir das próprias demandas. Este algo é fornecido por alguma coisa *exterior* a elas, por um discurso no qual elas podem ser inscritas. É claro que esse discurso intensificará a eficácia e a coerência das lutas que delas derivam. No entanto, quanto mais heterogêneas forem essas demandas sociais, menos o discurso que lhes proporciona uma superfície de inscrição será capaz de apelar ao marco diferencial comum de uma situação local concreta. Conforme já mencionei, numa luta local posso estar relativamente seguro sobre a natureza das reivindicações e a força contra a qual se está lutando. Porém, quando estou tentando constituir uma identidade popular mais ampla e um inimigo mais global, através de uma articulação de reivindicações setoriais, torna-se difícil determinar a identidade tanto das forças populares como do inimigo. O momento do vazio surge necessariamente aqui, em seguida ao estabelecimento de cadeias de equivalência. Logo, há "vagueza" e "imprecisão", porém elas não resultam de qualquer tipo de situação marginal ou primitiva; estão inscritas na própria natureza do político. Caso se torne necessária uma prova, basta pensarmos na explosão das mobilizações populares que ocorrem periodicamente no cerne das sociedades *super*desenvolvidas.

Um segundo problema não completamente resolvido na literatura sobre o populismo diz respeito à centralidade do líder. Como explicá-lo? Os dois tipos mais comuns de explicação são a "sugestão", uma categoria emprestada dos teóricos da psicologia das massas, e a "manipulação" ou, muito frequentemente, uma combinação das duas – uma combinação que não apresenta maiores problemas, pois cada qual se encaixa facilmente na outra. Em minha visão, esse tipo de explicação é inútil, pois, ainda que aceitássemos o argumento da "manipulação", o máximo que ele explicaria seria a intenção subjetiva do líder. Permaneceríamos no escuro em relação ao motivo pelo qual a manipulação é bem-sucedida. Isto quer dizer que nada saberíamos sobre o tipo de relação incluído no rótulo de "manipulação". Assim, seguindo nosso método, adotaremos uma abordagem estrutural e perguntaremos a nós mesmos se não existe algo na cadeia de equivalência que prenuncie aspectos fundamentais da função do líder. Já sabemos que, quanto mais extensa a cadeia de equivalência, mais vazio será o significante que unifica essa cadeia – isto é, o particularismo mais específico do símbolo ou da identidade popular será subordinado à função universal de dar um significado à cadeia enquanto uma totalidade. Sabemos também algo mais: que os símbolos ou as identidades populares, sendo uma superfície de inscrição, não *expressam passivamente* o que está inscrito na cadeia, mas na verdade *constituem* aquilo que eles expressam através do próprio processo de sua expressão. Em outras palavras: a posição do sujeito popular não *expressa* simplesmente uma unidade de demandas constituídas fora e antes de si mesmo, mas constitui o momento decisivo no estabelecimento daquela unidade. Por essa razão, afirmei que o elemento unificador não é um meio neutro ou transparente. Se fosse, qualquer unidade que tivesse a formação discursiva/ hegemônica, essa unidade precederia o momento de dar um nome à totalidade – isto é, o nome seria uma questão de completa indiferença. Porém, se – dada a radical heterogeneidade dos elos que compõem a cadeia de equivalência – a única fonte de sua articulação coerente for a cadeia enquanto tal, e se a cadeia existe apenas na medida em que um dos elos desempenha o papel de condensar todos os demais, nesse caso a unidade da formação discursiva é transferida da ordem conceitual (lógica da diferença) para a ordem nominal. Isso, obviamente, ocorre em situações nas quais existe uma ruptura ou um recuo da lógica diferencial/ institucional. Nesses casos, o nome torna-se o fundamento da coisa. Uma reunião de elementos heterogêneos mantidos equivalencialmente unidos por um nome constitui necessariamente uma *singularidade*. Quanto menos uma sociedade for mantida unida por mecanismos diferenciais imanentes, mais ela dependerá, para sua coerência, do momento transcendente e singular, mas a forma extrema de singularidade é uma individualidade. Desse modo, quase imperceptivelmente, a lógica de equivalência conduz a uma singularidade e esta leva a uma identificação da unidade do grupo com o nome do líder. Estamos até certo ponto numa situação comparável à do soberano de Hobbes: em princípio não existe motivo pelo qual um corpo coletivo não possa desempenhar as funções do Leviatã; porém sua própria pluralidade mostra que ele está em conflito com a natureza indivisível da soberania. Assim, para Hobbes, o único soberano "natural" seria um indivíduo. A diferença entre essa situação e a que estamos discutindo é que Hobbes fala de um governo efetivo, enquanto estamos falando de constituir uma totalidade significante, e esta não leva automaticamente à primeira. O papel de Nelson Mandela como símbolo da nação sul-africana foi compatível com o muito de pluralismo que havia em seu movimento. No entanto, a unificação simbólica do grupo em torno de uma individualidade – e aqui concordo com Freud – é inerente à formação de um "povo".

A oposição entre o "nomear" e a "determinação conceitual" inseriu-se quase sub-repticiamente em nossa argumentação. É essa oposição que é preciso esclarecer melhor, pois várias questões de fundamental importância para nosso tema dependem dela.

NOMEAÇÃO E AFETO

Referi-me ao fato de o *nome* tornar-se o fundamento da coisa. Qual é exatamente o significado dessa afirmação? Abordarei a questão a partir de dois ângulos sucessivos. O primeiro diz respeito às *operações significantes* que se requerem para que um nome desempenhe semelhante papel; o segundo é a *força* por detrás daquelas operações, que as torna possíveis. Essa última questão pode ser reformulada em termos que já nos são familiares: o que significa "investimento" quando falamos de "investimento radical"? Tais interrogações serão examinadas através de abordagens contemporâneas à teoria lacaniana: os escritos de Slavoj Žižek e de Joan Copjec.

O ponto de partida de Žižek é a discussão, na filosofia analítica contemporânea, de como os nomes se relacionam com as coisas.[29] Temos aqui uma abordagem clássica (descritivista) encontrada originalmente na obra de Bertrand Russell, porém adotada mais tarde por muitos filósofos analíticos, e de acordo com a qual cada nome possui um conteúdo dado por uma constelação de traços descritivos. A palavra "espelho", por exemplo, tem um conteúdo intencional (a capacidade de refletir imagens etc.) e assim emprego esta palavra sempre que me deparar com um objeto existente que exiba semelhante conteúdo. John Stuart Mill estabeleceu uma distinção entre nomes comuns, que têm um conteúdo descritível, e nomes próprios que não o têm. Essa distinção, entretanto, foi questionada por Russell, que sustentou que os nomes próprios "ordinários", distintos dos nomes "lógicos" (as categorias dêicticas) são descrições abreviadas. "George W. Bush", por exemplo, seria uma descrição abreviada de "o presidente dos Estados Unidos que invadiu o Iraque (mais tarde filósofos e lógicos descritivistas começaram a cogitar se um conteúdo descritivo não poderia ser ligado até mesmo a nomes próprios lógicos). Surgiram dificuldades nessa abordagem em relação à pluralidade de descrições que podem ser ligadas ao mesmo objeto. Bush, por exemplo, poderia ser descrito igualmente como "o homem que se tornou abstêmio após ser um alcoólatra". John Searle argumentou que qualquer descrição é apenas uma, num conjunto de opções alternativas, enquanto que para Michael Dummett deveria existir uma descrição "fundamental", à qual todas as demais seriam subordinadas. Essa discussão, porém, não nos diz respeito. O importante para nós é diferenciar a abordagem descritivista da abordagem antidescritivista, cujo principal expoente é Saul Kripke.[30] De acordo com Kripke, as palavras se referem às coisas não através de seus traços descritivos compartilhados, mas através de um "batismo primordial" que dispensa inteiramente a descrição. Nesse sentido, os nomes seriam designadores rígidos. Suponhamos que Bush jamais tivesse ingressado na política: o nome "Bush" ainda se aplicaria a sua pessoa, mesmo na ausência de todos os traços descritivos que hoje associamos a ele; inversamente, se surgisse um novo indivíduo que possuísse a totalidade daqueles traços, ainda assim diríamos que ele não é Bush. O mesmo se aplica a nomes comuns: ouro – para usar um dos exemplos de Kripke – continuaria sendo ouro mesmo que se provasse que todas as propriedades a ele atribuídas fossem uma ilusão. Nesse caso, diríamos que ouro é diferente daquilo que imaginávamos que fosse, não que essa substância não seja ouro. Se traduzirmos essa argumentação a uma terminologia saussureana, o que os descritivistas estão fazendo é estabelecer uma correlação fixa entre significante e significado, ao passo que a abordagem antidescritivista envolve emancipar o significante de qualquer sujeição ao significado. Torna-se claro, a esta altura, que a oposição com a qual encerrei o último segmento – aquela que se dá entre "determinação conceitual" e "nomeação" – ressurge aqui em termos da oposição descritivismo/ antidescritivismo. Fica igualmente claro que as premissas de nossa argumentação a localizam firmemente no campo antidescritivista.

Isso não ocorre, porém, sem uma mudança crucial de terreno. É onde Žižek comparece. Embora, no todo, concorde com a abordagem antidescritivista, ele coloca – seguindo sua orientação lacaniana – uma nova pergunta para Kripke e seus seguidores: admitindo que o objeto permaneça o mesmo para além de todas suas mudanças descritivas, *o que* é que permanece exatamente o mesmo?; qual é o "x" que recebe as sucessivas atribuições descritivas? A resposta de Žižek, na esteira de Lacan, é: o "x" constitui um efeito retroativo da nomeação.

> O problema básico do antidescritivismo é determinar o que constitui a identidade do objeto designado para além da constelação sempre mutável dos traços descritivos – o que torna o objeto idêntico a si mesmo, ainda que todas suas propriedades tenham mudado; em outras palavras, como conceber o correlato objetivo do "designador

> rígido" para o nome, na medida em que ele denota o mesmo objeto em todas as palavras possíveis, em todas as situações contrafactuais. O que se passa por alto, pelo menos na versão padronizada do antidescritivismo, é que garantir a identidade de um objeto em todas as situações contrafactuais – através de uma mudança de seus traços descritivos – é o efeito retroativo da nomeação: é o próprio nome, o significante, que sustenta a identidade do objeto.[31]

Agora temos de reconhecer que, quaisquer que sejam os méritos da solução proposta por Žižek, não se trata de uma solução que poderia ser aceita numa perspectiva de Kripke, pois implica introduzir premissas ontológicas incompatíveis com essa perspectiva. Não só Kripke não aceitaria a solução de Žižek, mas ele sequer reconheceria o problema como algo válido. Sua teoria não é – como a de Lacan – uma teoria da produtividade da nomeação, mas uma teoria de pura designação, na qual o referente – o "x" de Žižek – é simplesmente admitido. No entanto, se o conceito de nomeação como produção retroativa do objeto não faria qualquer sentido para Kripke, faz sentido, e muito, para nós, dado o fato de que nossa abordagem à questão das identidades populares fundamenta-se precisamente na dimensão performativa da nomeação.

Assim, vamos nos despedir de Kripke e prossigamos com a argumentação de Žižek.

De acordo com Žižek, o ponto nodal (o *point de capiton*), cujo nome engendra a unidade de uma formação discursiva – o objeto *a* de Lacan – não tem uma identidade positiva própria: "Nós o procuramos em vão na realidade positiva porque ele não possui uma consistência positiva – porque é apenas a objetificação de um vazio, de uma descontinuidade aberta na realidade pela emergência do significante".[32] Não é através de uma abundância de significados, mas, ao contrário, através da presença de um significante puro que essa função de fixação nodal é preenchida:

> Se sustentarmos que o *point de capiton* é um "ponto nodal", uma espécie de agrupamento de sentidos, isso não implica que ele seja simplesmente a palavra "mais rica", a palavra em que se condensa toda a riqueza de significado do campo que ele "fixa nodalmente": o *point de capiton* é, antes, uma palavra que, enquanto palavra, no nível do próprio significante, unifica um determinado campo, constitui sua identidade; é, por assim dizer, a palavra a que as "coisas" se referem para se reconhecerem em sua unidade.[33]

Dois dos exemplos dados por Žižek são muito reveladores, pois mostram a inversão que é um traço distintivo da função nodal. No primeiro exemplo, ao se referir aos anúncios do cigarro Marlboro, todas as alusões aos Estados Unidos – "um país de gente forte, honesta, de horizontes ilimitados" – são fixadas nodalmente através de sua relação com o produto: não é que o cigarro Marlboro expresse a identidade americana, mas que esta é construída através do reconhecimento dos Estados Unidos como o país do Marlboro. O mesmo mecanismo pode ser observado nos anúncios da Coca-Cola: "Coke, isto é os Estados Unidos" não pode ser invertido para "Estados Unidos, isto é Coke", pois é somente no papel de Coke como puro significante que a identidade norte-americana se cristaliza.

Se examinarmos a sequência intelectual que descrevi, a partir do descritivismo clássico até Lacan, podemos detectar um movimento de pensamento que possui uma direção clara: a crescente emancipação da ordem do significante. A transição também pode ser apresentada como a progressiva autonomia da nomeação. Para o descritivismo, as operações que a nomeação pode realizar são estritamente limitadas à camisa de força à qual estão presas: os traços descritivos que habitam qualquer nome reduzem a ordem do significante ao meio transparente através do qual se expressa uma sobreposição puramente conceitual entre nome e coisa (sendo o conceito sua natureza comum). Com o antidescritivismo temos o início da autonomização do significante (do nome). Essa separação de caminhos entre nomeação e descrição, entretanto, não leva a qualquer aumento da complexidade das operações que a "nomeação" pode realizar, pois, embora a designação já não se subordine mais à descrição, a identidade daquilo que é designado está assegurada e com total independência do processo de sua nomeação. É somente por meio da abordagem lacaniana que contamos com uma verdadeira inovação: a identidade e a unidade do objeto resultam da própria operação de nomeação. Isto, porém, somente é possível se a nomeação não se subordinar à descrição ou a uma designação anterior. A fim de desempenhar esse papel, o significante tem de se tornar não apenas contingente, mas também vazio.

Penso que tais observações demonstram claramente por que o nome se torna o fundamento da coisa. Agora podemos retornar à questão da identidade popular e ligá-la a algumas das conclusões teóricas que se seguem à minha análise prévia. Em relação a essa ligação, há quatro questões a serem destacadas. A primeira diz respeito ao lacaniano *point de capiton* (ponto nodal) e aos outros elementos de uma configuração discursiva. É evidente que sem pontos nodais não existiria, de modo algum, a configuração. Sem o Marlboro, a "americanidade", no exemplo de Žižek, seria um conjunto confuso de temas que não seriam articulados numa totalidade significativa. Foi exatamente o que vimos no caso das identidades populares: sem o ponto nodal de uma identificação de equivalência, as equivalências democráticas permaneceriam como algo meramente virtual. Em segundo lugar, levanta-se a questão do relacionamento entre a universalidade e o particularismo na determinação da identidade do ponto nodal. A isso devemos acrescentar uma questão relacionada: se a função nodal está associada à universalidade, trata-se de uma universalidade que expressa plenitude ou vacuidade. Žižek inclina-se pela segunda alternativa. "É claro que a realidade histórica é sempre simbolizada; a maneira como a vivenciamos sempre é mediada através de diferentes modos de simbolização; tudo o que Lacan acrescenta a essa sabedoria fenomenológica comum é o fato de que a unidade de uma determinada 'experiência de significação', ela mesma horizonte de um campo ideológico de significação, é supostamente algo 'puro', 'significante sem o significado' desprovido de sentido."[34]

Minha resposta a essa questão é diferente. Para começar, o conceito de "um significante sem um significado" é inadequado: pode significar apenas "ruído" e, como tal, estaria fora do sistema de significação. Entretanto, quando falamos de "significantes vazios", temos em mente algo inteiramente diferente: queremos dizer que existe um lugar, no sistema de significação, que é constitutivamente irrepresentável. Nesse sentido ele permanece vazio, mas este é um vazio que pode ser significado, pois estamos lidando com um vazio *no interior* da significação (algo comparável à análise de Paul de Man sobre o zero de Pascal: "zero" é ausência do número, mas, ao dar um nome a essa ausência, estou transformando o "zero" em "um").[35] Além disso, minha anterior análise sobre as identidades populares como significantes vazios possibilita-me mostrar que a alternativa excludente plenitude/ vacuidade é espúria. Como vimos, a identidade popular expressa/ constitui, através da equivalência de uma pluralidade de demandas não atendidas, a plenitude da comunidade que é negada e que, como tal, permanece irrealizada – é uma plenitude vazia, se quiserem. Caso não estivéssemos lidando com o significante do vazio como uma localização particular, mas, com um significante que não está ligado a *nenhum* significado – e que ainda assim permanecesse dentro da significação –, isso apenas significaria que se trata do nome de uma totalidade *completamente alcançada* e que, enquanto tal, não teria falhas estruturais.

Assim, qual é a forma que a representação do "vazio" assume? Argumentei que a totalização do campo popular – a cristalização discursiva do momento da plenitude/ vacuidade – somente pode ocorrer se um conteúdo parcial assume a representação de uma universalidade em relação à qual ele é incomensurável. Isso é fundamental. Até mesmo nos exemplos dados por Žižek podemos ver essa articulação entre o conteúdo particular e a função universal: Marlboro e Coca-Cola podem agir como pontos nodais nas imagens publicitárias e, assim, tornam-se os significantes de certa totalização, mas ainda assim eles constituem entidades *particulares*, Marlboro e Coca-Cola, aquelas que desempenham esse papel. Por não ser possível reduzi-las à sua mera identidade particularista ou eliminar totalmente esta em nome de seus papéis nodais – caso essa total eliminação fosse possível, teríamos um significante sem um significado – é que algo como uma operação hegemônica torna-se possível.[36]

Isso nos leva à terceira questão que eu gostaria de sublinhar. A articulação entre universalidade e particularidade, constitutivamente inerente à construção de um "povo", não é algo que acontece apenas no nível das palavras e imagens: essa articulação também está sedimentada nas práticas e instituições. Como dissemos anteriormente, nosso conceito de "discurso", próximo dos "jogos de linguagem" de Wittgenstein, envolve a articulação de palavras e ações, de tal modo que a função nodal nunca é uma operação meramente verbal, mas inserida em práticas materiais que podem adquirir uma fixidez institucional. Equivale a dizer que qualquer deslocamento hegemônico deveria ser concebido como uma mudança na configuração do Estado, contanto que este seja concebido não em um sentido jurídico restritivo, mas como esfera pública, num sentido gramsciano amplo, como o momento ético-político da comunidade. Qualquer Estado manifestará a combinação de particularismo e universalidade, que é inerente à operação hegemônica. Isso mostra claramente como as concepções hegelianas e marxistas do Estado tentam romper a necessária articulação entre o universal e o particular. Para Hegel, a esfera do Estado é a forma mais elevada de universalidade que se pode alcançar no terreno da ética social: a burocracia é a classe universal, a sociedade civil – o sistema das necessidades – é a esfera da pura particularidade. Para Marx, a situação é inversa: o Estado é o instrumento da classe dominante, e uma "classe universal" só poderá emergir numa sociedade civil reconciliada consigo mesma, uma sociedade na qual o Estado (o poder político) deve extinguir-se necessariamente. Em ambos os casos, a particularidade e a universalidade excluem-se mutuamente. É somente com Gramsci que a articulação das duas instâncias se torna pensável. Existe, para ele, uma particularidade – a *plebs* – que reivindica hegemonicamente constituir um *populus*, ao passo que o *populus* (a universalidade abstrata) somente pode existir corporificado em uma *plebs*. Quando chegamos a este ponto estamos próximos do populismo.

Há uma quarta e última colocação a ser feita relativa à particularidade/ universalidade/ nomeação conectada à constituição das identidades populares. Reportemo-nos por um momento à minha argumentação sobre a *singularidade*. De acordo com minha abordagem, a singularidade é estreitamente ligada à questão da heterogeneidade. Tratarei, no capítulo 5, das principais dimensões e efeitos da lógica da heterogeneidade, mas anteciparei algumas delas, na medida em que são necessárias para esclarecer a centralidade da nomeação no populismo. A homogeneidade social é aquilo que constitui a estrutura simbólica de uma sociedade, aquilo que denominamos a lógica da diferença. Podemos passar de uma instituição a outra, de uma categoria social a outra não porque existe uma conexão *lógica* entre elas –, embora várias racionalizações poderiam tentar mais tarde reconstruir interconexões institucionais em termos de ligações lógicas –, mas porque todas as diferenciações requerem e se referem umas às outras no interior de um conjunto sistemático. A linguagem como sistema de diferenças é a expressão arquetípica dessa interconexão simbólica. Emerge uma primeira forma de heterogeneidade quando, conforme vimos, uma determinada demanda social não pode ser atendida no interior daquele sistema: a demanda *excede* aquilo que é representável diferencialmente dentro dele. O heterogêneo é aquilo que carece de localização diferencial na ordem simbólica (equivale ao conceito lacaniano de "Real").

Existe, entretanto, outro tipo de heterogeneidade igualmente importante: aquele que deriva das mútuas relações entre demandas não atendidas. Essas demandas já não estão mais unidas/separadas umas das outras através do sistema simbólico porque é precisamente o deslocamento desse sistema que as gerou. Elas, entretanto, não tendem espontaneamente a aglutinar-se entre si, pois, no que se refere à sua especificidade, elas podem ser inteiramente heterogêneas em sua natureza. O que lhes confere um laço de equivalência fraco e inicial é o simples fato de que todas elas refletem o fracasso do sistema institucional. Já abordei *in extenso* essa questão e não voltarei a ela. *No entanto, o que posso acrescentar agora é que a unidade do conjunto de equivalência, da nova e irredutível vontade coletiva na qual equivalências particulares se cristalizam, depende inteiramente da produtividade social de um nome.* A produtividade deriva exclusivamente da operação do nome *como puro significante*, isto é, não *expressa* qualquer unidade conceitual precedente (como seria o caso se tivéssemos adotado uma perspectiva descritivista).

Aqui podemos seguir fielmente a visão lacaniana, tal como é apresentada por Žižek: a unidade do objeto é um efeito retroativo do fato de nomeá-lo. Disso decorrem duas consequências. A primeira: o nome, uma vez que se tornou o significante daquilo que é heterogêneo e excessivo numa determinada sociedade, exercerá uma irresistível atração sobre *qualquer* demanda vivida como algo insatisfeito e, como tal, como algo excessivo e heterogêneo ante a estrutura simbólica existente. A segunda consequência: como o nome, para desempenhar aquele papel constitutivo, tem de ser um significante vazio, ele finalmente é incapaz de determinar que tipos de demandas ingressam na cadeia de equivalência. Em outras palavras: se os nomes do "povo" constituem seu próprio objeto – isto é, dão unidade a um conjunto heterogêneo –, o movimento inverso também opera: eles jamais podem controlar completamente quais demandas incorporam e representam. As identidades populares sempre constituem os terrenos da tensão entre esses dois movimentos opostos e o precário equilíbrio que conseguem estabelecer entre eles. Disso resulta uma necessária ambiguidade ideológica, cujas consequências políticas se tornarão aparentes à medida que prosseguirá nossa argumentação.

A esta altura, posso reportar-me à argumentação relativa à retórica, à qual já recorri. Ela está intimamente relacionada à questão do "singular" e do "heterogêneo" que acabamos de discutir, pois um deslocamento ou reagregação retóricos exercem precisamente a função de emancipar um nome de suas ligações conceituais unívocas. Trarei para a discussão um exemplo que já dei. Pensemos num certo bairro onde existe violência racial e as únicas forças locais capazes de organizar uma contraofensiva antirracista são os sindicatos. Em um sentido estritamente literal, a função dos sindicatos não é combater o racismo, mas negociar salários e outras questões relacionadas. Se, no entanto, a campanha antirracista for assumida pelos sindicatos é porque existe uma relação de *contiguidade* entre as duas questões no mesmo bairro. Uma relação de deslocamento entre termos, questões, agentes etc. é aquilo que denominei, na retórica, uma metonímia. Suponhamos, na sequência, que essa conexão entre as lutas antirracistas e sindicais prossiga durante certo tempo. Nesse caso, as pessoas começarão a sentir que existe uma ligação natural entre os dois tipos de luta. Assim, a relação de *contiguidade* começará a se converter numa relação de *analogia,* e a *metonímia,* numa *metáfora.* Esse deslocamento retórico envolve três mudanças principais. Primeiramente, apesar do particularismo diferencial dos dois tipos de lutas e reivindicações, está sendo criada entre eles uma certa homogeneidade de equivalência. Em segundo lugar, a natureza dos sindicatos se modifica nesse processo. Eles deixam de ser pura expressão de interesses setoriais num determinado momento e, caso se desenvolva uma variedade de articulações de equivalência, eles se tornam, em maior grau, um ponto nodal na constituição de um "povo" (recorrendo à distinção gramsciana: eles deixam de ser uma classe "corporativa" e passam a ser uma classe "hegemônica"). Em terceiro lugar, o termo "sindicato" torna-se o nome de uma *singularidade,* no sentido acima definido: designa não mais o nome de uma universalidade *abstrata,* cuja "essência", além das variações acidentais, seria repetida em todos os contextos históricos, e se torna o nome de um agente social *concreto*, cuja única essência é a articulação específica de elementos heterogêneos, os quais, através daquele nome, cristalizam-se numa vontade coletiva unificada. Outro modo de dizer a mesma coisa é que não existe um elemento social cujo significado não seja sobredeterminado. O resultado é que esse significado não pode ser apreendido *conceitualmente*, se por "conceitual" entendemos um significado que eliminaria inteiramente a opacidade do processo significante. Isso evidencia, mais uma vez, que os mecanismos retóricos, conforme afirmei desde o início, constituem a anatomia do mundo social.

Uma dimensão final e fundamental deve ser acrescentada a nossa análise. Como vimos, toda a nossa abordagem gira em torno das seguintes teses: (1) a emergência do "povo" requer a passagem, via equivalências, de demandas isoladas, heterogêneas, a uma demanda "global", que envolve a formação de fronteiras políticas e a construção discursiva do poder como uma força antagônica; (2) no entanto, como essa passagem não decorre de mera análise das demandas heterogêneas – não existe uma transição lógica, dialética ou semiótica de um nível para outro –, algo qualitativamente novo tem de intervir. É por isso que a "nomeação" pode ter o efeito retroativo que descrevi, e foi esse momento qualitativamente diferenciado e irredutível que denominei "investimento radical". O que está implicado nesse conceito de "investimento" é, porém, algo que ainda não exploramos. As diferentes operações significantes a que me referi podem explicar, até agora, as *formas* que o investimento assume, mas não a *força* de que o investimento consiste. Fica claro, no entanto, que, se uma entidade se torna objeto de um investimento – como apaixonar-se ou odiar –, este pertence necessariamente à ordem do *afeto*. É essa dimensão afetiva que devo introduzir agora.

No entanto, faz-se necessária uma advertência prévia. Seria um equívoco pensar que, ao acrescentar o afeto ao que dissemos até agora sobre a significação, eu estaria juntando dois diferentes tipos de fenômenos que seriam separáveis, pelo menos analiticamente. A relação entre significação e afeto é, na verdade, mais íntima. Como vimos, o polo paradigmático da linguagem (o polo associativo de Saussure), é parte integral do funcionamento da linguagem, isto é, não existiria significação sem substituições paradigmáticas. No entanto, as relações paradigmáticas consistem, como vimos, de substituições que operam ao nível do significante e do significado, e essas associações são governadas pelo inconsciente. Não existe possibilidade de uma linguagem na qual as relações de *valor* se estabeleceriam unicamente entre unidades *formalmente* especificáveis. Por isso, é necessário o afeto para que a significação venha a ser possível. Chegamos, entretanto, à mesma conclusão se examinarmos a questão do ponto de vista do afeto. O afeto não é algo que existe por si próprio, independentemente da linguagem. Ele se constitui somente através da catexia diferencial de uma cadeia de significação. É exatamente este o significado de "investimento". A conclusão é clara: os complexos que denominamos "formações discursivas ou hegemônicas", que articulam a lógica diferencial e a lógica de equivalência, seriam ininteligíveis sem o componente afetivo (é uma prova a mais – se ainda for necessário – do equívoco de descartar os aspectos emocionais do populismo em nome de uma racionalidade que não se deixa contaminar).

Assim, podemos concluir que qualquer todo social resulta de uma indissociável articulação entre dimensões significantes e afetivas. Porém, ao discutir a constituição das identidades populares, estaremos lidando com um tipo muito particular do todo, não com um tipo composto apenas de partes, mas um todo no qual a parte funciona como todo (em nosso exemplo, uma *plebs* que reivindica ser idêntica ao *populus*). Chegamos exatamente à mesma conclusão se olharmos a questão do ângulo hegemônico. Como sabemos, uma relação hegemônica é aquela em que certa particularidade significa uma universalidade inalcançável, mas qual é a possibilidade ontológica de semelhante relacionamento? Para abordar a questão examinarei duas análises extremamente iluminadoras que constam de uma obra recente da filósofa e psicanalista norte-americana Joan Copjec. Elas pertencem ao campo psicanalítico, mas suas consequências para nossa análise política são claras e de amplo alcance.[37]

O primeiro ensaio de autoria de Copjec, "O túmulo da perseverança: sobre *Antígona*" [The tomb of perseverance: on *Antigone*], discute, nas passagens relevantes para nosso tema, a pulsão de morte em Freud. Para ele, conforme a autora coloca, a morte é o objetivo de toda pulsão. O que isso significa? Essencialmente que toda pulsão aponta para o passado, para um momento anterior ao que o sujeito se encontra agora, inserido no tempo e caminhando em direção à morte".[38] Esse estado anterior de inanidade ou inércia, que é uma ilusão retrospectiva (aqui Copjec se refere ao mito do *Timeu*, no qual a Terra, sendo um globo que tudo abrange, não precisa de qualquer espécie de órgão – ela não tem um exterior), é lido pela psicanálise em termos da díade primordial mãe/ filho, "que conteve supostamente todas as coisas e toda a felicidade e para a qual o sujeito se esforça por retornar durante toda sua vida" (podemos reconhecer facilmente nessa descrição algo que já está presente em nossa análise política: a ideia de uma plenitude que demandas insatisfeitas reproduzem constantemente como a presença de uma ausência). Se essa plenitude for mítica, sua procura somente poderia levar à destruição, exceto por dois fatos para os quais Copjec chama a atenção: "(1) não existe uma pulsão única e completa, apenas pulsões parciais, e portanto não existe *nenhuma vontade realizável de destruição*; (2) o segundo paradoxo da pulsão é que, como parte de sua atividade, ela inibe a realização de seu objetivo. Desse modo, algum obstáculo inerente – o objeto da pulsão – simultaneamente *freia* a pulsão e a *desfaz*, a restringe, a impede de atingir seu objetivo e divide-a em pulsões parciais".[39] Assim, as pulsões contentam-se com esses objetos parciais que Lacan denomina objetos *a*.

É importante notar como a argumentação de Copjec se estrutura operando a partir dos textos freudianos e lacanianos. Para começar, temos o conceito de Freud relativo à *Nebenmensch* [a mãe primordial ou o Outro como primeiro objeto de satisfação] e a divisão inicial entre *das Ding* [a Coisa], a plenitude inalcançável, e aquilo que é representável. Existe algo da mãe primordial que não pode traduzir-se na representação. Assim, abre-se uma brecha na ordem do significante. Se a questão ficasse por aqui, nós nos encontraríamos no terreno de uma oposição kantiana entre o númeno e sua representação fenomênica, entre ser e pensar. É então que Lacan radicaliza o pensamento de Freud: a Coisa perdida não é uma *impossibilidade de pensamento*, mas um *vazio do Ser*: "Não é que a mãe escape à representação ou ao pensamento, mas o gozo [*jouissance*] que me ligava a ela foi perdido, e essa perda esvazia a totalidade do meu ser".[40] Se, no entanto, o gozo não está perdido, isso ocorre porque traços dele permanecem nos objetos parciais. A natureza desses traços, porém, deve ser cuidadosamente averiguada, pois eles já não seguem mais o esquema de representação número-fenomênica. O objeto parcial torna-se em si mesmo uma totalidade; torna-se o princípio estruturante de toda a cena:

> O desenvolvimento do conceito de *Vorstellungrepräsentanz* [representante ideativo ou *ideational representative*, na tradução inglesa de Freud] parece cortar o componente *Ding* do complexo *Nebenmensch* em duas partes, em *das Ding* e em *Vorstellungrepräsentanz*, embora *das Ding* já não seja mais concebido como um objeto numênico, sendo mantido unicamente pela descrição do *Vorstellungrepräsentanz* como algo *parcial*. De acordo com essa teoria, fica claro que, quando este objeto parcial chega à cena, ele bloqueia o caminho que conduz à antiga concepção de *das Ding*, que agora não passa de uma ilusão retrospectiva [...]. O delegado traiçoeiro e o objeto parcial não atuam como a evidência de um corpo ou de uma Coisa existentes em outro lugar, mas como a evidência do fato de que o corpo e a satisfação perderam o apoio do corpo orgânico e da coisa numênica.[41]

Copjec mostra-se muito cuidadosa ao enfatizar que essa mutação rompe com o conceito segundo o qual o objeto parcial do gozo agiria como representante da Coisa inacessível. Citando a definição de sublimação de Lacan como "a promoção de um objeto ordinário à dignidade da Coisa", ela a interpreta no sentido de que "a promoção não parece acarretar a função de representação, mas antes acarreta a substituição de um objeto ordinário pela Coisa, numa inversão do entendimento comum do que é a sublimação".[42]

Em um segundo ensaio incluído no mesmo livro, "O narcisismo abordado obliquamente" [Narcisism, Approached Obliquely], Copjec acrescenta a importante observação de que o objeto parcial não é *uma parte de um todo*, mas *uma parte que é o todo*. Ela cita Béla Balász e Gilles Deleuze, para quem os *close-ups* do cinema não enfocam simplesmente um detalhe de um todo, mas é como se, por meio desse detalhe, redimensionassem a cena toda:

> Deleuze sustenta que o *close-up não* é um olhar mais detido sobre uma parte da cena, isto é, ele não revela um objeto que pode ser incluído como um elemento daquela cena, um *detalhe* pinçado do todo e então ampliado com a finalidade de focalizar nossa atenção. O *close-up* desvenda o *todo* da própria cena ou, como afirma Deleuze, seu total "expressado" [...]. Eu diria que o objeto parcial da pulsão exemplifica a mesma lógica. Ele não faz parte do organismo, mas implica uma mudança absoluta.[43]

Desse modo, o objeto parcial deixa de ser uma parcialidade que evoca uma totalidade e torna-se – para empregar nossa terminologia anterior – o *nome* dessa totalidade. Lacan rompe com o conceito de uma díade mãe/ filho, acrescentando um terceiro componente, desligado da mãe: o seio – ou, propriamente, o objeto da pulsão:

> Este termo, "objeto da falta", não pode ser compreendido fora do mito *timeano/ lamelliano* do qual se origina. O objeto parcial ou objeto da falta emerge do vazio, da falta, causados pela perda do *Plenum* ou *das Ding* original. No lugar da satisfação mítica derivada do fato de ser uno com a Coisa materna, o sujeito agora experimenta sua satisfação com este objeto parcial [...]. A elevação do objeto externo da pulsão – fiquemos com o exemplo do leite – ao *status* de seio (isto é, ao *status* de um objeto capaz de satisfazer algo mais do que a boca ou o estômago) não depende de seu valor social ou cultural em relação a outros objetos. Seu "valor de seio" excedente,

> digamos assim, depende somente de a pulsão elegê-lo como um objeto de satisfação.[44]

O leitor talvez se pergunte o que tudo isto tem a ver com as identidades populares. A resposta é muito simples: tudo. Copjec está perfeitamente consciente de que as categorias da psicanálise não são específicas, mas pertencem ao campo daquilo que poderia ser denominado uma ontologia geral. Ela, por exemplo, sustenta que a teoria das pulsões, em Freud, ocupa o campo das questões ontológicas clássicas. É verdade que sua argumentação, como ocorre frequentemente na psicanálise, tem um caráter predominantemente genético, mas que pode ser facilmente reposicionado em termos estruturais. A plenitude mítica da díade mãe/ filho corresponde à completude não alcançada, evocada – como seu oposto – pelo deslocamento ocasionado pelas demandas não atendidas. Entretanto, a aspiração a essa completude ou plenitude não desaparece simplesmente. É transferida a objetos parciais, que são os objetos das pulsões. Em termos políticos, isso é exatamente o que denominei uma relação hegemônica: certa particularidade que assume o papel de uma impossível universalidade. Devido ao fato de que o caráter parcial desses objetos não resulta de uma história particular, mas é inerente à própria estrutura da significação, o objeto *a* de Lacan é o elemento-chave numa ontologia social. O todo sempre será corporificado por uma parte. Em termos de nossa análise, não existe universalidade que não seja hegemônica. Há, porém, algo mais. Como nos exemplos dos *close-ups* e do "valor de seio" do leite, discutidos por Copjec, nada existe na materialidade das partes predeterminando que uma ou outra funcionem como um todo. No entanto, uma vez que certa parte assumiu semelhante função, é sua própria materialidade enquanto parte que se tornará uma fonte de gozo. Gramsci formulou seu argumento político em termos parecidos: a força social que se tornará a representação hegemônica da sociedade como um todo resulta de uma luta contingente, mas, uma vez que determinada força social se torna hegemônica, ela assim permanecerá durante todo um período histórico. O objeto do investimento pode ser contingente, mas certamente não é indiferente, não pode ser mudado à vontade. Com isso chegamos a uma explicação completa do que significa o investimento radical: tornar um objeto a corporificação de uma plenitude mítica. O afeto – isto é, o gozo – é a própria essência do investimento, enquanto seu caráter contingente dá conta do componente "radical" da fórmula.

Permitam-me enfatizar essa questão mais uma vez. Não estamos lidando com homologias casuais ou externas, mas com a mesma descoberta que ocorre a partir de dois ângulos diferentes, psicanálise e política, de algo que diz respeito à própria estrutura da objetividade. A principal consequência ontológica da descoberta freudiana do inconsciente é que a categoria da representação não reproduz simplesmente, em um nível secundário, uma plenitude que a precede, que poderia ser apreendida de maneira direta. Ao contrário, a representação é o nível absolutamente primário na constituição da objetividade. É por isto que não existe uma significação que não seja sobredeterminada desde seu próprio começo. Sendo a plenitude da mãe primordial um objeto puramente mítico, não existe gozo alcançável a não ser através de um investimento radical em um objeto *a*. Assim, o objeto *a* torna-se a categoria ontológica primária. Porém, a *mesma* descoberta – não simplesmente uma descoberta análoga – será feita se partirmos do ângulo da teoria política. Nenhuma plenitude social é realizável exceto através da hegemonia; e esta nada mais é do que o investimento, num objeto parcial, de uma plenitude que sempre nos escapará, porque é puramente mítica (em nossos termos: é meramente o reverso positivo de uma situação vivenciada como "ser deficiente"). A lógica do objeto *a* e a lógica hegemônica não são apenas semelhantes: são simplesmente idênticas. É por isso que, na tradição marxista, o momento gramsciano representa uma ruptura epistemológica fundamental. Enquanto o marxismo alimentava tradicionalmente o sonho de acesso a uma totalidade sistematicamente fechada (como a determinação, em última instância, pela economia etc.), a abordagem hegemônica rompe decisivamente com a lógica social essencialista. O único horizonte totalizador possível é dado por uma parcialidade (a força hegemônica) que assume a representação de uma totalidade mítica. Em termos lacanianos: um objeto é elevado à dignidade de Coisa. Nesse sentido, o objeto do investimento hegemônico não constitui uma segunda escolha em relação à coisa *real*, que seria uma sociedade *inteiramente* reconciliada, a qual, numa totalidade sistêmica, não exigiria nem investimento nem hegemonia. É, simplesmente, o nome que a plenitude recebe em certo horizonte histórico, o qual, enquanto objeto parcial de um investimento hegemônico, não é um *ersatz*, mas o ponto de partida de ligações profundas. A argumentação de Copjec no sentido de que a pulsão é capaz de obter a satisfação torna-se agora altamente relevante porque, num registro diferente, ela sustenta a argumentação política que estou tentando desenvolver.

Tudo isso tem uma clara implicação política para o tema principal deste livro porque – como já deve ter ficado evidente neste estágio de minhas argumentações – não existe populismo sem investimento afetivo num objeto parcial. Se uma sociedade conseguisse alcançar uma ordem institucional de tal natureza que todas as demandas fossem satisfeitas no interior de seus próprios mecanismos imanentes, então não existiria populismo – mas, por razões óbvias, também não existiria política. A necessidade de constituir um "povo" (uma *plebs* que reivindica ser um *populus*) surge somente quando esta plenitude não é alcançada e os objetos parciais existentes na sociedade (figuras, símbolos etc.) são investidos de tal modo que se tornam o nome de sua ausência. O motivo pelo qual a dimensão afetiva é decisiva nesse processo ficou, segundo penso, bastante claro desde a discussão precedente.

POPULISMO

Até agora introduzi todas as variáveis teóricas necessárias para estruturar uma primeira e provisória elaboração do populismo. Três aspectos devem ser levados em conta:

1) Em primeiro lugar, deve estar evidente, a esta altura, que por "populismo" não entendemos um *tipo* de movimento, identificado ou com uma base social especial ou com uma orientação ideológica particular, mas o entendemos como uma *lógica política*. Todas as tentativas de localizar o que é idiossincrático no populismo em elementos como o pertencimento ao campesinato ou aos pequenos proprietários, ou na resistência à modernização econômica ou na manipulação pelas elites marginalizadas são, como vimos, essencialmente equivocadas: eles sempre serão ultrapassados por uma avalanche de exceções. No entanto, o que entendemos por "lógica política"? Como já afirmei em outro texto,[45] entendo a lógica social como algo que envolve um sistema rarefeito de enunciados, isto é, um sistema de regras que estruturam um horizonte no qual alguns objetos são representáveis,

enquanto outros são excluídos. Assim sendo, podemos falar sobre a lógica do parentesco, do mercado e até mesmo de uma partida de xadrez, para usar o exemplo de Wittgenstein. Uma lógica política, entretanto, possui uma especificidade que é importante enfatizar. Enquanto a lógica social consiste em seguir regras, a lógica política relaciona-se com a instituição do social. Essa instituição, entretanto, e como já sabemos, não é um *fiat* arbitrário, mas procede de demandas sociais e, nesse sentido, é inerente a qualquer processo de mudança social. Tal mudança, como também sabemos, ocorre através da articulação variável de equivalência e diferença, e o momento de equivalência pressupõe a constituição de um sujeito político global que reúne uma pluralidade de demandas sociais. Isso, por sua vez, envolve a construção de fronteiras internas e a identificação de um "outro" institucionalizado. Sempre que temos essa combinação de momentos estruturais, quaisquer que sejam os conteúdos sociais ou ideológicos do movimento político em questão, temos uma ou outra espécie de populismo.

2) Existem dois outros aspectos de nossa discussão prévia que devem ser introduzidos em nossa caracterização conceitual do populismo: aqueles referentes à nomeação e ao afeto. Em primeiro lugar, a nomeação. Se a construção do "povo" é uma construção *radical*, que constitui os agentes sociais enquanto tais e não expressa uma unidade do grupo previamente dada, a heterogeneidade das demandas que a identidade popular aporta para uma unidade precária tem de ser irredutível. Isso não significa necessariamente que essas demandas não sejam análogas ou pelo menos comparáveis em algum nível; significa, *sim*, que elas não podem ser inscritas num sistema estrutural de diferenças, que lhes proporcionaria uma base infraestrutural. Esta questão é fundamental: heterogeneidade

não significa diferenciabilidade. Não pode existir uma unidade de sistema *a priori*, precisamente porque as demandas não atendidas constituem a expressão de um deslocamento sistêmico. Isso implica duas consequências que já analisei: (a) o momento da unidade dos sujeitos populares é dado em um nível nominal, não em um nível conceitual; (b) precisamente devido ao fato de que esse nome não é conceitualmente (setorialmente) fundamentado, os limites entre as demandas que ele irá abranger e aqueles que irá excluir ficarão borrados e sujeitos a uma permanente contestação. Disso podemos deduzir que a linguagem de um discurso populista, seja ele de esquerda ou de direita, sempre será imprecisa e flutuante, não devido a qualquer falha cognitiva, mas porque tenta operar numa realidade social que, em larga medida, é heterogênea e flutuante. Encaro este momento de vagueza e imprecisão – que, deve ficar claro, não tem para mim qualquer conotação pejorativa – como um componente essencial de qualquer operação populista.

Passemos agora ao afeto. Nossa discussão prévia supõe implicitamente que não existe afeto sem um desnível constitutivo. Se, para empregar a terminologia lacaniana, tivéssemos um Real antes do Simbólico, contaríamos com uma plenitude contínua desprovida de diferenciações internas. No entanto, a presença do Real *dentro do* Simbólico envolve o desnível: os objetos *a* pressupõem uma catexia diferencial, e é a essas catexias que chamamos afeto. Freud cita George Bernard Shaw, quando este afirma que estar apaixonado é exagerar consideravelmente a diferença entre uma mulher e outra. A harmonia pura seria incompatível com o afeto. Como afirmou Ortega y Gasset, a história seria destruída se fôssemos imparciais com todos os seus momentos internos. O afeto, nesse sentido, significa uma radical descontinuidade entre um objeto e o que se segue a ele, e essa descontinuidade pode ser concebida unicamente em termos de uma catexia diferencial. Temos de prestar atenção a todos os momentos dessa sequência estrutural, caso pretendamos abordar corretamente a questão das identidades populares. Primeiramente, temos o momento da plenitude mítica, que procuramos em vão: a restauração da unidade mãe/ filho ou, em termos políticos, uma sociedade completamente reconciliada. Temos, em seguida, a parcialização das pulsões: a pluralidade dos objetos *a*, que em algum momento encarnam essa amplitude inatingível. Aqui precisamos ser cuidadosos em nossa análise, pois corporificar algo pode significar muitas coisas diferentes. Nesse ponto a análise de Copjec revela toda sua relevância. Muito corretamente, ela rejeita um conceito puramente exterior de representação, segundo o qual algo que não pode mostrar-se como tal seria substituído por uma sucessão de *ersatz* indiferentes. Desse modo, o que seria um relacionamento mais íntimo entre aquilo que está sendo corporificado e o próprio ato de corporificá-lo? Todas as nossas análises anteriores nos permitem dar uma resposta apropriada a essa questão. Corporificar algo somente pode significar dar um *nome* àquilo que está sendo corporificado; como, porém, aquilo que é corporificado é uma plenitude impossível, algo que carece de uma consistência independente, a entidade "que corporifica" torna-se o objeto total do investimento de catexia. O objeto que corporifica é, assim, o derradeiro horizonte daquilo que é alcançável – não porque exista um "além" inalcançável, mas porque aquele "além", não possuindo uma entidade própria, só pode estar presente como um excesso fantasmático de um objeto através do qual a satisfação é alcançável. Nos termos de Copjec, esse excesso seria o "valor de seio" do leite. Em termos psicanalíticos: embora o desejo não conheça a satisfação, vivendo unicamente por meio da reprodução sucessiva de objetos, a pulsão pode encontrar satisfação, mas esta somente é alcançável ao se "sublimar" um objeto, promovendo-o à dignidade da Coisa. Vamos traduzir isso numa linguagem política: certa demanda, que talvez no início fosse apenas uma entre muitas, adquire em determinado momento uma centralidade inesperada, torna-se o nome de algo que a excede, algo que não pode controlar, mas que, no entanto, torna-se um "destino" do qual ela não pode escapar. Quando uma demanda democrática passou por esse processo, ela se torna uma demanda "popular". Isso, porém, não é alcançável em termos de sua própria particularidade inicial e material. Ela precisa se tornar um ponto nodal de sublimação e tem de adquirir um "valor de seio". Somente então o "nome" separa-se do "conceito" e o significante separa-se do significado. Sem essa separação não haveria populismo.

3) Há, finalmente, um terceiro aspecto a ser levado em consideração. Embora eu vá tratar de suas implicações no quinto capítulo, devo fazer aqui algumas observações que não podem ser omitidas, até mesmo numa abordagem preliminar ao populismo. Afirmei anteriormente que as lógicas de diferença e equivalência, embora em última análise sejam antagônicas, ainda assim são interdependentes. Elas habitam o espaço de uma tensão entre dimensões mutuamente relacionadas. Já indiquei o motivo: uma cadeia de equivalência pode enfraquecer o particularismo de seus elos, mas não pode desfazer-se deles. É porque uma demanda *particular* não é atendida que se estabelece uma solidariedade com outras demandas não atendidas, de tal modo que, sem a presença ativa do particularismo do elo, não poderia haver uma cadeia de equivalência.

Já descrevi esse aspecto como diferença e equivalência, que se refletem mutuamente. Esse reflexo é constitutivo, mas o mesmo se dá com a tensão entre seus dois polos. A tensão e o reflexo podem se combinar de maneira contingente em um equilíbrio instável, mas uma é incapaz de eliminar totalmente a outra. Pensemos em um exemplo do que seria, aparentemente, a equivalência em seu aspecto mais puro: uma revolta camponesa milenarista. Tenderíamos a pensar que, nesse caso, não temos uma contaminação entre diferença e equivalência, nenhum reflexo mútuo, já que por um lado o inimigo é um inimigo total, e a relação com ele almeja a sua completa destruição, e, por outro, o significado do confronto é dado pela defesa contra uma ameaça preexistente, algo que já era a comunidade. Poderia parecer, portanto, que todo particularismo comunitário precederia o confronto de equivalência e não dependeria desse confronto para sua constituição. Como o choque entre os dois mundos é inflexível, pareceria que qualquer que fosse a realidade substancial que cada um deles possuísse precederia o choque e não resultaria dele. Em outras palavras, o espaço comunitário seria organizado *exclusivamente* por uma lógica diferencial e o momento de equivalência se tornaria *inteiramente* externo, isto é, a diferença e a equivalência cessariam de refletir-se mutuamente. Aquilo que constituía uma tensão entre duas dimensões seria resolvido através de uma total separação delas. Essa, entretanto, seria uma conclusão equivocada, pois, até mesmo no caso extremo de uma revolta milenarista, o momento de reflexão opera. Uma vez iniciada a revolta, nada na comunidade permanece como antes. Mesmo que o objetivo da rebelião seja a restauração de uma identidade anterior, ela tem de reinventar aquela identidade, não pode simplesmente apoiar-se em algo totalmente dado de antemão. A defesa da comunidade contra uma ameaça externa deslocou aquela comunidade, que, a fim de persistir, não pode simplesmente repetir algo que antecedeu o momento do deslocamento. É por isso que alguém que queira defender uma ordem existente das coisas já a perdeu ao fazer sua própria defesa. Em nossos termos: a perpetuação de uma ordem ameaçada já não pode mais se apoiar numa lógica puramente diferencial. Seu sucesso depende da inscrição daquelas diferenças numa cadeia de equivalências.

Essa conclusão comporta algumas consequências fundamentais para a questão das identidades populares e do populismo. É preciso admitir que o exemplo do milenarismo é extremo, mas ao mostrarmos que, mesmo neste caso, o duplo momento reflexivo que estamos discutindo se encontra presente, podemos iluminar toda uma gama de variações, inscritas na própria natureza do populismo. Se a lógica da equivalência não dissolve as diferenças, mas as inscreve em si própria, e se o peso relativo das duas lógicas depende, em grande parte, da autonomia daquilo que é inscrito em relação à hegemonia exercida pela superfície da inscrição, o espaço para uma variação, aberto pelo duplo reflexo, é na verdade muito substancial. Em outras palavras: qualquer nível social ou instituição pode operar como uma superfície de inscrição de equivalência. O ponto essencial é que, como o deslocamento, na raiz da experiência populista, requer uma inscrição de equivalência, qualquer "povo" emergente, qualquer que seja seu caráter, apresentará duas faces: uma face de ruptura com uma ordem existente; e outra face que introduz a "ordenação" onde existia um deslocamento básico. Deixem-me dar dois exemplos que, espero, tornarão amplamente compreensíveis essas proposições um tanto abstratas.

Examinemos, em um extremo, a "Grande Marcha", de Mao Tse-tung. Temos aqui o "populismo" no sentido acima descrito: a tentativa de constituir o "povo" como um ator histórico a partir de uma pluralidade de situações antagônicas. Mao chega até mesmo a falar de "contradições no seio do *povo*", e assim o "povo", uma entidade que teria sido um anátema para a teoria marxista clássica, é introduzido na cena. Este é o duplo reflexo discutido acima: o povo, longe de possuir a natureza homogênea que se atribuiria a puros protagonistas de classes – definidos por localizações precisas nas relações de produção –, é concebido como a articulação de uma pluralidade de pontos de ruptura. Tais pontos, entretanto, que surgem no interior de um marco simbólico convulsionado – como resultado da guerra civil, da invasão japonesa, do confronto entre os senhores de guerra etc. –, dependem, para sua constituição, de uma superfície popular de inscrição que os transcenda. Aqui comparecem as duas dimensões que mencionei anteriormente: por um lado, a tentativa de romper com o *status quo*, com a ordem institucional precedente; por outro, o esforço de constituir uma ordem onde havia deslocamento e anomia. Assim, a cadeia de equivalências desempenha necessariamente um papel duplo: possibilita a emergência do particularismo das demandas, mas, ao mesmo tempo, subordina-as a si como uma superfície de inscrição necessária.

Passemos agora a um exemplo que pertence aparentemente ao extremo oposto: a mobilização política dos seguidores de Adhemar de Barros, um político corrupto de São Paulo, Sudeste do Brasil. Suas campanhas nos anos 1950 tinham como lema "Rouba mas faz". A inscrição de Adhemar de Barros relativa a demandas de base foi essencialmente clientelista: troca de votos por favores políticos. Em *prima facie*, encontramos pouca coisa em comum entre o projeto emancipatório de Mao e a *cosa nostra* de Adhemar de Barros. Eu argumentaria, entretanto, que temos populismo em ambos os casos. O elemento comum é fornecido pela presença de uma dimensão anti-institucional, de certo desafio a uma normalização política, à "ordem habitual das coisas". Em ambos os casos ocorre um chamado aos despossuídos. Walter Benjamin evoca a atração popular pelo criminoso de alto coturno, pelo bandido,[46] cujo apelo deriva do fato de que o bandido está fora do sistema legal e o desafia. Como qualquer tipo de sistema institucional é inevitável e pelo menos parcialmente limitador e frustrante, existe algo de atraente em qualquer figura que o desafie, quaisquer que sejam as razões disso e as formas que o desafio assume. Existe em qualquer sociedade um reservatório de sentimentos brutos contra o *status quo*, que se cristalizam em alguns símbolos *muito independentemente das formas de sua articulação política*, e é sua presença que percebemos intuitivamente quando denominamos "populista" um discurso ou uma mobilização. O clientelismo, para voltarmos ao exemplo, não é necessariamente populista. Pode adotar formas puramente institucionais, mas basta que seja construído como um chamado público aos despossuídos, excluídos dos canais políticos normais, para adquirir uma conotação populista. Nesse caso, porém, o que denominei a "superfície popular da inscrição" pode ser qualquer instituição ou ideologia. É uma certa inflexão de seus temas que a torna populista, e não o caráter particular da ideologia ou da instituição. Abordarei algumas dessas variações tipológicas na terceira parte.

Chegamos agora a um conceito preliminar do populismo. No entanto, conforme antecipei, minha análise se baseou, devido a motivos heurísticos, em dois pressupostos simplificadores que agora podem ser eliminados. O primeiro deles é que toda minha aproximação aos significantes vazios supôs a presença de uma fronteira dicotômica estável no interior da sociedade (sem essa fronteira não existiriam equivalências e, logo, também não existiriam significantes vazios). No entanto, será este um pressuposto que podemos aceitar sem mais? O que acontecerá se as forças dos dois lados da fronteira se deslocarem para novas direções? O segundo pressuposto é que não explorei todas as consequências da permanência do particularismo das demandas na cadeia de equivalência. Em particular, dei como certo que *qualquer* demanda antissistema poderia ser incorporada como um novo elo numa cadeia de equivalências já existente. Mas o que ocorrerá se o particularismo das demandas que já fazem parte da cadeia colidir com as novas demandas que tentam incorporar-se a ela? Isso não criaria condições para um novo tipo de exterioridade, que não poderia mais ser concebido como um campo em um espaço estável de representação dominado por uma fronteira dicotômica? Estas são as duas questões que devo explorar agora. Se a primeira delas nos levará ao conceito de "significante flutuante", a segunda envolverá um estudo mais aprofundado da questão da heterogeneidade social, que surgiu em vários momentos de minha apresentação.

APÊNDICE: POR QUE ALGUMAS DEMANDAS SÃO INTITULADAS "DEMOCRÁTICAS"?

Os leitores dos primeiros esboços deste capítulo ficaram intrigados com a categoria das "demandas democráticas" utilizada no texto. Por que as denominar democráticas em vez de "específicas" ou simplesmente "isoladas"? O que existe de particularmente democrático nelas? São indagações pertinentes, que exigem uma resposta. Deixem-me dizer, em primeiro lugar, que por "democrático" não entendo, neste contexto, algo relacionado com um *regime* democrático. Como meu texto demonstra repetidamente, essas demandas não se destinam, no plano teleológico, a serem articuladas em nenhuma forma política particular. Um regime fascista pode absorver e articular demandas democráticas tanto quanto um regime liberal. Seja-me permitido dizer também que o conceito de "demandas democráticas" tem ainda menos que ver com qualquer julgamento normativo relacionado à sua legitimidade. Ele permanece num plano estritamente descritivo. As únicas características que retenho do conceito usual de democracia são: (1) que essas demandas são formuladas *para* o sistema *por* alguém que foi excluído dele – que existe uma dimensão igualitária implícita nelas; (2) que sua emergência pressupõe algum tipo de exclusão ou privação – é o que denominei "ser deficiente".

Isso não seria um conceito um tanto idiossincrático de democracia? Penso que não. Tentarei defendê-lo expondo algo sobre o *pedigree* de meu uso do conceito. O ponto de partida dessa reconstrução genealógica deveria ser a categoria marxista de "revolução burguesa democrática". Nesse conceito, a democracia está relacionada à luta da burguesia ascendente contra o Feudalismo e o Absolutismo. As demandas democráticas eram inerentemente burguesas e essencialmente ligadas ao estabelecimento de regimes "liberais-democráticos". As demandas socialistas eram diferentes das demandas (burguesas-)democráticas e envolviam transcender a sociedade capitalista. Correspondiam a um estágio mais avançado de desenvolvimento histórico. Assim, naqueles países onde o principal componente da agenda política era a derrubada do Feudalismo, a tarefa das forças socialistas era apoiar a revolução burguesa-democrática que estabeleceria, por todo um período, uma sociedade capitalista plenamente desenvolvida. Somente mais tarde, como resultado das contradições internas do capitalismo, as demandas sociais ingressariam na linha de frente da luta política. A principal distinção ocorria, portanto, entre as demandas socialistas e democráticas. A inscrição dessas últimas na hegemonia burguesa e o estabelecimento de um Estado liberal eram dados como certos.

Essas distinções tornaram-se menos nítidas com a emergência daqueles fenômenos que mais tarde seriam incluídos no rótulo de "desenvolvimento combinado e desigual". O que acontece se, em certo país, a tarefa de eliminar o Feudalismo mantém toda sua centralidade, mas a burguesia como força social é fraca demais para levar adiante sua própria revolução democrática? Nesse caso, a revolução democrática permanece na agenda histórica, porém seu caráter burguês torna-se cada vez mais problemático. Sua liderança precisa ser transferida para diferentes atores históricos e todas as espécies de articulações não ortodoxas entre agentes e tarefas tornam-se possíveis. A fórmula bolchevique de uma "ditadura democrática de camponeses e trabalhadores" distorceu o conceito de "democracia", dando-lhe novas e inesperadas direções, e a "revolução permanente" de Trótski requereu uma conexão ainda mais flexível entre a revolução, as tarefas democráticas e os agentes. As lutas antifascistas da década de 1930 e a onda de revoluções no Terceiro Mundo após 1945 tornaram ainda mais pronunciado esse processo de desintegração do conceito de uma "revolução burguesa-democrática". Por um lado, a conexão entre demandas democráticas e liberalismo revelou-se como algo puramente contingente. Muitos regimes formalmente antiliberais foram o único marco para o avanço das demandas democráticas. Por outro lado, naqueles casos em que essas demandas requeriam a defesa de instituições liberais contra a arremetida autoritária, o caráter "burguês" daquelas instituições já não podia mais se sustentar. Havia uma mediação articulatória mutável, da qual dependia o significado das forças, instituições e acontecimentos.

Recordo ter lido na Argentina, nos anos 1960, um jornal com a seguinte manchete: "A Constituição nacional está se tornando subversiva".

É no interior dessa vasta mutação histórica que podemos avaliar o significado global da intervenção de Gramsci. Toda a sua teoria da hegemonia só faz sentido se a inscrição popular de demandas democráticas não proceder de acordo com um *diktat* estabelecido *a priori* ou teleologicamente determinado, mas se for uma operação contingente, que pode seguir numa pluralidade de direções. Isto significa que não existe demanda com um "destino manifesto" no que diz respeito à sua inscrição popular – e, de fato, não é apenas uma questão da contingência de sua inscrição, porque uma demanda só se constitui plenamente com *algum* tipo de inscrição. Quando chegamos a este ponto da teorização gramsciana, não estamos muito distantes do conceito de "demanda democrática" apresentado neste texto. Isso, porém, não é inteiramente verdadeiro, porque para Gramsci a essência última da instância articuladora – ou a vontade coletiva – é sempre aquilo que ele denomina uma classe fundamental da sociedade, e a identidade dessa classe não é pensada como resultante de práticas articulatórias: isso quer dizer que ela ainda pertence a uma ordem ontológica diferente da ordem das demandas democráticas. É aquilo que Chantal Mouffe e eu, em *Hegemony and Socialist Strategy* [Hegemonia e estratégia socialista] (1985), denominamos a última lembrança do essencialismo em Gramsci. Se a eliminarmos, o "povo" enquanto instância articuladora – o *locus* daquilo que temos denominado demandas populares – pode resultar unicamente da sobredeterminação hegemônica de uma demanda democrática particular, que funciona, conforme explicamos, como um significante vazio, como um objeto *a*, nos termos lacanianos.

Isso explica, assim espero, por que denominei essas demandas "democráticas". Não devido a quaisquer ligações nostálgicas com a tradição marxista, mas porque existe nessa tradição um ingrediente do conceito de "democracia" que é vital reter: o conceito de não atendimento da demanda, que a confronta com o *status quo* existente e possibilita o desencadeamento da lógica de equivalência que leva ao surgimento de um "povo". Suponhamos que em vez de "democráticas" as denominássemos "específicas". Esta última evocaria imediatamente a ideia de uma positividade plena, fechada em si. Sabemos, porém, que essa positividade não existe: ou a demanda é construída diferencialmente – o que significa que sua positividade não é isolada, mas localizada num conjunto relacional – ou mantém uma relação de equivalência com outras demandas. Sabemos também que essa alternativa se justapõe àquela outra que se configura entre demandas atendidas e não atendidas. Mas uma demanda atendida deixa de ser uma demanda. É somente a falta de um atendimento, que pode oscilar entre a total rejeição e um "estar em equilíbrio instável entre satisfação e não satisfação", que confere a uma demanda presença e materialidade. A qualificação "democrática" – que, na verdade, não é uma qualificação, pois repete como se fosse um adjetivo aquilo que já incluímos no conceito de demanda – aponta para o contexto discursivo/ equivalencial, que é a condição da emergência da demanda, ao passo que os qualificativos "pontual" ou "isolado" não o fazem.

Permanece, é claro, o problema da relação entre demandas populares e democráticas, tal como apresentei no texto, e o conceito mais convencional de democracia. Abordarei em parte esta questão no capítulo 6, "Populismo, representação e democracia".

5. Significantes flutuantes e heterogeneidade social

FLUTUANDO: NÊMESIS OU DESTINO DO SIGNIFICANTE?

Recapitulemos as condições de emergência de uma identidade popular que verificamos até aqui. Temos, em primeiro lugar, a presença de um significante vazio que expressa e constitui uma cadeia de equivalência. Há, em segundo lugar, uma autonomização do momento equivalencial em relação aos seus laços integradores, dado o fato de que, embora exista uma equivalência somente porque ocorre uma pluralidade de demandas, esse momento de equivalência não é meramente subordinado a elas, mas exerce um papel fundamental ao tornar possível sua pluralidade. Como vimos, a inscrição de equivalência tende a conferir solidez e estabilidade às demandas, mas também restringe sua autonomia, pois tem de operar por meio de parâmetros estratégicos estabelecidos para a cadeia como um todo. Um exemplo: durante os anos de 1940 e 1950 o Partido Comunista Italiano impulsionou demandas democráticas numa grande variedade de frentes. Ao agir assim, ele lhes deu uma superfície de inscrição que contribuiu para que aquelas demandas definissem melhor seus objetivos e se tornassem mais eficientes em suas ações táticas, mas pelo mesmo motivo elas se tornaram menos autônomas e mais subordinadas aos objetivos estratégicos do partido. A tensão entre esses dois momentos é inerente ao estabelecimento de qualquer fronteira política e em qualquer construção do "povo" como agente histórico. Temos, finalmente, a questão dos limites desse duplo jogo de subordinação e autonomização das demandas particulares. A cadeia somente pode viver na instável tensão entre esses dois extremos e se desintegra se um deles se impuser ao outro. A unilateralidade do momento de subordinação transforma os significantes populares em uma enteléquia inoperante, incapaz de atuar como um *fundamento* para as demandas democráticas. Foi o que aconteceu com muitos discursos populistas em países africanos, mediante a emergência de elites burocráticas, após o processo de descolonização. Por outro lado, a autonomização além de certo ponto conduz a uma pura lógica de diferenças e ao colapso do campo de equivalência popular. Foi, conforme vimos, o que aconteceu com a crise do discurso cartista.

Existe, porém, um pressuposto simplificador nesse quadro e que agora devemos eliminar. Dado o modo como apresentei a questão, seria possível supor que a última alternativa para uma demanda se articular numa cadeia de equivalência é que ela fosse absorvida diferencialmente, de modo não antagônico, no interior do sistema simbólico existente. Isso, entretanto, pressupõe que a fronteira interna permaneça a mesma, sem deslocamentos. É, obviamente, um pressuposto irreal, que foi aceito somente por razões heurísticas, a fim de apresentar o conceito de "significante vazio" como o mais puro de todos. Esse modelo inicial e simplificado pode ser ilustrado pelo seguinte diagrama, que usei em outro trabalho.[1]

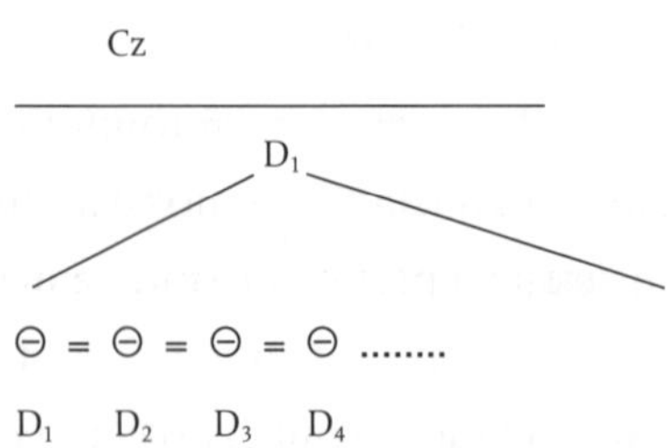

O exemplo que eu tinha em mente era o de um regime opressor – nesse caso o czarismo – separado por uma fronteira política das demandas da maioria dos setores da sociedade (D_1, D_2, D_3...). Cada uma dessas demandas, em sua particularidade, é diferente das outras (essa particularidade é mostrada no diagrama pelo hemisfério inferior, na representação de cada uma delas). Todas elas, entretanto, se equivalem em sua comum oposição ao regime opressivo (é o que o hemisfério superior representa). Isso, conforme vimos, leva ao fato de que uma das demandas intervém e se torna o significante de toda a cadeia, um significante cuja tendência é ser vazio. No entanto, o modelo inteiro depende da presença da fronteira dicotômica. Sem isso, a relação de equivalência entraria em colapso e a identidade de cada demanda se exauriria em sua particularidade diferencial.

O que acontecerá, porém, se a fronteira dicotômica, sem desaparecer, se tornar imprecisa como resultado do fato de que o regime opressivo se torna hegemônico – isto é, tenta interromper a cadeia de equivalência do campo popular por meio de uma cadeia alternativa de equivalências, na qual algumas das demandas populares são articuladas com elos inteiramente diferentes (por exemplo, como veremos em breve, a defesa do homem comum ou humilde [*small man*] contra o poder deixa de ser associada a um discurso de esquerda, conforme ocorreu no *New Deal* americano, e passa a ligar-se à "maioria moral")? Nesse caso, as *mesmas* demandas democráticas sofrem a pressão estrutural dos projetos hegemônicos *rivais*. Isso gera uma autonomia dos significantes populares diferente daquela que temos examinado até agora. A questão não é mais que o particularismo da demanda se torna autossuficiente e independente de qualquer articulação de equivalências. A questão é que seu significado é indeterminado entre fronteiras alternativas de equivalências. Denominarei "significantes flutuantes" esses significantes cujo sentido está, assim, "suspenso". Podemos representar sua operação, seguindo o diagrama prévio, desta maneira:

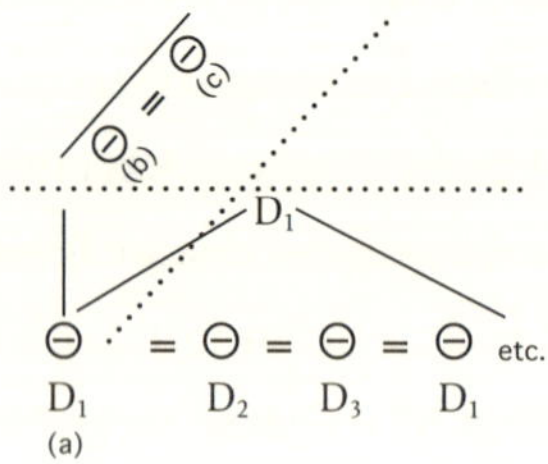

Como podemos ver, D_1 está submetido à pressão estrutural de duas cadeias de equivalência antagônicas, representadas pelas linhas pontilhadas: a linha horizontal corresponde ao campo popular oposto ao czarismo, como no primeiro diagrama. A linha diagonal, porém, estabelece um laço de equivalência entre D_1, pertencente ao campo popular, e as duas outras demandas às quais este último se oporá, pois pertencem ao campo do czarismo. Temos, então, duas maneiras antagônicas de constituir o "povo" como ator histórico. A maneira pela qual o significado de D_1 será fixado dependerá do resultado de uma luta hegemônica. A dimensão "flutuante" se tornará mais visível em períodos de crises orgânicas, quando o sistema simbólico precisa ser radicalmente remodelado. Por esse motivo, a dimensão, enquanto padrão necessário, tem a indefinição do relacionamento entre os dois hemisférios na representação das demandas: o hemisfério superior é sempre aquele que se torna autônomo em qualquer flutuação, pois é nas suas virtualidades de equivalência que reside a representação da (ausente) plenitude da sociedade. Em recente artigo autobiográfico, o político conservador britânico Michael Portillo escreve:

> Aos onze anos de idade eu já me interessava por política. No ano eleitoral de 1964 ajudei a arrumar uma sala destinada a um comitê do Partido Trabalhista na casa de meus pais. Tinha um cartaz com a foto de Harold Wilson pendurado na parede de meu quarto [...]. Porém, em meados da década de 1970, o Partido Trabalhista estava desgastado. Margaret Thatcher assumiu o comando dos Tories em 1975 com um lampejo de revolução em seu olhar. Aquilo para mim foi sedutor. Talvez eu nunca tenha mudado. Tenho algumas opiniões de centro-esquerda mescladas a um entusiasmo pelo radicalismo.[2]

O posicionamento não poderia ser mais claro: Portillo era ao mesmo tempo um militante de centro-esquerda e um radical. Uma vez que a alternativa de centro-esquerda deixou de ser vivenciada como algo radical, ele teve de escolher entre o *conteúdo* de uma política e sua *forma* radical, mesmo que esse radicalismo fosse de signo oposto. A discussão sobre o "lepenismo de esquerda", no capítulo 4, aponta para a mesma direção. Essa distância entre os conteúdos ônticos de uma política e sua capacidade de representar uma plenitude radical está sempre presente, mas, como eu disse, ela se torna particularmente visível em períodos críticos, quando conversões radicais e guinadas súbitas no ânimo público são muito comuns.

Como podemos ver, as categorias de significantes "vazios" e "flutuantes" são estruturalmente diferentes. A primeira diz respeito à construção de uma identidade popular, uma vez que a presença de uma fronteira estável é dada como certa; a segunda tenta apreender conceitualmente a lógica dos deslocamentos daquela fronteira. Na prática, a distância entre as duas não é tão grande. Ambas são operações hegemônicas e, o que é mais importante, os referentes se sobrepõem em grande medida. Uma situação na qual unicamente a categoria do significante vazio fosse relevante, com total exclusão do momento flutuante, seria uma situação em que teríamos uma fronteira inteiramente imóvel, algo dificilmente imaginável. Inversamente, um universo puramente psicótico, no qual teríamos uma pura flutuação sem qualquer fixação parcial, também seria impensável. Assim, os significantes vazios e flutuantes devem ser concebidos como dimensões parciais e analiticamente distinguíveis em qualquer processo de construção hegemônica do "povo".

Tomemos um exemplo relativo ao modo como os significantes operaram durante a ascensão, nos Estados Unidos, de um populismo de esquerda nas décadas seguintes à Segunda Guerra Mundial. Kevin Phillips, um dos estrategistas da campanha presidencial de Nixon em 1968, escreveu uma interpretação global da história política americana baseada na centralidade do fenômeno do populismo:

> Mediante o emprego imaginativo de uma volumosa série de estatísticas, Phlilips argumentou que os antagonismos étnicos, raciais e regionais foram a solução para a supremacia de um partido em qualquer ciclo eleitoral, desde a época de Jefferson até os anos 1960. Quando um partido se colocava convictamente do lado das massas dos trabalhadores, culturalmente dominantes, e contra as endinheiradas organizações financeiras do Nordeste, ele geralmente conquistava uma dominação nacional durante uma geração ou mais.[3]

De acordo com Phillips, a causa do homem humilde ou comum [*small man*] teria sido abandonada pela coalizão dominante dos democratas de orientação liberal e pelos negros e latinos pobres, que dependiam, para a sua sobrevivência, dos subsídios governamentais. Os democratas de então, argumentou Phillips, haviam cometido um erro político fatal. Passaram insensatamente "por cima de programas que cobravam poucos impostos em benefício de muitos (o *New Deal*)" e promulgaram "programas que taxavam muitos em benefício de poucos (a Alta Sociedade)". Em resposta, os brancos do *Sunbelt* [Cinturão do Sol], um termo que ele inventou, e os católicos do Norte e do Meio-Oeste se movimentaram em direção ao GOP (*Grand Old Party* – os republicanos). O *establishment*, que Phillips definiu como "Wall Street, a Igreja Episcopal, os grandes jornais metropolitanos, a Corte Suprema dos Estados Unidos e o *East Side* de Manhattan", havia se oposto a Franklin Delano Roosevelt. Agora, porém, o *establishment* compunha-se de liberais refinados, os quais desdenhavam a onda conservadora que "se apoderou dos moradores (hoje classe média) do interior da nação".[4] Os padrões desse processo, tais como descritos por Kazin, não poderiam ser mais reveladores para nosso tema. Os mesmos temas populares estavam presentes, em diferentes articulações, tanto no discurso dos adeptos do *New Deal* como no da direita conservadora, ou melhor, eles foram assumidos progressivamente por esta última. Isso quer dizer que estamos às voltas com significantes flutuantes no exato sentido de nossa definição. Assim:

> Havia grande semelhança entre a *retórica* da campanha populista (no final do século XIX) e a dos anticomunistas conservadores (nos anos 1950). Ambas apelavam à vontade e aos interesses de uma maioria produtiva, autoconfiante, cujas comunidades, com suas crenças espirituais e seus ideais patrióticos, se consideravam ameaçadas pelo iminente ataque de uma elite modernizadora, uma "minoria civilizada", segundo o termo irônico do historiador Christopher Lasch. Negligenciar as manifestações de expressão que se estendiam para além do próprio Partido do Povo é um erro, tanto quanto encerrar a tradição em um conteúdo repleto de crenças repugnantes. John T. Flynn

> e Patrick Scanlan perseguiam fins muito diferentes dos de Ignatius Donnelly e Tom Watson na década de 1890. No entanto, enquanto linguagem, o populismo podia passar por cima de fronteiras ideológicas e atrair os americanos hostis ao liberalismo moderno, bem como aqueles que continuavam a pensar com apreço nos sindicatos e nas Quatro Liberdades de Franklin Delano Roosevelt.*[5]

O processo mediante o qual os significantes populistas foram hegemonizados por um discurso de direita foi longo e complexo, mas podemos reconhecer alguns pontos de inflexão críticos. Como Kazin assinala, até 1940 o conceito de populismo conservador era um oximoro. Não existia conexão entre o populismo e o discurso da direita tradicional, o qual se centralizava na defesa do capitalismo sem regulação e no desencorajamento a qualquer espécie de mobilização popular. O primeiro momento de um discurso conservador com conotações populistas situa-se nas cruzadas anticomunistas dos anos 1950, cujo epicentro foi o macartismo, mas que havia sido precedido por uma série de processos moleculares numa variedade de frentes. Existia certamente um componente anticomunista, mas foi associado imediatamente ao temor dos conservadores em relação a uma poderosa máquina governamental controlada pelas elites liberais do Noroeste. Uma vez que esses dois componentes começaram a alimentar-se mutuamente, foi fácil movimentar-se do segundo componente em direção a alguns temas populistas tradicionais:

* As Quatro Liberdades fundamentais propostas pelo presidente norte-americano Franklin Roosevelt, em discurso proferido em janeiro de 1941, foram: a liberdade de expressão [*of speech*], de culto [*of worship*], das privações [*from want*] e de viver sem medo [*from fear*]. [N.E.]

> Assim, os conservadores encontraram no arsenal da linguagem populista uma arma potente para sua cruzada anticomunista. Uma elite conspiratória, organizada tanto no interior do governo como no mundo cultural, estava forçando os americanos em direção a um sistema que destruiria seus meios de subsistência e arrasaria seus valores. O poder do grande negócio, incluída aí a direita, parecia insignificante em comparação com o poder do novo Leviatã [...]. Foi um desvio e tanto. Pela primeira vez na história dos Estados Unidos um grande número de ativistas e de políticos empregava um vocabulário populista para se opor à reforma social, em vez de apoiá-la.[6]

Essas novas associações exigiam, obviamente, uma diferente modulação dos antigos temas populistas. A oposição entre "parasitas" e "produtores" tinha de perder sua centralidade, ao passo que o laço entre o "povo" e "os trabalhadores" foi substituído por uma convocação ao *average man* [homem médio]: *working man* [homem trabalhador] e *Joe-worker* [zé-povinho] tenderam a serem substituídos pelo *regular guy* [tipo comum], pelo *average Joe* [zé qualquer] e pelo *average american* [americano médio].[7] A questão importante é que essa virada conservadora ocorreu através de uma mudança na ênfase, mas não necessariamente no conteúdo da anterior linguagem populista de esquerda. Isso significa, em nossa terminologia, que um novo regime de equivalências estava sendo construído. Desse ponto de vista, a carreira de John T. Flynn é típica. Ele começou como um escritor de esquerda na década de 1930, atacando a especulação financeira e exigindo do governo proteção para as pequenas firmas em relação às grandes corporações. Seu ódio ao grande capital – o *big money* – levou-o, entretanto, a rejeitar *in toto* a elite dominante, incluindo seu componente governamental, e a manter um discurso populista, mas de sinal oposto. Seguindo esse caminho, ele se tornou um dos principais teóricos de um novo tipo de conservadorismo. "Após a guerra, aquela visceral desconfiança da elite governamental possibilitou a Flynn atualizar a lista de seus inimigos sem distanciar-se muito de seu roteiro original. As vitórias dos comunistas e dos social-democratas após a Segunda Guerra Mundial permitiram-lhe traçar uma imagem assustadora de um Estado descontrolado".[8]

Um caminho semelhante foi seguido por outros intelectuais que iniciaram suas carreiras como marxistas – James Burnham, Whittaker Chambers, Max Eastman, Will Herberg, Wilmoore Kendall, Eugene Lyons e James Rorty – ou como conservadores mais tradicionais – Brent Bozell, William F. Buckley Jr. e Russell Kirk. Se a isso acrescentarmos a recente popularidade dos temas comunitários, a nova onda de organizações religiosas, sobretudo no interior da Igreja Católica, e a expansão das associações de veteranos, teremos todo o espectro de fenômenos que conduziria à ruptura dos laços entre o liberalismo e o populismo. A primeira cristalização pública dessa nova disposição foi, é claro, o macartismo, que em seu arsenal ideológico populista recorreu conscientemente a quaisquer tipos de armas existentes. Após a queda do senador McCarthy, o tipo de mobilização que ele promovera desintegrou-se rapidamente, mas a ruptura entre o liberalismo e o populismo permaneceu como um efeito duradouro. O discurso do *New Deal* estava em franco retrocesso. O vácuo que ele deixou seria ocupado por novas forças da direita.

O segundo momento importante na desintegração do discurso do *New Deal* pode ser localizado nas campanhas eleitorais de George C. Wallace [candidato a presidente dos Estados Unidos].[9] Para entendermos seu relativo sucesso, precisamos nos reportar à crise de representação pela qual os Estados Unidos passavam nos anos 1960. Emergiam excluídos de diferentes tipos – o movimento pelos direitos civis, a Nova Esquerda etc. Para nosso objetivo, entretanto, é importante nos darmos conta de que aquilo que, nas campanhas de Nixon, seria denominado "os Estados Unidos médio" [*middle America*] também se sentiu sub-representado, asfixiado entre uma burocracia todo-poderosa em Washington e as demandas de várias minorias. Kazin descreve nestes termos a disposição do grupo:

> Eram preventivamente orgulhosos de pessoas como eles – brancos com empregos estáveis e pequenos negociantes. Embora não se declarassem racistas, não se mostravam sensíveis ou preocupados com os problemas específicos dos negros. Suas atitudes em relação ao mundo da política oscilavam entre um cínico desgosto com os políticos eleitos que "desperdiçavam" o dinheiro dos impostos com programas de assistência social e com a guerra na Indochina e uma oscilante esperança de que, através de seus próprios meios, as pessoas comuns poderiam consertar tudo aquilo que o *establishment* havia arruinado [...]. Um movimento ou partido que pudesse canalizar o crescente ressentimento daquelas pessoas, como haviam feito os reformistas populares e os políticos insurgentes de uma época anterior, poderiam romper com a ordem instituída pelo *New Deal*.[10]

A crise de representação que se encontra na raiz de qualquer explosão populista e anti-institucional estava claramente em gestação nas demandas daquelas pessoas. Tornava-se necessário emergir algum tipo de discurso radical capaz de inscrever aquelas demandas. De onde viria esse discurso? Ou melhor dizendo, de que maneira aquelas demandas poderiam ser integradas a um todo de equivalências? A esquerda radical não estava em posição de participar daquela competição hegemônica: "Baseados em enclaves universitários, alguns poucos participantes da Nova Esquerda compreendiam as entrelaçadas emoções de inveja e indignação que moldavam a resposta dos brancos menos privilegiados a rebeliões do gueto e a demonstrações contra a guerra".[11] Quanto aos sindicatos, eram vistos como excessivamente dependentes do apoio do *establishment* democrata para serem a fonte de qualquer insurgência radical e contra o *status quo*. Assim, aquilo constituiu claramente uma oportunidade para a direita, caso ela pudesse abandonar os limites lunáticos em que estivera confinada durante tanto tempo. Foi precisamente o vácuo político que Wallace preencheu com seu discurso, mescla de racismo e de muitos dos antigos temas populistas. Foi, inclusive, o primeiro candidato à presidência a apresentar-se como um trabalhador. Jamais chegou perto de tornar-se presidente – os votos que obteve, excetuando seus enclaves no Sul, foram apenas votos de protesto –, mas sua intervenção teve um efeito duradouro: ajudou a consolidar decisivamente a articulação entre as identidades populares e o radicalismo de direita. Assim que essa articulação se tornou suficientemente sólida, outras forças políticas, mais próximas da corrente dominante do espectro político, puderam aproveitar-se dela. Foi exatamente o que aconteceu durante o processo que levou de Nixon a Reagan. A retórica agressiva de Wallace foi substituída por um apelo a uma "maioria silenciosa" de produtores e consumidores.

> À medida que o liberalismo desmoronava, mentes astutas do partido [Republicano] reconheceram em parte que a defesa dos *valores* da classe média – trabalho assíduo e diligente, piedade moral, comunidades que governavam a si mesmas – agora podia atravessar os abismos da renda e das atividades que o GOP (Grand Old Party) fora

> incapaz de transpor desde a Grande Depressão. Isso se tornou possível somente porque, longe de seus locais de trabalho, milhões de assalariados brancos agora se identificavam orgulhosamente como consumidores e como proprietários de suas casas [...]. No final dos anos 1960, o fato de alguém ganhar um salário ou ser dono de um pequeno negócio, ter carteira de filiação a uma organização trabalhista ou se irritar com as restrições impostas pelos sindicatos, era frequentemente menos importante do que a aversão compartilhada a uma elite cultural e governamental, bem como àqueles considerados amigos dessa elite nos guetos e nos *campi* universitários.[12]

É necessário mencionar como essa polarização se projeta hoje (junho de 2004) nas alternativas eleitorais e imediatas dos Estados Unidos? Ou o "americano médio" deserta do campo populista de direita, porque já não se reconhece mais na agressiva arremetida neoconservadora do regime de Bush, com a formação de novas cadeias de equivalências – ou seja, mudará em direção a uma nova formação hegemônica –, ou os republicanos serão reeleitos.* É pura ilusão pensar que sua derrota, a longo prazo, poderia ocorrer sem alguma espécie de rearticulação drástica do imaginário político (a situação é polarizada demais para pequenas mudanças numa ou noutra direção, capazes de fazer qualquer diferença material). Mesmo se Bush perder a eleição por uma pequena margem de votos, seu sucessor descobrirá que seus movimentos são limitados pela camisa de força de uma formação hegemônica, cujos parâmetros permanecem substancialmente inalterados.

* Nas eleições norte-americanas de novembro de 2004, o candidato republicano, George W. Bush, foi reeleito presidente. [N.E.]

Agora temos de passar ao segundo pressuposto simplificador implícito em nosso modelo de significantes vazios. Chegou o momento de eliminá-lo. Até agora presumimos que *cada* demanda não atendida pode incorporar-se à cadeia de equivalências que é constitutiva do campo popular. Será que esse pressuposto se justifica? Dois minutos de reflexão bastarão para concluir que não. Consideremos, em nosso diagrama inicial (p. 196) os hemisférios inferiores que representam as demandas individuais. Enquanto o hemisfério superior aponta para o momento de equivalência (aquilo que as várias demandas compartilham em sua comum oposição ao regime opressor), o hemisfério inferior representa o irredutível particularismo de cada demanda individual. É importante entender que essa relação de equivalência não dispensa o particularismo, pelo simples motivo de que sem ele não haveria a possibilidade de uma relação de equivalência. É porque todas as demandas individuais, em sua própria individualidade, se opõem ao mesmo regime opressor que pode ser estabelecida uma comunidade de equivalências entre elas. Assinalei, no início deste capítulo, que entre os hemisférios superiores e inferiores do diagrama não existe apenas complementaridade, mas também tensão. Enquanto as demandas individuais são reforçadas por meio de sua inscrição de equivalência, a cadeia como um todo desenvolve uma lógica própria, que pode levar a um sacrifício ou a uma traição dos objetivos dos elos individuais.

Quero assinalar outra possibilidade implícita na lógica de nosso modelo: uma demanda pode não ser incorporada à cadeia de equivalências porque ela se choca com os objetivos particularistas de demandas que já constituem elos dessa cadeia. Se o particularismo das demandas individuais fosse totalmente neutralizado pela inscrição de equivalência, essa possibilidade poderia ser eliminada, mas sabemos que não é o caso. Assim, uma cadeia de equivalência não se opõe unicamente a uma força ou a um poder antagônicos, mas também a algo que não tem acesso a um espaço geral de representação. "Opor-se" significa, porém, algo diferente em cada caso: um campo *antagônico* é inteiramente representado como o reverso negativo de uma identidade popular que não existiria sem a referência negativa. Entretanto, no caso de uma exterioridade que se opõe ao interior somente porque não tem acesso ao espaço da representação, "oposição" significa simplesmente "deixar de lado" e, como tal, em nenhum sentido ela molda a identidade daquilo que está dentro. Encontramos um bom exemplo dessa distinção na filosofia da história de Hegel. Ela é pontuada por inversões dialéticas que operam através de processos de negação/ substituição, mas, além delas, existe a presença dos "povos sem história", inteiramente fora do campo da historicidade. Eles são equivalentes àquilo que Lacan denominou *caput mortuum*, o resíduo que sobra numa proveta após um experimento químico. A ruptura envolvida nesse tipo de exclusão é mais radical do que aquele inerente à ruptura antagônica. Enquanto o antagonismo ainda pressupõe algum tipo de inscrição discursiva, a espécie de exterioridade que agora estou discutindo pressupõe uma exterioridade relativa não apenas a algo contido no espaço da representação, mas a este espaço enquanto tal. Denominarei esse tipo de exterioridade *heterogeneidade social*. A heterogeneidade, assim concebida, não significa *diferença*. Duas entidades, para serem diferentes, precisam de um espaço no qual essa diferença é representável, enquanto aquilo que eu denomino heterogeneidade pressupõe a ausência daquele espaço comum. Assim, nosso próximo passo é reinscrever nossa discussão sobre as identidades populares nesta complexa articulação entre homogeneidade e heterogeneidade.

Comecemos examinando uma situação na qual a heterogeneidade, no sentido em que a entendemos, está radicalmente ausente, de tal modo que possamos enxergar mais tarde e com mais clareza os efeitos de sua presença. Uma semelhante situação seria aquela representada em nosso primeiro diagrama: uma fronteira muito delimitada separando dois campos antagônicos e um espaço saturado, no qual todas as entidades sociais podem situar-se. Temos, é bem verdade, uma fronteira antagônica, mas uma fronteira que não pode incluir, em sua lógica, seu próprio deslocamento em qualquer direção. A razão disso é evidente: se o outro excluído é a condição de minha própria identidade, persistir em minha identidade também requer a postulação de um outro antagônico. Em um terreno dominado pela pura homogeneidade – isto é, a ampla representabilidade –, essa ambiguidade em relação ao inimigo não pode ser superada. Isso corresponde, até certo ponto, ao fato muito conhecido de que forças que construíram seu antagonismo em certo terreno demonstram sua solidariedade secreta quando esse terreno é posto em questão. É como a reação de dois jogadores de xadrez quando alguém chuta o tabuleiro. Pensemos, como um exemplo, na *Union Sacrée* dos partidos social-democráticos europeus em 1914.* A consequência dessa argumentação, entretanto, é que a estrutura descrita pelo primeiro diagrama reproduziria a si mesma *sine die*. Não poderá haver nem deslocamentos de fronteiras

* Com a entrada da França na Primeira Guerra Mundial, as organizações francesas de esquerda aceitaram, em nome do nacionalismo, um pacto de aproximação e trégua com o governo do presidente Raymond Poincaré que ficou conhecido como *Union Sacrée* [Sagrada União]. Apesar da oposição da seção francesa da Internacional Comunista, o movimento se espalhou para outros países que se opunham à Alemanha. [N.E.]

nem elementos irrepresentáveis em um espaço saturado. Sabemos muito bem, entretanto, que esses deslocamentos ocorrem o tempo todo e que o campo de representação é um espelho trincado e embaçado, constantemente interrompido por um Real que ele não pode dominar simbolicamente. Como podemos tornar esses fenômenos compatíveis com nosso diagrama? Existem apenas duas soluções possíveis: uma delas é compatível com o conceito de um espaço saturado; a outra, que aceitaremos, renuncia à ideia de um espaço saturado e de uma total representabilidade.

Vejamos a primeira solução. Marx apresenta a História como um relato unificado por uma única lógica: o desenvolvimento das forças produtivas, ao qual corresponde, em cada um de seus estágios, certo sistema de relações de produção. Tem-se afirmado que o conceito de forças produtivas é puramente quantitativo, mas isso não é verdade. É preciso levar em consideração que a lógica da explicação de Marx é profundamente hegeliana e corresponde não a uma categoria de quantidade, mas a uma categoria de medida – mais precisamente ao infinito de medida,[13] uma vez superado aquilo que é "sem medida". Nas palavras de Hegel: "Mas essa infinidade da especificação da medida *coloca* o qualitativo e o quantitativo como *reabsorvendo-se* um no outro, e portanto reivindica sua primeira e imediata *unidade*, que é a medida enquanto tal, como retornando ao interior de si mesma e, por conseguinte, *autoafirmando-se*".[14] Assim, a quantidade e a qualidade caminham juntas e isso corresponde precisamente ao tipo de unidade existente entre as forças e as relações de produção. Essa questão é importante, pois, sem a imbricação lógica entre o quantitativo e o qualitativo, a História não seria um relato coerente – o espaço de sua representação não seria saturado. Isso esclarece, nessa narrativa teórica, a explicação dos deslocamentos da fronteira antagônica. Ocorrem deslocamentos da fronteira porque, por meio deles, um drama diferente é encenado: a compatibilidade/ incompatibilidade entre as forças e as relações de produção em cada um de seus estágios. Nosso diagrama seria simplesmente uma imagem fotográfica, e portanto estática, de uma forma aparente adotada por esse movimento mais profundo em determinado momento. Como resultado, a validade desse tipo de explicação se mantém ou esmorece completamente, de acordo com a capacidade de sua narrativa de reabsorver qualquer "exterioridade" heterogênea.

Abordaremos essa questão situando o problema da heterogeneidade numa perspectiva histórica. Quando discuti o conceito hegeliano de "povos sem história" já indicava o tratamento que o "heterogêneo" recebe quando é abordado via uma lógica totalizadora: seu abandono por meio da negação de sua historicidade. No entanto, desde os anos 1830, aproximadamente, o excesso heterogêneo provém de uma nova fonte, que foi identificada como a "questão social". O pensamento tradicional europeu havia distinguido vários estratos sociais que, reunidos, compunham uma imagem harmoniosa da sociedade: a nobreza, o clero, os camponeses, os burgueses citadinos etc. Havia também, é claro, os pobres, que excediam aquela classificação, mas com os quais se podia lidar através de procedimentos *ad hoc* – a Lei dos Pobres na Inglaterra, por exemplo.* Entretanto, na Alemanha após a década de 1830, aquele excesso heterogêneo começou a aumentar em proporções alarmantes, por motivos relacionados não tanto à industrialização incipiente mas a

* As Leis dos Pobres (*Poor Laws*) foram medidas adotadas na Inglaterra desde o final do século XVI com o objetivo de diminuir a pobreza. A *New Poor Law*, de 1834, estimulou a centralização das medidas e a criação de abrigos, distritos e uniões paroquiais de ajuda aos pobres. [N.E.]

seu oposto:[15] um desenvolvimento industrial inadequado, incapaz de substituir uma estrutura econômica deslocada por uma pluralidade de fatores – o rápido crescimento populacional, o fim da servidão, os cercamentos, a supressão das distinções feudais nas cidades e assim por diante. Esses eram os parâmetros da questão social tal como ela se apresentava na Alemanha, naquela época. Hegel tinha plena consciência do problema, porém o mais perto que ele chegou da proposta de uma solução foi sugerir que a população excedente poderia ser encorajada a emigrar para as colônias de ultramar.

Warren Breckman assinalou que "observadores coetâneos registraram aquelas mudanças sociais (a transição para uma sociedade industrial) no emprego crescente do termo 'proletariado' para designar aquela nova classe. O gradual abandono do antigo termo *Pöbel* (turba) significou uma importante virada na análise da pobreza e o começo da discussão alemã moderna sobre as classes industriais".[16] No entanto, a associação do termo "proletariado" à classe trabalhadora industrial levou muito tempo para se firmar. Conforme foi assinalado:

> Antes de Marx, *proletário* (*prolétaire*) era um dos significantes centrais do espetáculo passivo da pobreza. Na Inglaterra, o dr. Johnson definira *proletário* em seu *Dicionário* (1755) como "desprezível, desgraçado, vil, vulgar" e o termo parece ter tido conotação semelhante na França, no início do século XIX, onde foi empregado virtualmente e de maneira intercambiável com *nomade* [nômade].[17]

Nesse sentido, o termo "proletariado" é parte de todo um universo terminológico que designa o pobre, mas um pobre excluído de qualquer adscrição social estável. Peter Stallbrass observa:

> Daí a curiosa maneira como Marx empresta termos do francês, do latim e do italiano para evocar os que não têm nome. Eles são *rovés*, *maquereaux* (proxenetas), o que "os franceses denominam *la bohème*"; são *litterati*, são *lazzaroni*. O *Oxford English Dicitionary* define os *lazzaroni* como "a classe mais baixa de Nápoles, que vive de expedientes ou mendiga". No século XVII os *lazzari* foram definidos como "a escória do povo napolitano" e, no final do século XVIII, o termo *lazzaroni* era empregado com uma conotação mais ampla de exploração social.[18]

Assim, os termos da alternativa são claros: se o excesso heterogêneo pode ser contido em certos limites, reduzido a uma presença marginal, a visão dialética de uma história unificada pode ser mantida. Se, ao contrário, prevalecer a heterogeneidade, as lógicas sociais deverão ser concebidas de modo fundamentalmente diferente. É no âmago dessa alternativa que podemos localizar o movimento magistral de Marx, que consistiu em isolar, no interior do mundo da pobreza que a transição à industrialização estava gerando, um setor diferencial que não pertencia aos interstícios da história – ao não histórico –, mas estava destinado a ser um protagonista histórico fundamental. Numa história concebida como a história da produção, a classe trabalhadora seria o agente de um novo estágio no desenvolvimento das forças produtivas, e o termo "proletariado" foi empregado para designar esse novo agente. Com a finalidade de manter suas credenciais como integrante da principal linha do desenvolvimento histórico, o proletariado tinha de ser estritamente diferenciado do "intruso" absoluto: o lumpemproletariado. Marx e Engels não poupam suas invectivas em relação a este. Para citar apenas dois dos textos estudados por Stallybrass: ao se referir aos Guardas Móveis em Paris, após a Revolução de Fevereiro, Marx aponta que "eles, em sua maior parte, pertenciam ao lumpemproletariado, o qual, em todas as grandes cidades, forma uma massa profundamente distinta do proletariado industrial. É um campo de recrutamento para todos os tipos de ladrões e criminosos, que vivem nas fímbrias da sociedade, gente sem emprego definido, vagabundos, *gens sans feu et sans aveu*,* que varia de acordo com o grau de civilização da nação a que pertence, mas que jamais renuncia a seu caráter de *lazzaroni*".[19] E Engels: "O lumpemproletariado, nas grandes cidades, é o pior de todos os possíveis aliados. Esta ralé é absolutamente venal e absolutamente desavergonhada [...]. Cada líder dos trabalhadores que usa esses malandros como guardas ou confia neles para apoiá-lo prova, por esta atitude, que é um traidor do movimento".[20]

Assim, o caráter de puro marginal do lumpemproletariado, sua expulsão do campo da historicidade, é a própria condição da possibilidade de uma interioridade pura, de uma história desprovida de estrutura coerente. Existe, porém, um problema. O termo lumpemproletariado possui um referente intencional: aqueles setores mais baixos da sociedade que não têm uma clara inserção na ordem social, embora a imprecisão terminológica que acabo de mencionar já devesse ter-nos alertado sobre a possibilidade de que essa referência talvez seja menos inequívoca que o previsto. Deixando de lado a referência, existe uma clara tentativa de dar um conteúdo conceitual à categoria. Visto que o "interior" da história é concebido como uma história da produção ("a anatomia da sociedade civil é a economia política"), sua distância do processo

* A expressão francesa "*gens sans feu et sans aveu*" [gente sem fogo ou abrigo e sem proteção de um nobre, em tradução livre] se refere aos despossuídos, gente sem ocupação definida, errante, vagabunda. Uma expressão aproximada em português seria: "sem eira nem beira". [N.E.]

produtivo torna-se a marca registrada do lumpemproletariado. Surge uma pergunta: essa distância é encontrada unicamente na ralé das grandes cidades? E se essa característica se aplicar a setores mais amplos do que os *lazzaroni*, seus efeitos globais também serão maiores e ameaçariam a coerência interna do mundo "histórico"? O penetrante ensaio de Peter Stallybrass que venho citando tenta fazer precisamente isto: mostrar nos textos de Marx, especialmente em *O 18 de Brumário de Luís Bonaparte*, aqueles pontos fundamentais em que a categoria do lumpemproletariado é desestabilizada e estende seus efeitos sociais para muito além daquilo que Marx pretendia. Reporto-me agora à análise de Stallybrass.

Há em primeiro lugar o fato, assinalado pelo próprio Marx, em *A luta de classes na França*, de que o parasitismo do lumpemproletariado, a escória da sociedade, é reproduzido pela aristocracia financeira situada nos níveis mais elevados da organização social, gente que obtém seus rendimentos não através de atividades produtivas mas "embolsando a riqueza alheia já disponível". Assim, a aristocracia financeira "não é nada além do *renascimento do lumpenproletariado no ápice da sociedade burguesa*". Além disso, para Marx, a ampliação da categoria não é algo marginal, limitado a um pequeno grupo de especuladores, pois se refere à questão geral da relação entre mão de obra produtiva e improdutiva, o que os economistas políticos discutiram desde Adam Smith, questão fundamental para a estruturação do sistema capitalista.[21] Uma vez que a "exterioridade" da produção é concebida nesse nível de generalização, fica difícil excluí-la do campo da historicidade. Stallybrass discute também outro aspecto que torna ainda mais indistinto o limite que separa o "interior" do "exterior". Conforme ele enfatiza, a dificuldade que Marx enfrenta em sua análise inicial do bonapartismo, no *18 de Brumário*, é determinar a natureza social do regime, dado que todos os regimes políticos deveriam ser a expressão de algum tipo de interesse de classe. A resposta de Marx é que a base social do regime de Luís Bonaparte é constituída de camponeses, pequenos proprietários rurais. Entretanto, ele tem de qualificar quase imediatamente seu julgamento, afirmando que os camponeses, dada sua dispersão, não constituem uma classe, mas um simples agregado, "do mesmo modo que as batatas num saco formam um saco de batatas". Isso confere ao Estado bonapartista um grau mais alto de autonomia do que aquela gozada por outros regimes que dependem de uma base social mais estruturada. Mais tarde, porém, Marx rejeitou a solução e viu o bonapartismo como dependente de uma base social heterogênea, que possibilitou ao Estado mover-se entre diferentes classes. Isso, de acordo com Stallybrass, é o início de uma crise na teoria marxista. A crise é sinônimo da emergência da articulação política como algo absolutamente constitutivo do laço social:

> Em outros termos, para Marx, assim como para Bataille, a heterogeneidade não é a *antítese* da unificação política, mas a própria condição da possibilidade dessa unificação. Desconfio que esse é o verdadeiro escândalo do lumpemproletariado na teoria marxista: a saber, que ele representa o político enquanto tal [...]. Pois o *lumpesinato* parece representar menos uma classe, em qualquer sentido que se costuma entender este termo no marxismo, do que um grupo receptivo à articulação política. E qual grupo não o é? [...] Mas se o lumpemproletariado pode ser tão facilmente exaltado como uma base, um fundamento, sua identidade não pode ser dada antes do momento da articulação política.[22]

Ao chegarmos a este ponto, deveria ficar claro que estamos abandonando os pressupostos que possibilitaram a explicação da mudança histórica no modelo dialético. A história, afinal de contas, não é o terreno no qual uma narrativa unificada e coerente deveria desenvolver-se. Se as forças sociais são o agregado de uma série de elementos heterogêneos unidos por meio da articulação política, evidentemente esta é constitutiva e básica, e não a expressão de qualquer movimento mais profundo e subjacente. Assim, nosso próximo passo deveria ser a elaboração do conceito de heterogeneidade e ver como ele, se for tomado em seu sentido literal, modifica nosso diagrama original. No entanto, antes de fazê-lo, gostaria de reportar-me brevemente ao conceito de "massa marginal" proposto por José Nun, que ajuda a projetar numa perspectiva mais ampla alguns aspectos que discutimos em relação ao lumpemproletariado de Marx.[23]

O ponto de partida de Nun é a discussão da categoria de "exército industrial de reserva" introduzida por Marx para descrever um tipo de desemprego que é funcional para a reprodução capitalista. O argumento de Marx é que os salários não podem ser diminuídos abaixo do nível de subsistência e, assim, os trabalhadores temporários são funcionais para a acumulação capitalista porque a competição de muitos trabalhadores por poucos empregos rebaixa o nível dos salários e, assim, aumenta a taxa da mais-valia. A impossibilidade de diminuir os salários abaixo do nível de subsistência obviamente impõe um limite a essa funcionalidade. Em termos de nossa discussão prévia: embora os desempregados temporários não façam parte das relações capitalistas de produção, eles ainda são funcionais para o capitalismo porque ajudam a aumentar a taxa de lucro. Embora sejam formalmente externos ao sistema, trata-se de uma "exterioridade" diferente daquela do lumpemproletariado, pois tem uma funcionalidade no sistema e, como resultado, aquelas pessoas ainda fazem parte de uma "história da produção".

A natureza temporária de seu desemprego enfatiza ainda mais a questão. O que acontecerá, porém, se o desemprego aumentar acima do que é preciso para manter os salários no nível de subsistência? É a partir daqui que se inicia a argumentação de Nun. Fica claro que o desemprego acima de certo ponto deixa de ser funcional para a acumulação capitalista. É o conjunto desses desempregados, que já não são mais uma necessidade interna do sistema – podem até mesmo ser disfuncionais em relação ao sistema – que Nun denomina a "massa marginal". Conforme ele assinala, existe em Marx um conceito de "população excedente relativa" que autores como Paul Sweezy e Oskar Lange assimilaram erroneamente à categoria de "exército industrial de reserva". Marx, na verdade, distingue três tipos de população excedente relativa – a latente, a estagnada e a flutuante –, e é somente no último tipo que a maioria dos autores, Marx inclusive, se concentra. Nun tentou equilibrar a balança, relatando as várias maneiras pelas quais vários tipos de desemprego têm sido relacionados à acumulação capitalista.

> Qualquer que seja o caso, a indústria tem se retraído como empregadora da força de trabalho em favor de um processo generalizado de expansão do setor terciário, público e privado. Isso levou a estruturas ocupacionais muito mais heterogêneas e instáveis do que as análises anteriores jamais imaginaram, fragmentando o mercado de trabalho e acrescentando enorme complexidade aos efeitos da população excedente sobre a acumulação capitalista.[24]

Segue-se uma análise muito rica dessa complexidade, na qual não posso entrar no contexto desta discussão. No entanto, uma questão importante deve ser lembrada. Se a massa marginal tem de ser definida "fora" de sua funcionalidade na acumulação capitalista, e se a marginalidade não implica apenas o desemprego flutuante no sistema fabril, mas, como demonstra um escrito recente de Nun, todo um movimento da população em mercados fragmentados e fracamente protegidos, então estamos diante de uma heterogeneidade que não pode ser subordinada a qualquer lógica "interna". A construção de qualquer "interior" constituirá apenas uma tentativa parcial de dominar um "exterior" que sempre excederá aquelas tentativas. Em um mundo globalizado, isso está se tornando cada vez mais evidente. Nesse caso, entretanto, a contaminação entre o interior e o exterior começa a ficar estranhamente parecida com o conceito de lumpemproletariado, uma vez que o ampliamos para abranger a força de trabalho improdutiva e a construção da identidade por meio de articulação política. Os "povos sem história" ocuparam o centro do palco, a ponto de destroçar o conceito de uma historicidade teleológica. Assim sendo, esqueçamos Hegel.

Agora dispomos de todos os meios necessários para discutir a heterogeneidade em relação a nosso diagrama original. Isto poderia ser representado assim:

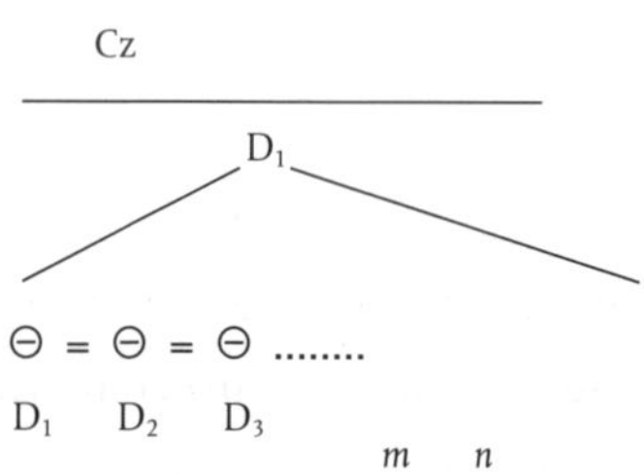

As demandas *m* e *n*, que não estão divididas nos hemisférios, são heterogêneas no sentido de que não podem ser representadas em nenhuma localização estrutural nos dois campos antagônicos. Como eu disse antes, não estamos lidando com uma negação dialética na qual o elemento negado define a identidade do elemento que nega. Os "povos sem história" não determinam quais são os povos históricos. Esse é o motivo pelo qual a heterogeneidade é constitutiva: ela não pode ser transcendida por qualquer espécie de inversão dialética. Temos, no entanto, de perguntar a nós mesmos: é de fato verdade que o heterogêneo só pode ser encontrado nas margens do diagrama? Ele não estaria operando já em seu interior? Examinemos a questão cuidadosamente, começando pela fronteira que separa os dois campos antagônicos. A explicação dialética que rejeitamos pressupõe que, se existir uma relação antagônica – isto é, contraditória – entre A e B, temos no interior do conceito de A tudo de que necessitamos para saber que ele será negado por B e unicamente por B. A negatividade está presente, mas não passa de um simulacro, encontra-se ali apenas para ser superada por uma positividade superior. "Negação determinada" – eis o nome desse simulacro. Sem uma negação determinada inscrita num processo de futuras afirmações e inversões, não existiria história, mas a postulação absoluta de uma oposição binária. Assim, se quisermos eliminar de uma oposição binária tanto a solução dialética como a afirmação estática, devemos introduzir algo mais no esquema. É então que a heterogeneidade entra em cena.

Reflitamos sobre o antagonismo entre os trabalhadores e os capitalistas conforme apresentado na tradição marxista.[25] Se a argumentação fosse verdadeiramente dialética, por um lado, o antagonismo ao trabalhador precisaria ser deduzido a partir da própria lógica do capital e, por outro lado, o trabalhador e o capitalista precisariam ser reduzidos a categorias econômicas formais (se estivéssemos falando de antagonismos puramente *empíricos*, nós nos encontraríamos fora do campo da determinação dialética). Entretanto, no nível conceitual, "trabalhador" significa apenas "vendedor da força de trabalho". Nesse caso, porém, não tenho condição de definir qualquer tipo de antagonismo. Afirmar que existe um antagonismo inerente porque o capitalista extrai mais--valia do trabalhador é algo claramente insuficiente, pois para que exista antagonismo é necessário que o trabalhador *resista* a essa apropriação. No entanto, se o trabalhador for definido conceitualmente como o "vendedor da força de trabalho", torna-se claro que posso analisar essa categoria como eu bem entender e, ainda assim, serei incapaz de deduzir logicamente dela o conceito de resistência. A resistência emergirá – ou não emergirá – unicamente em termos do modo como o trabalhador – e não sua pura determinação conceitual – é constituído. Isso significa que o antagonismo não é inerente às relações de produção, mas se estabelece entre as relações de produção e uma identidade que é externa a elas. Logo, nos antagonismos sociais estamos lidando com uma *heterogeneidade* que não é dialeticamente recuperável. O exemplo do outro heterogêneo, pelo qual começamos – o "deixar à parte" que exemplificamos com o hegeliano "povos sem história" – é apenas uma das formas do heterogêneo. Agora sabemos, falando num sentido estrito, que sem heterogeneidade o antagonismo também não existiria.

Dispomos a partir daqui de todos os elementos necessários para inscrever o conceito de "heterogeneidade" em nossa argumentação sobre o populismo. De que maneira? Vamos avançar da conclusão a que chegamos em nosso último parágrafo: o antagonismo pressupõe a heterogeneidade porque a resistência da força que é antagonizada não pode derivar logicamente da forma da força antagonista. Isso só pode significar que os pontos de resistência à força que antagoniza sempre serão externos a ela. Assim, não existem *a priori* pontos privilegiados de ruptura e contestação. Pontos particularmente antagonistas só podem ser estabelecidos contextualmente, jamais deduzidos da lógica interna de uma das duas forças opostas, abordadas separadamente. Em termos práticos, reportando-nos a um exemplo anterior, não existe motivo pelo qual conflitos que ocorrem nas relações de produção deveriam ser os pontos privilegiados de uma luta anticapitalista global. Um capitalismo global cria inúmeros pontos de ruptura e antagonismo – crises ecológicas, desequilíbrio entre diferentes setores da economia, desemprego em massa etc. –, e somente uma sobredeterminação dessa pluralidade antagônica pode criar sujeitos anticapitalistas globais capazes de levar adiante uma luta digna desse nome. E, conforme demonstra toda experiência histórica, é impossível determinar *a priori* quem serão os atores hegemônicos nessa luta. Não está claro, de modo algum, que eles serão os trabalhadores. Tudo o que sabemos é que eles serão aqueles que estarão fora do sistema, os excluídos, aqueles a quem denominamos os heterogêneos, decisivos no estabelecimento de uma fronteira antagônica. Isso significa que a expansão da categoria do lumpemproletariado que, como vimos, já ocorria nos últimos escritos de Marx, atinge neste ponto todo o seu potencial. Reportemo-nos ao seguinte trecho de Frantz Fanon:

> O lumpemproletariado, uma vez constituído, convoca todas as suas forças para pôr em perigo a "segurança" da cidade e é o signo da irrevogável decadência, da gangrena sempre presente no coração da dominação colonial. Assim, os malandros, os arruaceiros, os desempregados e os pequenos criminosos [...] atiram-se à luta como se fossem destemidos trabalhadores. Esses preguiçosos sem classe, através de uma ação militante e decisiva, descobrirão o caminho que conduz à constituição de uma nação [...]. Também as prostitutas e as criadas que ganham duas libras por mês, todos aqueles

> que giram em círculo entre o suicídio e a loucura, recuperarão seu equilíbrio, avançarão mais uma vez e marcharão orgulhosamente na grande procissão da nação que ora despertou.[26]

Estamos claramente situados no lado oposto das primeiras referências de Marx e Engels ao lumpemproletariado. Da perspectiva de nossa argumentação, o que Fanon escreve neste trecho é perfeitamente claro. Em primeiro lugar, ele identifica a condição para o estabelecimento de uma fronteira radical que possibilita a revolução anticolonialista: uma total exterioridade dos atores revolucionários ante as categorias sociais do *status quo* existente. Em segundo lugar, ele afirma que, como os excluídos não são ligados a nenhum interesse particularista, sua confluência numa vontade revolucionária acontecerá como uma equivalência política radical, aquilo que Stallybrass denomina articulação política. O subtexto é que pertencer às categorias estabelecidas na sociedade colonial interferiria na formação daquela vontade revolucionária. Não estamos longe da imagem maoísta do processo revolucionário como o cerco das cidades pelo campo e o cerco dos países imperialistas por uma cadeia de revoluções anti-imperialistas.

A essa altura, entretanto, faz-se necessária certa precaução. Embora Fanon traga o lumpemproletariado ao centro da cena histórica, ele não segue a linha paralela de pensamento que vimos operando de maneira incipiente nos últimos escritos de Marx: a extensão do conceito de lumpemproletariado a toda uma variedade daqueles setores que não estão engajados na produção. Assim, ele continua a identificar o lumpemproletariado com seu referente original, a ralé das cidades. O resultado é duplo: por um lado ele tem de superenfatizar o grau de coerência interna da ordem que ele quer desafiar; por outro, como identificou os "excluídos" com um referente por demais rígido, ele não consegue perceber toda a extensão do problema da heterogeneidade. Em termos de nosso diagrama: a total falta de identificação dos portadores da vontade anticolonialista com qualquer demanda particular no interior do sistema existente significa que os círculos que representam as demandas não seriam internamente separados, pois todas as particularidades teriam desaparecido. Haveria tal espécie de *volonté générale* que todas as vontades individuais seriam materialmente idênticas. Aqui não existe uma articulação política possível, pois nada existe para articular. A heterogeneidade simplesmente desapareceu como resultado do pleno retorno a uma inversão dialética. O jacobinismo está à espreita.

Se formos além dessas simplificações e enxergarmos o problema da homogeneidade em sua verdadeira amplitude, precisamos estar conscientes de que nenhuma das diferenciações de nossos dois diagramas poderia ter sido estabelecida sem a presença do outro heterogêneo. É aqui que minha argumentação se concatena com as conclusões sobre o populismo a que se chegou no final do capítulo 4. Em primeiro lugar, como a fronteira antagônica envolve, como vimos, um outro heterogêneo que é dialeticamente irrecuperável, sempre existiria uma materialidade do significante que resiste à absorção conceitual. Em outras palavras, a oposição *A*-*B* jamais se tornará totalmente *A*-não *A*. A "essência-*B*" de *B* será, em última instância, impossível de ser dialetizada. O "povo" será sempre algo mais do que o oposto ao poder. Existe um Real, no "povo", que resiste à integração simbólica. Em segundo lugar, no diagrama a heterogeneidade também se encontra presente no particularismo das demandas de equivalência – um particularismo que, como sabemos, não pode ser eliminado porque é o próprio fundamento da relação de equivalência. Em terceiro lugar, conforme vimos, o particularismo (a heterogeneidade) é também aquilo que impede algumas das demandas de se incorporarem a essa cadeia de equivalências.

A consequência dessa múltipla presença do heterogêneo na estruturação do campo popular é que este último possui uma complexidade interna que resiste a qualquer espécie de homogeneização dialética. A heterogeneidade habita o próprio âmago do espaço homogêneo. A história não é um processo autodeterminado. A opacidade de uma "exterioridade" irrecuperável sempre empanará as categorias que definem a "interioridade". Voltando ao nosso exemplo anterior: quaisquer tipos de desprivilegiados, mesmo no caso extremo e puramente hipotético no qual eles constituiriam exclusivamente uma classe definida por seu lugar numa relação de produção, precisam ter algo da natureza do lumpemproletariado caso eles venham a ser sujeitos antagônicos. No entanto, ao chegarmos a esse ponto, a nitidez da distinção de Fanon entre o "interior" e o "exterior" precisa ser substituída por um jogo mais complexo, no qual nada é totalmente interno ou totalmente externo. Qualquer internalização sempre será ameaçada por uma heterogeneidade que nunca é pura exterioridade, porque habita a lógica da constituição interna. E, inversamente, a possibilidade de uma exterioridade sempre estará às voltas com o funcionamento de uma lógica homogeneizante. Minha discussão sobre os significantes flutuantes, no início deste capítulo, ilustra claramente essa questão. Uma pura oposição interior/ exterior pressuporia uma fronteira imóvel, hipótese que rejeitei enquanto descrição de qualquer processo social atual. Ao contrário, é como resultado da impossibilidade essencial de decidir entre o "vazio" e o "flutuante" – que agora podemos reformular como a impossibilidade de decidir entre o homogêneo e o heterogêneo ou, em nosso exemplo, entre o proletariado e o lumpemproletariado – que o jogo político vai acontecer. Esse jogo, que Gramsci denominou "guerra de posição", constitui, de maneira objetiva, no sentido que o definimos, uma lógica de deslocamento das fronteiras políticas.

Afirmar que o jogo político consiste em um jogo de impossível decisão entre o "vazio" e o "flutuante" é, porém, o mesmo que afirmar que a operação política *par excellence* sempre será a construção de um "povo". Já chegamos a essa conclusão, até certo ponto, no final do capítulo 4, mas agora, após a introdução dos conceitos de significantes flutuantes e da heterogeneidade, podemos enxergar com maior clareza a dimensão de semelhante construção, que confere ao populismo seu verdadeiro significado. Temos, em primeiro lugar, a ampliação das operações discursivas-estratégicas que a construção do "povo" requer. Em nosso modelo original, apenas duas dessas operações eram concebíveis: a formação da cadeia de equivalências e sua cristalização numa entidade unificada, através da produção de significantes vazios. No entanto, a fronteira antagônica enquanto tal era considerada algo dado e não era um objeto de construção hegemônica. Agora sabemos que construir um "povo" também implica construir a fronteira que o "povo" pressupõe. As fronteiras são instáveis e em processo de constante deslocamento. É por isso que me referi a "significantes flutuantes". Isso acarreta um novo jogo hegemônico: qualquer novo "povo" haverá de requerer a reconstituição do espaço de representação mediante a construção de uma nova fronteira. O mesmo acontece com os "excluídos" do sistema: qualquer transformação política implica não apenas a reconfiguração de demandas já existentes, mas também a incorporação de novas demandas – isto é, novos atores históricos – ao cenário político ou seu oposto: a exclusão de outros que estavam presentes anteriormente.

Isso significa que *todas* as lutas são, por definição, *políticas*. Falar de uma "luta política" é, em sentido estrito, uma tautologia. Tal fato ocorre simplesmente por que o político deixou de ser uma categoria específica. Assim, não há espaço para a distinção, como no socialismo clássico, entre a luta econômica e a luta política. As lutas econômicas são tão políticas como aquelas que ocorrem no nível do Estado concebido em seu sentido limitado.[27] O motivo disto é claro. Como assinalei no capítulo 4, o político é, em certo sentido, a anatomia do mundo social, pois é o momento da instituição do social. Nem tudo na sociedade é político porque temos muitas formas sociais sedimentadas que tornaram indistintos os traços de sua instituição política originária. No entanto, se a heterogeneidade é constitutiva do laço social, sempre teremos uma dimensão política através da qual a sociedade – e o "povo" – são constantemente reinventados.

Isto quer dizer que o político tornou-se um sinônimo de populismo? Sim, no sentido em que eu concebo este último conceito. Uma vez que a construção do "povo" é o ato político *par excellence*, em oposição a uma pura administração no interior de um quadro institucional estável, os requisitos *sine qua non* do político são a constituição de fronteiras antagônicas no interior do social e a convocação de novos sujeitos da mudança social, a qual envolve, como sabemos, a produção de significantes vazios a fim de unificar uma multiplicidade de demandas heterogêneas nas cadeias de equivalência. Estes, entretanto, constituem também os traços definidores do populismo. Não existe intervenção política que, até certo ponto, não seja populista, o que não significa, entretanto, que os projetos políticos sejam igualmente populistas. Isso depende da extensão da cadeia de equivalências que unifica as demandas sociais. Em tipos de discurso mais institucionalizados, dominados pela lógica da diferença, essa cadeia é reduzida a um mínimo, ao passo que sua extensão alcançaria um ponto máximo em discursos de ruptura que tendem a dividir o social em dois campos. No entanto algum tipo de equivalência – alguma produção de um "povo" – é necessário para que um discurso seja considerado político. De qualquer modo, o importante é saber que não estamos lidando com dois tipos diferentes de política. Apenas o segundo tipo é político; o outro simplesmente envolve a morte da política e sua reabsorção pelas formas sedimentadas do social. Essa distinção coincide em larga medida com aquela proposta por Rancière entre *la police* [a polícia] e *le peuple* [o povo], que discutirei nos comentários finais.

Concluindo, permitam-me dizer que minha análise apresenta muitos pontos de convergência com a análise de Georges Bataille em seu conhecido ensaio "A estrutura psicológica do fascismo".[28] Conforme ele o descreve, o momento da homogeneidade coincide quase ponto por ponto com aquilo que denominei a "lógica da diferença": "*Homogeneidade* significa a comensurabilidade de elementos e a percepção desta comensurabilidade (as relações humanas podem ser mantidas por uma redução a regras fixas baseadas na consciência de uma possível identidade de pessoas e situações definidas; em princípio, toda violência está excluída deste decorrer da existência)".[29] Ele também liga o heterogêneo àquilo que está em excesso numa história da produção: "O mundo *heterogêneo* inclui tudo aquilo que resulta de um gasto *improdutivo* (as próprias coisas sagradas formam parte deste todo). Isto consiste de tudo o que é rejeitado pela sociedade *homogênea* como desperdício ou como valor superior transcendente [...] os numerosos elementos ou formas sociais que a sociedade *homogênea* não consegue assimilar: as multidões, as classes aristocráticas e empobrecidas, os combatentes, diferentes tipos de indivíduos violentos ou aqueles que recusam a norma (loucos, líderes, poetas etc.).”[30] O elemento afetivo, que enfatizei na construção das identidades populares, encontra-se igualmente presente na análise de Bataille:

> Na realidade heterogênea, os símbolos carregados de valor afetivo têm a mesma importância que os elementos fundamentais e a parte pode ter o mesmo valor do todo. É fácil notar que, enquanto a estrutura do conhecimento, para uma realidade homogênea, é a estrutura da ciência, o conhecimento de uma realidade heterogênea enquanto tal encontra-se no pensamento místico dos primitivos e nos sonhos; ele é idêntico à estrutura do inconsciente.[31]

Finalmente, ele também enfatiza que a homogeneidade resulta de práticas articulatórias:

> A partir de elementos informes e empobrecidos, o exército, sob impulso imperativo, torna-se organizado e alcança internamente uma forma *homogênea* devido à negação direcionada ao caráter desordenado de seus elementos: a massa que constitui o exército passa de uma existência exaurida e arruinada a uma ordem geométrica purificada, de um estado amorfo a uma rigidez agressiva.[32]

Aqui nossa exploração chega ao final. A emergência do “povo” depende das três variáveis que isolei: relações de equivalência representadas hegemonicamente através de significantes vazios; deslocamentos das fronteiras internas mediante a produção de significantes flutuantes; e uma heterogeneidade constitutiva que torna impossíveis as recuperações dialéticas[33] e confere à articulação política sua verdadeira centralidade. Agora alcançamos um conceito plenamente desenvolvido de populismo.

6. Populismo, representação e democracia

Chegamos afinal a um conceito ampliado de populismo. Neste capítulo enfatizarei algumas das consequências dessa conceituação para certas categorias centrais da teoria política. A "representação" e a "democracia" são duas delas, nas quais concentrarei minha análise.

AS DUAS FACES DA REPRESENTAÇÃO

Ernest Barker, ao discutir a relação entre a grande quantidade de adeptos dos ditadores fascistas e o conceito de representação, afirma: "O fato fundamental é que essa opção representa ou reflete a vontade do líder, e não que o líder represente ou reflita a vontade de seus adeptos. Se representação existe, trata-se de uma representação inversa, que procede em direção abaixo, a partir do líder. O partido representa o líder: o povo, na medida em que segue a orientação do partido, representa e reflete igualmente a orientação do líder".[1] Para Barker, a representação é dominada por uma alternativa clara: ou o líder representa a vontade de seus seguidores ou os seguidores representam a vontade do líder. Devo questionar a alternativa de Barker sob dois aspectos: (1) tenho motivos para duvidar de que a alternativa seja tão excludente como Barker pensa; (2) tenho também motivos para duvidar de que a segunda possibilidade – os seguidores representando a vontade do líder – se restrinja a ditaduras fascistas.

Concentremo-nos naquilo que está envolvido em um processo de representação sob condições democráticas.[2] A teoria democrática, começando por Rousseau, sempre manteve grandes desconfianças em relação à representação, aceitando-a apenas como um mal menor, dada a impossibilidade da democracia direta em grandes comunidades como os modernos Estados-nação. Partindo dessas premissas, a democracia tem de ser tão transparente quanto possível: a representação precisa transmitir com máxima fidelidade a vontade daqueles que ela representa. Será, porém, que se trata de uma descrição correta daquilo que realmente está implicado em um processo de representação? Há bons motivos para pensar que não. A função do representante não consiste simplesmente em transmitir a vontade daqueles que ele representa, mas dar credibilidade àquela vontade em um meio diferente daquele em que essa vontade se constituiu originalmente. Essa vontade é sempre a vontade de um grupo setorial, e o representante tem de mostrar que ela é compatível com os interesses da comunidade como um todo. Pertence à natureza da representação que o representante não seja um mero agente passivo, mas tenha de acrescentar algo aos interesses que ele representa. Essa adição, por sua vez, reflete-se na identidade dos representados, que muda como resultado do próprio processo de representação. Assim, a representação é um processo de mão dupla: um movimento do representado em direção ao representante e um movimento correlativo do representante em direção ao representado. O representado depende do representante para a constituição de sua própria identidade. Assim, a alternativa que Barker descreve não é aquela que corresponde a dois diferentes tipos de regime. Na realidade não é de modo algum uma alternativa, simplesmente assinala as duas dimensões inerentes a *qualquer* processo de representação.

Poder-se-ia argumentar que, embora as duas dimensões sejam inerentes à representação, esta última seria mais democrática sempre que o primeiro movimento – dos representados ao representante – prevalecesse sobre o segundo. Essa colocação, entretanto, não leva em conta a natureza da vontade a ser representada. Se tivéssemos uma vontade totalmente constituída – por exemplo, a de um grupo corporativo –, o espaço de manobra do representante seria de fato limitado. Este, porém, é um caso extremo numa gama mais ampla de possibilidades. Tomemos, no extremo oposto, o exemplo de setores marginais com baixo grau de integração à estrutura estável de uma comunidade. Neste caso, estaríamos lidando não com uma vontade a ser representada, mas com a constituição dessa vontade mediante o próprio processo de representação. A tarefa do representante é, entretanto, democrática, porque sem sua intervenção não existiria incorporação daqueles setores marginais à esfera pública. Entretanto, nessas circunstâncias, sua tarefa consistiria menos em transmitir uma vontade do que em fornecer um ponto de identificação que constituirá como atores históricos os setores aos quais ele está conduzindo. Como sempre, haverá uma certa distância entre um interesse setorial, até mesmo um interesse amplamente constituído, e a comunidade em geral; sempre existirá um espaço em que ocorrerá esse processo de identificação. É sobre tal momento de identificação que temos agora de concentrar nossa atenção.

Começarei refletindo sobre a "representação simbólica", tal como é discutida por Hanna Fenichel Pitkin num livro publicado há cerca de quarenta anos, mas que ainda é, na literatura existente, a melhor abordagem teórica do conceito de representação.[3] De acordo com Pitkin, na representação simbólica,

> [...] realmente não importa como se mantém satisfeito o eleitor, se devido a algo que o representante faz ou se ele é bem sucedido em estimular o eleitor a identificar-se com sua pessoa [...]. Mas, neste caso, um monarca ou um ditador pode ser um líder mais exitoso e dramático e, portanto, um melhor representante do que um membro eleito do parlamento. Um líder como este requer lealdades emocionais e identificação de seus seguidores, os mesmos elementos irracionais e eficazes produzidos por bandeiras, hinos e bandas em marcha. E, é claro, a representação vista sob este ângulo pouco ou nada tem a ver com o reflexo fiel da vontade popular ou com a promulgação de leis desejadas pelo povo.[4]

Assim, a representação torna-se o meio de homogeneizar aquilo que, no capítulo 5, "Significantes flutuantes e heterogeneidade social", denominei uma massa heterogênea: "Se o principal objetivo a ser alcançado for a união da nação em um todo unificado, então é tentador concluir que um único símbolo dramático pode obter isso com eficácia muito maior do que toda uma legislatura de representantes [...]. O carisma é a verdadeira representação".[5] O líder torna-se, assim, produtor de símbolos, e sua atividade, não mais concebida como um "agir em favor" de seus eleitores, começa a identificar-se com uma liderança efetiva. A forma extrema de representação simbólica é encontrada no fascismo: "No extremo, esse ponto de vista torna-se a teoria fascista da representação (não a teoria do Estado corporativo, mas a da representação por um *Führer*) [...]. Mas na teoria fascista esse equilíbrio – o do dirigente com o sujeito – pende definitivamente para o outro lado: o líder precisa forçar seus seguidores a se ajustar àquilo que ele faz".[6] A crítica de Pitkin às limitações de uma abordagem puramente simbólica da representação termina com uma distinção entre causas e razões:

> É importante perguntar o que leva as pessoas a acreditarem em um símbolo ou aceitarem um líder, mas é igualmente importante indagar, quando elas aceitam, quais são os seus motivos. Somente se restringirmos nossa visão da representação exclusivamente ao exemplo dos símbolos é que seremos tentados a ignorar esta última indagação [...]. Como expressou um cientista político (Heinz Eulau): "A representação diz respeito não ao mero fato" de que o representado aceita as decisões do representante, "mas antes às razões que eles têm para fazê-lo"; e as razões são diferentes das causas.[7]

Em minha opinião, Pitkin obscureceu o verdadeiro problema. Não se trata tanto de distinguir entre causas e razões – uma distinção que certamente aceito –, mas de analisar se as fontes de validade das razões *precedem* a representação ou são constituídas *através* da representação. Ao longo de toda a sua argumentação, a autora foge do problema que levantei: o que acontece se tivermos identidades debilmente constituídas cuja constituição exige, precisamente e em primeiro lugar, a representação? Em minha discussão nos capítulos anteriores, abordei essa questão em termos da distinção entre um conteúdo ôntico e seu valor ontológico. Como afirmei, numa situação de desordem radical necessita-se de *algum* tipo de ordem, e quanto mais generalizada for a desordem menos importante se torna o conteúdo ôntico daquilo que restaura a ordem. Esse conteúdo é revestido do valor ontológico de representar a ordem enquanto tal. Nesse caso, a identificação sempre procederá através desse investimento ontológico e, como resultado, sempre requererá o segundo movimento que mostrei ser inerente à representação: aquele que vai do representante ao representado. Voltando à nossa discussão da psicanálise: o investimento num objeto parcial implica elevar aquele objeto à dignidade da Coisa. Uma vez realizadas algumas identificações políticas básicas, podem ser dadas razões para determinadas decisões e escolhas, mas estas requerem como ponto de partida uma identidade que não precede, mas resulta de um processo de representação. Vimos, em nossa discussão sobre Freud, que o relacionamento com o líder depende do grau de distância entre o Eu e o ideal do Eu. Quanto menor a distância, mais o líder se torna um *primus inter pares* e, como resultado, mais se alarga o terreno onde operam as "razões", no sentido de Pitkin. No entanto, alguma distância entre as duas sempre existe necessariamente, de tal modo que a identificação através da representação até certo ponto também estará presente.

A dificuldade com a análise de Pitkin é que, para ela, a esfera das razões existe independentemente de qualquer identificação; as razões operam totalmente fora da representação. Como resultado, a autora só pode ver irracionalidade em qualquer tipo simbólico de representação. Não consegue distinguir de maneira apropriada entre o que seria a manipulação e o desprezo pela vontade popular e o que seria a constituição daquela vontade através da identificação simbólica. É verdade que ela vê o fascismo unicamente como um caso extremo de representação simbólica, mas, levando em conta suas premissas, ela não dispõe dos instrumentos teóricos que lhe permitam abordar casos menos extremos. Por esse motivo, toda a sua discussão sobre esse ponto gira em torno da questão do respeito ou da ignorância da vontade popular, sem levar em consideração como aquela vontade popular é constituída, antes de mais nada, e se a representação não é a própria premissa daquela constituição.

Uma vez que se chegou a essa conclusão, começamos a vislumbrar a relevância da problemática da representação para nossa discussão sobre o populismo, pois a construção de um "povo" seria impossível sem a operação dos mecanismos de representação.

Conforme vimos, a identificação com um significante vazio é a condição *sine qua non* para a emergência de um "povo". No entanto, o significante vazio pode operar como um ponto de identificação unicamente porque *representa* uma cadeia equivalencial. O duplo movimento que detectamos no processo da representação está inscrito em grande medida na emergência de um "povo". Por um lado, a representação da cadeia de equivalências por um significante vazio não é puramente passiva. O significante vazio é algo mais do que a imagem de uma totalidade preexistente: é aquilo que *constitui* a totalidade, acrescentando assim uma nova dimensão qualitativa. Isso corresponde ao segundo movimento no processo de representação: do representante ao representado. Por outro lado, se o significante vazio vai operar como um ponto de identificação para todos os elos da cadeia, ele deve representá-los verdadeiramente. Não pode tornar-se inteiramente autônomo em relação a eles. Trata-se do primeiro movimento encontrado na representação: do representado ao representante. Esse duplo movimento é o *locus* de uma tensão. Autonomizar o momento totalizador além de certo ponto destrói o "povo", ao eliminar o caráter representativo dessa totalidade. No entanto, uma autonomização radical das várias demandas produz o mesmo efeito, porque rompe a cadeia de equivalências e impossibilita o momento da totalização representativa. Como vimos, é o que acontece quando a lógica diferencial prevalece sobre a lógica de equivalência, ultrapassando-a em certa medida.

Poderíamos abordar essa questão a partir de um ângulo diferente que conduz, entretanto, a conclusões idênticas: através da combinação entre homogeneidade e heterogeneidade na qual consiste a representação. A constituição de um "povo" requer uma complexidade interna, dada pela pluralidade das demandas que formam a cadeia de equivalências. Esta é a dimensão da heterogeneidade radical, porque nada naquelas demandas, individualmente consideradas, anuncia um "destino manifesto" através do qual elas deveriam fundir-se em algum tipo de unidade – nada nelas prenuncia que deveriam constituir uma cadeia.[8] É isso o que torna necessário o momento homogeneizante do significante vazio. Sem esse momento não existiria cadeia de equivalência, de tal modo que a função homogeneizante do significante vazio constitui a cadeia e, ao mesmo tempo, a representa. Essa dupla função, porém, nada mais é do que os dois lados do processo representativo que temos detectado. A conclusão é clara: toda identidade popular possui uma estrutura interna que é essencialmente representativa.

No entanto, se a representação esclarece algo da estrutura interna do populismo, poderíamos dizer que, inversamente, o populismo lança alguma luz sobre algo pertencente à essência da representação. Pois o populismo, como vimos, é o terreno de uma incapacidade básica de decisão entre a função hegemônica do significante vazio e a equivalência de demandas particularistas. Existe uma tensão entre ambas, porém a tensão nada mais é do que o espaço da constituição de um "povo". E o que é isso senão a tensão que encontramos entre os dois movimentos opostos, mas necessários, que constituem a estrutura interna da representação? Construir um "povo" não é simplesmente a aplicação de um caso particular a uma teoria geral da representação que poderia ser formalizada em um nível mais abstrato; ao contrário, é um caso *paradigmático* porque é *aquele* que revela a representação naquilo que ela é: o terreno primário da constituição da objetividade social.

Consideremos por um momento alguns dos outros exemplos de representação simbólica discutidos por Pitkin: um peixe representando Cristo, por exemplo. Em todos esses casos – quando o símbolo é puramente arbitrário e, como resultado, se oculta num signo, ou quando existe algum tipo de analogia que sustenta e explica o simbolismo – há uma característica comum: o que está sendo representado existe como um objeto pleno, anterior e muito distanciado do processo de representação. Na teoria psicossomática, isso poderia ser identificado como uma abordagem junguiana, para a qual os símbolos são ligados *a priori* a objetos específicos no inconsciente coletivo. É somente com a descrição freudiana/lacaniana do funcionamento do inconsciente que as representações se tornam ontologicamente primárias – conforme vimos, os nomes constituem retrospectivamente a unidade do objeto. E é difícil encontrar um terreno que *revele* melhor essa constituição do que as constantes flutuações ao se nomear o "povo". A principal dificuldade com as teorias clássicas da representação política é que a maior parte delas concebeu a vontade do "povo" como algo que era constituído *antes* da representação. Foi o que sucedeu com o modelo agregador de democracia (Schumpeter, Downs), que reduziu o "povo" a uma pluralidade de interesses e valores; e com o modelo deliberativo (Rawls, Habermas), que localizou na justiça enquanto imparcialidade ou nos procedimentos dialógicos a base para o consenso racional que eliminou toda opacidade do processo de representação.[9] Uma vez atingido este ponto, a única questão relevante é como *respeitar* a vontade daqueles que são representados, assumindo, antes de mais nada, que essa vontade existe.

DEMOCRACIA E IDENTIDADES POPULARES

A transição de uma discussão sobre a representação simbólica para a teoria política de Claude Lefort, com a qual começarei nosso estudo sobre a democracia popular, é fácil, dado o fato de que esse autor fundamenta sua abordagem na transformação simbólica que possibilitou o advento da democracia moderna.[10] De acordo com a bem conhecida análise de Lefort, essa mutação envolveu uma revolução no imaginário político, mediante a qual uma sociedade hierárquica, centrada no rei como ponto de unidade do poder, conhecimento e lei, foi substituída por uma desincorporação, materializada na emergência do lugar do poder como algo essencialmente vazio: "O poder se encarnava no príncipe e, portanto, dava um corpo à sociedade. E, devido a isso, um conhecimento latente, mas efetivo daquilo que *uma pessoa* significava para a *outra* existiu no conjunto social. Este modelo revela a característica revolucionária e sem precedentes da democracia. O *locus* do poder torna-se *um lugar vazio* [...]. O exercício do poder está sujeito a procedimentos de redistribuições periódicas [...]. O fenômeno implica uma institucionalização do conflito. Em minha visão, o ponto importante é que a democracia é institucionalizada e sustentada pela *dissolução dos indicadores da certeza*. Ela inaugura uma história na qual o povo vivencia uma indeterminação fundamental no que se refere à base do poder, à lei e ao conhecimento e, assim, no que diz respeito às relações entre o *eu* e o *outro*, em todo nível da vida social".[11]

O que devemos pensar dessa sequência? Em certo sentido, algumas distinções que, empregando diferente terminologia, introduzi neste livro estão claramente presentes no texto de Lefort. O conceito de uma ordem hierárquica garantida e personificada pelo rei, na qual não existe uma institucionalização dos conflitos sociais, parece se assemelhar muito àquilo que denominamos a lógica da diferença. Visto que Lefort reconhece a igualdade enquanto valor como marca registrada da democracia, pode parecer que não estamos distantes de nossa lógica de equivalências. No entanto, é aqui que a análise de Lefort segue um caminho diverso daquele que escolhi em meu estudo sobre a formação das identidades populares. Para ele, o marco democrático simbólico tem de ser oposto ao totalitarismo, que ele descreve nos seguintes termos:

> Ocorre uma condensação entre a esfera do poder, a esfera da lei e a esfera do conhecimento. O conhecimento dos principais objetivos da sociedade e as normas que regulam as práticas sociais tornam-se propriedade do poder e ao mesmo tempo o próprio poder reivindica ser o órgão de um discurso que articula o real como tal. O poder está encarnado num grupo e, em seu nível mais elevado, num único indivíduo, e se funde com um conhecimento que também se encarna, de tal maneira que nada o pode dividir.[12]

O totalitarismo, porém, embora se oponha à democracia, emergiu no terreno da revolução democrática. Eis como Lefort descreve o mecanismo da transição de um para a outra:

> Quando os indivíduos se sentem cada vez mais inseguros como resultado de uma crise econômica ou da devastação provocada pela guerra, quando os conflitos entre as classes e os grupos são exacerbados e não podem mais ser resolvidos simbolicamente na esfera política, quando o poder parece ter afundado no nível da realidade e não ser mais do que um instrumento para a promoção de interesses e apetites da ambição vulgar, quando, numa palavra, esse poder surge *na* sociedade e quando, ao mesmo tempo, a sociedade parece estar fragmentada, então presenciamos o desenvolvimento da fantasia de Um-Só-Povo, o início da busca de uma identidade substancial, de um corpo social unido por meio de sua cabeça, de um poder encarnado, de um Estado livre da divisão.[13]

A esta altura, os leitores deste livro podem começar a sentir que existe nessa descrição algo que parece vagamente familiar, pois várias de suas características podem ser aplicadas a movimentos populistas descritos neste texto, a maioria dos quais, é claro, não são nada totalitários. A construção de uma cadeia de equivalências a partir da dispersão de demandas fragmentadas e de sua unificação em torno de posições populares que operam como significantes vazios não é totalitária, mas a condição para a construção de uma vontade coletiva que, em muitos casos, pode ser profundamente democrática. É certamente verdade que alguns movimentos populistas podem ser totalitários e apresentam a maior parte ou todas as características descritas por Lefort com tanta precisão, mas o espectro de possíveis articulações é muito mais diversificado do que a simples oposição totalitarismo/ democracia parece sugerir. A dificuldade em relação à análise que Lefort faz da democracia é que ela se concentra exclusivamente nos regimes liberais-democráticos e não presta a devida atenção à construção dos *sujeitos* populares-democráticos. Isso implica uma série de consequências que limitam o escopo da análise. Um exemplo: para Lefort o *lugar* do poder nas democracias é vazio. Para mim a questão se coloca diferentemente: trata-se de *produzir* o vazio a partir da operação da lógica hegemônica. Para mim o vazio é um tipo de identidade, não uma localização estrutural. Se, como Lefort pensa – e concordo com ele neste ponto –, o marco simbólico de uma sociedade é o que sustenta certo regime, o lugar do poder não pode ser inteiramente vazio. Até mesmo a sociedade mais democrática teria limites simbólicos para determinar quem pode ocupar o lugar do poder. Entre a encarnação total e o vazio total existe uma gradação de situações que envolvem encarnações parciais. Estas são precisamente as formas assumidas pelas práticas hegemônicas.

Mas, então, como é que saímos deste ponto, a fim de discutir mais profundamente a relação entre populismo e democracia? Gostaria de introduzir em minha argumentação algumas poucas distinções contidas num escrito recente de Chantal Mouffe.[14] Ela começa reconhecendo sua dívida intelectual para com a obra de Lefort, mas acrescenta uma ressalva fundamental para esse reconhecimento que, na realidade, muda o terreno do debate:

> Em vez de simplesmente identificar a forma moderna da democracia com o lugar vazio do poder, eu também gostaria de enfatizar a distinção entre dois aspectos: por um lado, a democracia como uma forma de governo, isto é, o princípio da soberania do povo; por outro lado, o marco simbólico no qual esse governo simbólico é exercido. A novidade da democracia moderna, o que a torna propriamente "moderna" é que, com o advento da "revolução democrática", o antigo princípio democrático de que "o poder deve ser exercido pelo povo" surge novamente, mas desta vez em um marco simbólico informado pelo discurso liberal, com vigorosa ênfase no valor das liberdades individuais e nos direitos humanos.[15]

Assim, enquanto Lefort vê a questão da democracia tão somente como algo ligado ao marco simbólico liberal, identificando implicitamente a democracia com a democracia liberal, Mouffe vê apenas uma articulação entre ambas as tradições.

> Temos, por um lado, a tradição liberal constituída pelo governo da lei, a defesa dos direitos humanos e o respeito pela liberdade individual; por outro lado, temos a tradição democrática, cujas principais ideias são a igualdade, a identidade entre governantes e governados e a soberania popular. Não existe relação necessária

> entre aquelas duas tradições distintas, mas somente uma articulação histórica contingente.[16]

Uma vez considerada a articulação entre o liberalismo e a democracia como algo meramente contingente, decorrem necessariamente duas conclusões óbvias: (1) outras articulações contingentes também são possíveis, e existem, assim, formas de democracia fora do marco liberal simbólico (o problema da democracia, visto em sua verdadeira universalidade, torna-se o problema da pluralidade de marcos que possibilitam a emergência de um "povo"); (2) como a emergência de um "povo" não é mais o efeito direto de qualquer marco determinado, a questão da constituição de uma subjetividade popular torna-se parte integral da questão da democracia (esse aspecto não é levado suficientemente em conta por Lefort). O corolário é que não existe um regime político que seja autorreferenciado. Podemos, é claro, alargar o conceito de uma matriz simbólica e nele incluir a constituição de sujeitos sociais e políticos, mas nesse caso estaremos obscurecendo qualquer divisão clara entre o Estado e a sociedade civil. Obscurecer a divisão não significa, entretanto, aniquilá-la de maneira totalitária – nem toda politização da sociedade civil é equivalente à unificação autoritária. A visão que Gramsci tem da hegemonia, por exemplo, transcende a distinção Estado/ sociedade civil, e no entanto é profundamente democrática, porque envolve introduzir no cenário histórico novos sujeitos coletivos.

Como conceber, porém, essa articulação contingente entre liberalismo e democracia? Mouffe é extremamente crítica a respeito da corrente da assim chamada "democracia deliberativa" atual, que tenta precisamente eliminar a natureza contingente da articulação e convertê-la numa natureza de implicação necessária (Rawls se inclina mais para o lado do liberalismo, e Habermas, mais para o lado da democracia). O mais revelador para nossos propósitos, porém, é a tentativa de Mouffe de explicar o que se deve entender por articulação contingente. Seu principal esforço, já que ela se preocupa sobretudo com a questão da democracia nas sociedades onde domina um marco liberal simbólico, é propor aquilo que denomina um modelo agonístico de democracia, mas além disso, no processo de sua formulação, Mouffe esclarece uma multiplicidade de aspectos relevantes para uma teoria geral da democracia, liberal ou não:

> Ao privilegiarem a racionalidade, as perspectivas deliberativa e agregadora deixam de lado um elemento central, que é o papel fundamental desempenhado pelas paixões e pelos afetos em assegurar a lealdade aos valores democráticos [...]. O fracasso da atual teoria democrática em lidar com a questão da cidadania é consequência do fato de operar com uma conceituação de sujeito que vê os indivíduos como anteriores à sociedade, portadores de direitos naturais e que são ou agentes maximizadores da utilidade ou sujeitos racionais. Em todos os casos, eles são abstraídos das relações sociais e de poder, língua, cultura e de todo o conjunto de práticas que possibilitam a ação. O que se exclui dessas abordagens racionalistas é a própria questão de saber quais são as condições de existência de um sujeito democrático.[17]

Partindo dessa perspectiva, Mouffe faz várias referências a Wittgenstein: à crença como algo ancorado numa forma de viver e à necessidade de uma fricção que implica a necessidade de renunciar ao sonho de um consenso racional.

As principais implicações dessa análise são, por um lado, termos de passar da estrutura formal de um espaço político-simbólico para um "modo de vida" mais amplo, no qual a subjetividade política é constituída; e, por outro, a emergência de uma visão da subjetividade política na qual uma pluralidade de práticas e ligações apaixonadas entra num quadro em que a racionalidade, seja ela individual, seja dialógica, não é mais o componente dominante. Chegamos, assim, a um ponto em que esse conceito de identidade democrática é praticamente indistinguível daquilo que denominei identidade popular. Todos os componentes estão presentes: a falência de uma ordem puramente conceitual para explicar a unidade dos agentes sociais; a necessidade de articular uma pluralidade de posições ou demandas através de meios nominais, dado que nenhuma racionalidade *a priori* leva essas demandas a se unirem em torno de um centro; e o papel primário do afeto em consolidar essa articulação. A consequência é inevitável: a construção de um povo é a condição *sine qua non* do funcionamento da democracia. Sem a produção de vazio não existe "povo", não existe populismo, mas também não existe democracia. Se acrescentarmos a isso que o "povo", conforme vimos, não está essencialmente ligado a qualquer matriz simbólica particular, então teremos abarcado o problema do populismo contemporâneo em todas as suas dimensões.

Agora devemos nos interrogar sobre os pontos nos quais nossa discussão da democracia se enlaça com a discussão do populismo. O eixo de nossa argumentação sobre a democracia é que se torna necessário transferir o conceito de "vazio": do *lugar* do poder num regime democrático, como Lefort propôs, para os próprios sujeitos que ocupam esse lugar. Minha sugestão é a seguinte: não é suficiente colocar a questão como se o vazio significasse simplesmente a ausência de qualquer determinação no lugar do poder, e, devido a essa ausência, qualquer força particular, sem deixar de ser particular, pudesse ocupar aquele lugar. Isso seria verdade se estivéssemos lidando simplesmente com os aspectos jurídicos e formais da democracia, mas, como Lefort sabe muito bem, o conceito de *politeia*, do qual ele é extremamente consciente e a que se reporta, significa toda uma forma de vida política da comunidade, da qual os arranjos constitucionais representam somente uma cristalização formal. Assim, se a questão da *politeia* for considerada em sua verdadeira generalidade, que também envolve a formação de uma subjetividade política, como foi discutida por Mouffe, a discussão sobre o vazio não pode permanecer no nível de ignorar que o lugar é afetado por aqueles que o ocupam – e, inversamente, os ocupantes também têm de ser afetados pela natureza do lugar que ocupam.

Examinemos os dois lados dessa relação – em primeiro lugar, do lado dos que ocupam o poder. Sabemos que existe um abismo intransponível entre a particularidade dos grupos que integram uma comunidade, frequentemente em conflito mútuo, e a comunidade como um todo, concebida como uma totalidade universal. Sabemos também que esse abismo só pode ser mediado hegemonicamente, através de uma particularidade que, em certo momento, assume a representação de uma totalidade que é incomensurável em relação a ela. Mas, para que isso seja possível, a força hegemônica tem de apresentar sua particularidade como a encarnação de uma universalidade vazia que a transcende. Assim, não é que exista uma particularidade que simplesmente ocupe um lugar vazio, mas uma particularidade que, através de uma luta hegemônica, conseguiu tornar-se um significante vazio da comunidade e apresenta reivindicações legítimas para ocupar aquele lugar. O vazio não é apenas um dado da lei constitucional: é uma construção política. Abordemos agora a questão a partir do outro lado: o do lugar como algo vazio. O vazio, no que diz respeito a esse lugar, não significa simplesmente *vacuidade*; ao contrário, o vazio existe porque aquela vacuidade aponta para a completude ausente da comunidade. Vazio e completude são, na realidade, sinônimos. No entanto, essa completude/ vacuidade somente pode existir encarnada numa força hegemônica. Isso significa que o vazio circula entre o lugar e seus ocupantes. Eles se comunicam um com o outro. Assim, a lógica dos dois corpos do Rei não desapareceu na sociedade democrática. Simplesmente não é verdade que a pura vacuidade substituiu o corpo imortal do Rei. Esse corpo imortal é encarnado pela força hegemônica. O que mudou na democracia, em comparação com os *anciens régimes*, é que nestes a encarnação ocorria em apenas um corpo, enquanto hoje ela transmigra através de uma variedade de corpos. No entanto, a lógica da encarnação continua a operar sob condições democráticas e, em certas circunstâncias, pode adquirir considerável estabilidade. Tomemos um fenômeno como o *gaullismo*. Poderíamos dizer que um dos defeitos hegemônicos fundamentais da Quarta República (1946-1958), na França, foi sua incapacidade de proporcionar símbolos relativamente estáveis para encarnar o lugar vazio.

Temos, entretanto, de dar um passo adiante em nossa argumentação. Os significantes vazios podem desempenhar seu papel apenas se significarem uma cadeia de equivalências, e somente assim constituirão um "povo". Em outras palavras: a democracia só pode fundar-se na existência de um sujeito democrático, cuja emergência depende da articulação horizontal entre demandas de equivalência. Um conjunto de demandas de equivalência articulado por um significante vazio é o que constitui um "povo". Assim, a possibilidade da democracia depende da constituição de um "povo" democrático. Sabemos também que, para existir uma articulação/ combinação entre democracia e liberalismo, têm de ser combinadas demandas de dois tipos diferentes. A combinação, por sua vez, pode acontecer de duas maneiras: ou um tipo de demanda – o liberalismo, por exemplo, com sua defesa dos direitos humanos, liberdades civis etc. – pertence ao marco simbólico de um regime, no sentido de que essas demandas fazem parte de um sistema de regras aceitas por todos os participantes do jogo político, ou então são valores contestados. Neste último caso, as demandas fazem parte da cadeia de equivalências e, assim, fazem parte do "povo". Na América Latina, durante as décadas de 1970 e 1980, por exemplo, a defesa dos direitos humanos fazia parte das demandas populares e, assim, também constituía a identidade popular. É um equívoco pensar que a tradição democrática, com sua defesa da soberania do "povo", exclui reivindicações liberais como uma questão de princípio. Isso significaria que a identidade do "povo" estaria fixada de uma vez por todas. Se, ao contrário, a identidade do "povo" for estabelecida apenas através de mutáveis cadeias de equivalências, não existe motivo para pensar que um populismo que inclui os direitos humanos como um de seus componentes esteja descartado *a priori*. Em alguns momentos, como acontece hoje com muita frequência no cenário internacional, a defesa dos direitos humanos e das liberdades civis pode se tornar a mais premente demanda popular. No entanto, as demandas populares também podem cristalizar-se em configurações inteiramente diferentes, como demonstra a análise de Lefort sobre o totalitarismo. É nessa variedade de constituição de identidades populares que agora precisamos concentrar nossa atenção.

PARTE III

Variações populistas

7. A saga do populismo

A noção de populismo que desenvolvemos não implica a determinação de um conceito rígido ao qual poderíamos associar certos objetos, mas o estabelecimento de uma área de variações nas quais uma pluralidade de fenômenos pode ser inscrita. Tal inscrição, entretanto, deve ser realizada não em termos de comparações ou taxonomias puramente externas, mas mediante a determinação das regras internas que tornam essas variações inteligíveis. Neste capítulo tratarei das variações como *tendências*: isso quer dizer que situarei fenômenos aparentemente disparatados em um *continuum* que possibilita a comparação entre eles. No capítulo 8 minha abordagem será mais *microanalítica*: discutirei três momentos históricos da construção do "povo" e mostrarei neles o funcionamento completo de algumas das lógicas que analisamos nos capítulos precedentes. Finalmente, concluirei o oitavo capítulo com uma série de sugestões heurísticas relativas ao objetivo a que se deveria propor uma exploração empírica dos populismos "realmente existentes".

Permitam-me iniciar essa discussão com algumas referências conceituais contidas num artigo recente de Yves Surel.[1] Ele – muito corretamente, aliás – rejeita uma série de identificações que empobrecem o conceito de populismo, reduzindo-o aos movimentos da direita radical – como faz H. G. Betz[2] – ou àquelas tendências que veem nele uma oposição à lógica constitucionalista operante nas democracias modernas. Surel vê no populismo um fenômeno que se relaciona de maneira mais ambivalente à ordem institucional.

Como ele afirma, ao resumir sua tese em coautoria com Yves Mény sobre o populismo, *Par le peuple, pour le peuple* [Para o povo, pelo povo]:

> (1) O "povo" é o soberano do regime político e o único referente legítimo para interpretar a dinâmica social, econômica e cultural; (2) as elites no poder, especialmente as elites políticas, têm traído o povo ao não exercerem mais as funções para as quais foram designadas; (3) é necessário restaurar o primado do "povo", o que pode levar a uma valorização de uma era anterior, caracterizada por um reconhecimento do "povo". Este é o núcleo duro do populismo, compreendido como um esquema ideológico, e é um conjunto de fontes discursivas disseminadas nos regimes democráticos.[3]

Assim, para os autores, o populismo, de modo semelhante ao que descrevi, não é uma constelação fixa, mas cria uma série de recursos discursivos que podem ser utilizados de modo muito diversificado (isto se aproxima de meu conceito de significantes flutuantes). Surel afirma:

> Em oposição à ideia segundo a qual o populismo representaria uma tendência relativamente estável e coerente, típica da nova direita radical, defendemos a ideia de que ele é menos uma família política do que uma dimensão do registro discursivo e normativo adotado pelos atores políticos. O populismo é um conjunto de recursos disponíveis para uma pluralidade de atores, de maneira mais ou menos sistemática.[4]

Posso concordar com toda essa análise – penso, na verdade, que a noção de que o populismo é o elemento democrático nos sistemas representativos contemporâneos constitui uma das ideias mais perspicazes e originais da obra de Mény e Surel –, exceto num ponto: os limites que eles aceitam para a circulação dos recursos disponíveis para a construção populista – e, assim, para aquilo que pode ser caracterizado como "populista" – são, segundo penso, estreitos demais. Surel sem dúvida está correto ao criticar aquelas abordagens que, ao afirmarem uma total exterioridade do populismo com relação ao sistema político, o assimilam à extrema-direita (mas, na realidade, o mesmo pode se aplicar à extrema-esquerda). Em vez disso, ele demonstra simpatia pelo modelo proposto por Andreas Schedler,[5] de acordo com o qual existiriam: (1) partidos democráticos no poder que se definem por seu apoio ao governo; (2) a oposição democrática, que tenta assumir o poder no marco institucional existente; (3) os partidos anti-institucionais, que rejeitam o sistema de regras democráticas vigente. A isto Schedler acrescenta – e Surel coincide com ele – a situação ambígua dos movimentos populistas: eles existem à margem dos regimes institucionais, oscilando entre denunciar os sistemas enquanto tal ou apenas aqueles que ocupam os lugares do poder. A dificuldade com esse modelo é que ele dá por certo que existe algo como um sistema de regras bem estabelecidas em todos os momentos. Isso, segundo penso, não leva suficientemente em conta a dupla face do populismo a que me referi em minha discussão teórica: o populismo se apresenta como *subversivo* em relação ao estado de coisas existente e como o ponto de partida para uma *reconstrução* mais ou menos radical de uma nova ordem sempre que a ordem anterior foi abalada. O sistema institucional tem de ser – mais ou menos – fraturado para que o apelo popular seja efetivo. Numa situação de completa estabilidade institucional (e "completa" implica, é claro, uma situação puramente ideal), a única oposição possível ao sistema emanaria de um puro exterior – isto é, partiria de um estrato puramente marginal e ineficaz.

O populismo, entretanto, não emerge de um exterior absoluto nem avança de tal modo que a situação anterior se dissolva em torno dele, mas procede articulando demandas fragmentadas e deslocadas ao redor de um novo núcleo. A crise da velha estrutura constitui até certo grau uma precondição necessária do populismo, pois, como vimos, as identidades populares requerem cadeias de equivalências relativas a demandas não atendidas. Sem a profunda depressão da década de 1930, Hitler continuaria sendo um líder vociferante e marginal. Sem a crise da Quarta República em torno da guerra na Argélia, a convocatória de De Gaulle teria sido tão desatendida como aconteceu em 1946. E sem a progressiva erosão do sistema oligárquico na Argentina da década de 1930, a ascensão de Perón teria sido impensável.

Se assim é, mais do que um movimento populista com um pé dentro e outro fora do sistema institucional, temos uma situação variável, cujas principais possibilidades são:

1. Um sistema institucional amplamente autoestruturado, que relega a uma posição marginal qualquer desafio anti-institucional – isto é, a capacidade desse desafio de constituir cadeias de equivalências é mínima (isso corresponderia às duas primeiras situações no modelo de Schedler).
2. O sistema é menos estruturado e requer algum tipo de recomposição periódica. Surge aqui a possibilidade do populismo no sentido em que Schedler/ Surel o entendem: o sistema pode ser desafiado, mas, como sua capacidade de autoestruturação ainda é considerável, as forças populistas têm de operar como se fossem "externas" e "internas".

3. O sistema entrou em um período de "crise orgânica", no sentido gramsciano. Nesse caso, as forças populistas que o desafiam precisam fazer mais do que se engajar na ambígua posição de subverter o sistema e, ao mesmo tempo, estar integradas a ele: elas têm de reconstruir a nação em torno de um novo núcleo popular. A tarefa de reconstrução prevalece sobre a tarefa da subversão.

Como podemos ver, o movimento que vai da segunda possibilidade para a terceira é uma questão de grau, de várias alternativas históricas que emergem em um *continuum* teórico. Minha única divergência com a abordagem de Surel é que, ao limitar o populismo à terceira opção do modelo de Schedler, ele a restringiu excessivamente àquilo que hoje é possível no horizonte da Europa Ocidental, ao passo que eu quero inscrever o populismo em um sistema mais amplo de alternativas.

Quero discutir alguns exemplos, com a finalidade de elucidar esse sistema de alternativas. O primeiro deles é o "boulangismo".[6] Para entendermos a ascensão política do general Georges Boulanger (1837-1891), precisamos evocar a situação da França na década de 1880. No plano político, a república – em grande parte estabelecida como resultado de desacordos internos entre as forças monarquistas – de modo algum estava consolidada. Uma pluralidade de diferentes grupos ideológicos, de direita e de esquerda, não estava realmente integrada ao sistema parlamentar e sonhava com fórmulas constitucionais alternativas. Economicamente, a França, sem levar em conta o conjunto de deslocamentos ligados à transição para uma sociedade industrial, vivenciava desde 1873 os efeitos da depressão mundial, a que é preciso acrescentar a crise financeira de 1882 e a sucessão de escândalos financeiros, sobretudo o caso Wilson, que havia desacreditado o governo republicano (Daniel Wilson, enteado do presidente Jules Grévy, estabeleceu um esquema de vendas de medalhas da Legião da Honra). Precisamos também levar em consideração o alto nível de desemprego e a desorganização do movimento trabalhista após a repressão que se seguiu à Comuna de Paris (1871), a qual deixou os trabalhadores expostos a uma variedade de influências políticas. Naquelas condições, o sistema político estava claramente vulnerável a qualquer espécie de iniciativa extraparlamentar.

Quem foi o general Boulanger? Aqui não dispomos de espaço para narrar todo o episódio de sua ascensão e queda, por mais relevante que seja para nossos objetivos, mas pelo menos posso esboçar os principais acontecimentos. Boulanger era um oficial brilhante, de clara orientação republicana, embora seu republicanismo fosse um tanto oportunista, pois anteriormente ele fora bonapartista e adepto dos Orléans. Tornou-se ministro da Guerra em 1886 e as reformas que implantou no exército e sua imagem republicana logo lhe proporcionaram imensa popularidade. Isso preocupou o governo, que o forçou a se demitir e o transferiu de Paris para Clermont-Ferrand, apesar dos protestos públicos. Mais tarde, em 1888, ele se aposentou, o que lhe permitiu intervir abertamente na política. Boulanger obteve uma série de importantes vitórias eleitorais que culminaram na de 27 de janeiro de 1889, quando, após um esmagador triunfo eleitoral, a multidão pediu que ele marchasse até o Palais de l'Élysée [sede do governo e residência oficial do presidente] e tomasse o poder – algo que ele poderia ter feito, pois contava com o apoio de um considerável setor do exército e da polícia. Ele hesitou, entretanto, e finalmente decidiu não o fazer. Foi o momento crítico e decisivo de sua carreira. O governo, tranquilizado, tomou uma série de medidas que limitaram suas atividades e culminaram com sua convocação a um tribunal. Boulanger fugiu para a Bélgica e durante dois anos ficou viajando entre Bruxelas e Londres, antes de suicidar-se em 1891.

Muitos aspectos do episódio de Boulanger são importantes para nossos propósitos teóricos. Em primeiro lugar, a heterogeneidade e a marginalidade em relação ao sistema estabelecido de forças que o apoiavam:

> Ele gozava [...] da confiança dos mais diversos setores políticos, tanto à direita como à esquerda [...]. Boulanger congregou [...] em torno dele todos os democratas decepcionados [...], irritados com a instabilidade ministerial da Terceira República francesa e apoiadores de um Estado forte, embora baseado no sufrágio universal, bonapartistas nostálgicos do poder imperial de Napoleão III, e monarquistas moderados ligados ao ramo dinástico dos Orléans representado pelo conde de Paris, sem esquecer as múltiplas correntes de esquerda, incluindo o que restava do movimento da Comuna e uma fração dos radicais. Foi o caso, por exemplo, da corrente representada pelo jornal *La Démocratie du Midi*, que reivindicava uma democracia direta capaz de alcançar um governo "realmente representativo", denunciava a corrupção do regime parlamentar e esperava "algum ato viril da parte de um chefe".[7]

Em segundo lugar, o apoio a Boulanger concentrava-se principalmente nos centros urbanos, ao contrário do apoio prestado a Napoleão III, que contava com sólida base camponesa. Nos centros urbanos o apoio social a Boulanger possuía forte componente proletário, mas na verdade perpassava várias camadas sociais. "Essa substancial presença de um elemento proletário não impedia, porém, que seus seguidores se caracterizassem pelo fato de que, indo além de todo meio social, fossem recrutados no conjunto das classes médias e até mesmo das classes altas das cidades."[8] Em terceiro lugar, a ideia de uma intervenção extraparlamentar era tão sedutora para a esquerda radical – que via nela um meio de conseguir a combinação de Estado forte e democracia direta – como para a direita, que enxergava naquela ideia o caminho que conduziria a um nacionalismo conservador e militarista. Em quarto lugar, a única coisa que mantinha unidas todas aquelas forças heterogêneas era uma dedicação comum a Boulanger e a seu inegável carisma. A prova é que, quando ele desapareceu do cenário político, a coalizão de seus apoiadores desintegrou-se rapidamente. Foi esse o anticlímax que levou à consolidação da Terceira República.

Se levarmos em consideração essas quatro características político-ideológicas, veremos imediatamente que elas reproduzem quase ponto por ponto as dimensões definidoras do populismo que estabelecemos na parte teórica deste livro. Existe primeiramente uma agregação de forças e demandas heterogêneas que não podem ser organicamente integradas ao existente sistema diferencial/ institucional. Em segundo lugar, como as ligações entre essas demandas não são diferenciais, elas somente podem ser ligações de equivalência: existe entre elas um *air de famille*, porque todas têm o mesmo inimigo: o existente sistema parlamentar corrupto. Em terceiro lugar, essa cadeia de equivalências atinge seu ponto de cristalização somente em torno da figura de Boulanger, que funciona como um significante vazio. Em quarto lugar, Boulanger, para interpretar o papel de "Boulanger", tem de ser reduzido a seu nome e a alguns poucos outros significantes concomitantes e igualmente imprecisos. Isso evidencia outra de nossas teses em plena operação: a tese lacaniana de acordo com a qual o nome fundamenta a unidade do objeto. Em quinto lugar, para que o nome desempenhe esse papel, ele tem de estar fortemente investido, isto é, tem de ser um objeto *a* (tem de constituir um objeto hegemônico). Assim, o papel do afeto é essencial.

Voltemos à nossa discussão prévia: não resta dúvida de que a experiência de Boulanger foi populista. No entanto, a alternativa descrita por Surel não estava aberta para ele como estaria para Berlusconi – situar-se entre a ordem institucional e a linguagem populista e usar esta como um instrumento político. Boulanger foi cada vez mais empurrado para fora da escolha institucional e sua única possibilidade de seguir adiante foi a de tornar-se o construtor de uma nova ordem – ele não podia simplesmente *representar o papel* de um subversivo. No caso dele, isso significava tomar o Élysée. No entanto, esse foi o passo que ele não ousou dar, e sua hesitação levou-o à queda. Só nos é possível especular sobre que tipo de ordem institucional teria resultado de um golpe bem-sucedido de Boulanger, mas uma coisa é certa: ele não poderia ter satisfeito *todas* as forças heterogêneas que constituíam sua coalizão. Os significantes vazios não poderiam ter permanecido inteiramente vazios. Precisariam associar-se a conteúdos mais precisos, a fim de construir uma nova ordem diferencial/ institucional. Embora essa transição não interrompa o jogo hegemônico – estão contados os dias de um regime que se torna impopular além de certo ponto –, é infinitamente mais fácil fazer escolhas quando alguém está no poder do que quando esse alguém está tentando tomá-lo.

No exemplo de Boulanger, entretanto, o ponto de condensação da cadeia de equivalência – o significante vazio – é fraco demais. Toda a experiência dele foi muito breve e conjuntural. Não houve tempo suficiente para que o significante "Boulanger" expressasse muito mais do que os caprichos pessoais do general. Assim, passemos para um caso em que a tentativa de criar o ponto de apoio de uma cadeia de equivalências se relacionou com uma experiência política mais profunda e extensa: o sistema de políticas alternativas abertas ao Partido Comunista Italiano (PCI) no fim da Segunda Guerra Mundial. Já me referi brevemente a essa questão e agora voltaremos a ela nos termos dos principais tópicos abordados neste capítulo. A alternativa assim se apresentou: ou o Partido Comunista, como partido da classe trabalhadora, tinha de se limitar a ser o representante dos interesses desta – e nesse caso teria sido um partido essencialmente trabalhista, um mero enclave no Norte industrial –, ou teria de se tornar o ponto de reagrupamento de uma massa largamente heterogênea, de tal modo que "classe trabalhadora" operaria como o centro metafórico de uma variedade de lutas que ultrapassariam constantemente determinada proveniência de classe. Uma alternativa não muito diferente surgiu na África do Sul nos anos que precederam o fim do *apartheid*, quando o cenário político foi ocupado por uma disputa cujos dois polos foram denominados, o que é muito interessante, "operaísta" [*workerist*] e "populista" [*populist*]. O debate italiano estava profundamente enraizado numa questão mais ampla: como constituir uma nação italiana. Foi a tarefa diante da qual todos os setores do país haviam fracassado desde a Idade Média, passando pelo Risorgimento e pelo fascismo, e foi a tarefa que, segundo Gramsci, o partido da classe trabalhadora – o Príncipe moderno – se destinava a realizar.

O que estava envolvido nessa tarefa? Criar hegemonicamente uma unidade – uma homogeneidade – a partir de uma irredutível heterogeneidade. Quando o líder comunista italiano Palmiro Togliatti escolheu a alternativa populista nos anos que se seguiram à Segunda Guerra, ele a descreveu inequivocamente: o "*partito nuovo*" tinha de levar adiante "as tarefas nacionais da classe trabalhadora", precisava ser o ponto de reagrupamento de uma multiplicidade de lutas e demandas dispersas. Aquilo que a pessoa de Boulanger representou para um momento fugaz da história da França agora seria encarnado por um partido ansioso por integrar-se a toda uma tradição italiana. A tarefa do partido consistia em constituir um "povo".

Podemos abordar a questão da alternativa italiana sob o ponto de vista de nossa distinção entre nomes e conceitos. Afirmar que o Partido Comunista, como o partido da classe trabalhadora, tinha de concentrar sua atividade no Norte industrial porque era ali que se encontrava a classe trabalhadora é dizer que havia um conteúdo conceitual na categoria "classe trabalhadora", mediante o qual reconhecemos alguns objetos no mundo. Nesse caso, nomeá-los não tem nenhuma função performativa; reconhece meramente o que esses objetos são. O nome é o meio transparente mediante o qual se apresenta algo apreensível conceitualmente. Nomear uma série de elementos *heterogêneos* como "classe trabalhadora" consiste em algo diferente: essa operação hegemônica constitui, *performativamente,* a unidade daqueles elementos, cuja fusão numa única unidade não é nada mais do que o resultado da operação de nomeação. O nome, o significante que possui – para evocar a expressão de Copjec – o "valor de seio do leite", constitui uma *singularidade histórica absoluta,* porque não existe correlato conceitual daquilo a que ele se refere.

É claro que isso sempre acontece, em certa medida, porque não existe conceito tão puro que não seja ultrapassado por alguns significados a ele associados apenas no plano conotativo. É inevitável que para pessoas de dois diferentes países o termo "classe trabalhadora" evoque diferentes tipos de associação. O problema fundamental, entretanto, é saber se esses significados associados serão apenas periféricos para um núcleo que permanecerá conceitualmente idêntico, e assim "universal", ou se eles contaminarão o momento da determinação conceitual, penetrarão em sua substância, de tal modo que no fim, passo a passo, o núcleo deixará de ser um conceito e se tornará um nome (um significante vazio, em nossa terminologia). Somente quando ocorrer esta última transformação poderemos falar de uma singularidade histórica. E quando isso acontece já não temos mais um agente setorial, tal como uma "classe": temos um "povo".

Foi esse, sem dúvida, o significado do projeto de Togliatti na década de 1940. Na visão dele, o partido tinha de intervir numa pluralidade de frentes democráticas (advogar uma pluralidade de demandas particulares, em nossos termos) e os levar a algum tipo de unidade (concebida, conforme sabemos, como uma unificação de equivalências). Desse modo, cada uma daquelas demandas isoladas se tornaria mais forte através das ligações que estabeleceria com outras demandas, e – o que é mais importante – todas teriam um novo acesso à esfera pública. Através da presença dessa nova constelação de demandas, a esfera pública se tornaria mais democrática e, devido à dispersão geográfica daquela constelação, verdadeiramente *nacional*. Isso possibilitaria transgredir a condução da política italiana por meio de um "acordo de cavalheiros" entre as facções locais do Norte e do Sul; isto é, tratava-se de uma questão de construir o "povo" como uma singularidade histórica.

A longa marcha de Mao Tse-tung era no plano político obviamente muito diferente do projeto de Togliatti; pode, no entanto, ser vista a partir da mesma perspectiva, na medida em que dizia respeito à construção do "povo". O mesmo se pode dizer da emergência do regime de Tito, na então Iugoslávia, após a guerra dos *partisans* e de algumas outras experiências políticas na tradição comunista. O importante a se ter em mente, porém, é que todas as tendências que se filiavam a essa tradição militavam na direção oposta, isto é, tendiam a subordinar todas as especificidades nacionais a um centro internacional e a uma tarefa universal, da qual os vários partidos comunistas eram meros soldados rasos. O Komintern foi a pior expressão dessa política esterilizante. O resultado é que não havia chance daqueles partidos se tornarem populistas. Longe de serem encorajados a constituir singularidades históricas por meio da articulação de demandas heterogêneas, eles foram concebidos como meras sucursais que tinham de aplicar automaticamente políticas planejadas a partir de um centro. Lembremos a decisão do Komintern relativa à "bolchevização" dos partidos comunistas na década de 1920. Independentemente das características nacionais, todos precisavam ter a mesma estrutura e as mesmas regras de funcionamento. Nessas condições, a constituição de um "povo" tornava-se impossível. Se líderes como Togliatti, Mao e Tito, cada um à sua maneira, conseguiram realizá-la, isso ocorreu porque eles distorciam constantemente as diretivas internacionais, ao mesmo tempo em que eram encarados com profundas suspeitas pelo "centro". Se a constituição de um "povo" significava passar do conceito para o nome, tínhamos ali o movimento oposto, passando do nome ao conceito: cada partido comunista devia ser tão idêntico quanto possível a todos os demais, e todos eles tinham de subordinar-se ao mesmo rótulo, inequivocamente definido. As pequenas seitas que, até mesmo hoje, se consideram seções locais de "Internacionais" imaginárias nada mais são do que a *reductio ad absurdum* dessa tendência antipopulista da tradição comunista.

Se o Partido Comunista Italiano (PCI) se deparou com limitações estruturais para tornar-se um movimento populista amplamente desenvolvido, em decorrência de sua inserção no movimento comunista internacional, tais limitações também foram reforçadas por outras influências. Em primeiro lugar, havia a Guerra Fria, que impôs limites definidos àquilo que poderia ser realizado na Europa Ocidental sob as bandeiras comunistas. A fronteira com a qual a coalizão governante conduzida pela Democracia Cristã (DC) dividiu o espectro político baseava-se precisamente na questão do "comunismo". Naquelas condições, o "comunismo" em seu aspecto italiano não podia ir além de certo ponto para se constituir como um significante vazio que unificasse uma singularidade histórica. A questão ideológica negava ao PCI acesso a uma pluralidade de setores cuja incorporação era vital para o sucesso do projeto de Togliatti. E os limites não eram somente externos: o PCI era afinal um partido de comunistas militantes, para quem uma ruptura total com a União Soviética teria sido impensável (quando, em 1956, o PCI defendeu a invasão soviética da Hungria, isso lhe custou boa parte do apoio nacional). Assim, a situação chegou a um impasse: a unificação do eleitorado cristão pela DC e a impossibilidade do único projeto verdadeiramente nacional, o do PCI, que transcendia seus limites internos e externos:

> O preço que a nação pagou por esse "confessionalismo de Estado" foi alto e levou a Constituição a apoiar apenas da boca para fora a democracia liberal e seus princípios social-democratas mais avançados, além da rejeição ao "antifascismo como ideologia constitutiva". Muito embora a Resistência [...] tivesse proporcionado parcialmente os valores nos quais uma identidade democrática poderia basear-se, os primeiros anos da República italiana rejeitaram enfaticamente a transformação do "mito fundador" – mesmo parcial – em um "veículo para uma identidade nacional renovada".[9]

Assim, o mesmo fracasso que o Risorgimento e o fascismo experimentaram ao tentarem constituir uma consciência nacional foi reproduzido, no período do pós-guerra, pela combinação de poder local corrupto e de confessionalismo, de parte da DC, e devido à inabilidade do único projeto verdadeiramente nacional – o do PCI – de avançar além de certo ponto em sua guerra de posição com o sistema existente. Vemos aqui a nítida diferença com o movimento boulangista. A brevidade deste, enquanto acontecimento político, permitiu que seus significantes unificadores operassem como se fossem quase inteiramente vazios – e na realidade os símbolos da Resistência na Itália funcionaram de modo não muito diferente durante os poucos meses que se seguiram à Libertação. No entanto, a construção de uma hegemonia de longo prazo é uma questão muito diferente: o processo de esvaziar alguns significantes centrais na criação de uma singularidade histórica sempre estará sujeito à pressão estrutural de forças que tentarão religá-los a seus significantes originais, de tal modo que qualquer hegemonia "em expansão" não irá muito longe. Limitar o escopo do movimento, partindo do conceito ao nome, é a própria essência de uma prática contra-hegemônica.

O fim do ciclo do confronto hegemônico no pós-guerra, na Itália, é algo bem conhecido. Após a crise econômica da década de 1970, que golpeou duramente os arranjos políticos de longo prazo, a década de 1980 introduziu um novo cenário, no qual velhas forças políticas somente poderiam sobreviver tornando-se novos atores históricos. Ninguém se mostrou capacitado para tanto. A centralidade da classe trabalhadora foi seriamente erodida pelo avanço de um setor terciário cujos valores e aspirações excediam o que o PCI podia conceber nos termos de sua antiga estratégia e o que a coalizão da DC, no governo, podia absorver com seus próprios métodos clientelistas. Ocorreu, assim, uma crise de representação que levou à derrocada de toda uma elite dominante. A coalizão no poder foi varrida após a operação *Mani Pulite* [Mãos Limpas], e o PCI, que em grande parte foi pouco atingido pela cruzada anticorrupção, mostrou-se incapaz de aproveitar-se da nova situação – ele ainda era muito dominado pelos fantasmas do passado. Naquela situação irrompeu todo um conjunto de novas forças selvagens.

O "povo" que o PCI tentou constituir era resolutamente "nacional". Ele foi concebido como sinônimo do processo de construção de um Estado nacional digno desse nome. O colapso do projeto comunista não conduziu a uma simples recaída no tradicional clientelismo local da DC porque surgiu uma variedade de novos elementos: uma transição geral rumo a uma sociedade mais secular, na qual declinou o poder da Igreja Católica; o desenvolvimento da mídia, especialmente da televisão, que criou um público nacional mais amplo; e, finalmente, a cruzada anticorrupção, que afetou todos os principais atores políticos[10] e erradicou virtualmente a totalidade da elite da Democracia Cristã. Naquelas circunstâncias, foram feitas várias tentativas locais de construir o "povo", no limite do que as cadeias de equivalências podiam articular. A década de 1980 testemunhou a emergência de várias "ligas": o Partido de Ação Sardo, a União Valdostana, o Partido do Povo do Tirol do Sul, ativo desde 1945, e especialmente a Liga Vêneta de Franco Rocchetta, que obteve inicialmente considerável sucesso eleitoral.

O fenômeno mais característico dos anos 1990, entretanto, foram as várias tentativas de Umberto Bossi no sentido de ampliar o alcance da Liga Lombarda, primeiramente do nível local ao nível regional e, mais tarde, ao nível nacional.[11] A Liga Lombarda começou em 1982 como mais um caso de política de fundo étnico. Foi inventada uma imaginária identidade *étnica* lombarda, oposta inicialmente às forças centralizadoras do Piemonte e, mais tarde, a Roma. Muito rapidamente, porém, Bossi se deu conta de que confinar-se ao mero localismo não lhe permitiria tornar-se um ator de relevo na política nacional, e, assim, seu passo seguinte foi proclamar o que ele denominou "federalismo étnico" (*etnofederalismo*): a tentativa de estender a cadeia de equivalências a todo o Norte da Itália, acolhendo em um único movimento todas as organizações locais do vale do Pó. Isso culminou, em 1989, na fundação da Liga Norte, que absorveu a maioria dos movimentos autonomistas do Norte da Itália sob a liderança de Bossi, bem como a hegemonia da Liga Lombarda. O ponto culminante daquela etapa foi a proclamação de uma nova "nação", a Padania. Muito cedo, porém, os limites daquela estratégia se tornaram óbvios. Por um lado, o agressivo discurso anti-Mezzogiorno [Sul da Itália] e anti-Estado central limitaram o impacto ideológico da Liga tanto no centro do país como no Sul e também entre os sulistas que viviam no Norte. Por outro lado, a Liga não podia contar com um apoio sólido, mesmo em sua base do Norte: a Forza Italia de Berlusconi e a Alleanza Nazionale de Gianfranco Fini[12] tornaram-se competidoras no mesmo terreno. Assim, quando Bossi se juntou à coalizão no poder durante o primeiro governo de Berlusconi, em 1984, a Liga havia atingido seus limites no que dizia respeito a um anti-institucionalismo populista e agressivo. Já não exigia o desaparecimento do Estado nacional e começou a encarar a aventura da Padania como um pecado de juventude. Os efeitos daquela ambivalência só poderiam enfraquecer a Liga, encurralada entre a participação institucional e a retórica anti-institucional.

Tudo isso se torna ainda mais claro quando passamos para os discursos com os quais a Liga tentou construir uma identidade popular. Como sabemos, qualquer fronteira política deriva seu significado do modo pelo qual se identifica o que está além dessa fronteira. E a Liga, longe de ter os compromissos políticos de longo prazo que podemos encontrar no projeto de Togliatti, demonstrou extrema labilidade: tudo mudava de acordo com suas táticas políticas imediatas:

> A identidade coletiva não se prende a uma ideologia, não se prende a uma classe, mas é puramente territorial. Frequentemente mais importante foram os componentes negativos: o inimigo, portador da "identidade negativa", um conceito negativo muitas vezes antropomorfizado. No início era simplesmente denominado "o Estado centralizador", porém gradualmente tornou-se mais específico, manifestando-se de tempos em tempos como: o sistema político de partidos (*partitocrazia*); o Estado de Bem-Estar Social e o Sul parasitário, a imigração, o crime e as drogas; quaisquer indivíduos e grupos que fossem, em qualquer sentido, diferentes ou marginais; a imprensa, o Judiciário e todos os outros grupos que, de uma maneira ou outra, fossem vistos como parte do sistema moribundo. Assim, a Liga estava elaborando uma clara "teoria do inimigo".[13]

A Liga tinha de fato uma "teoria do inimigo": seu problema era sua incapacidade de identificar esse inimigo de uma maneira precisa. Seus membros sustentavam a ideia de que, para que ocorresse uma mudança radical, o campo social precisaria ser dividido em dois campos contrapostos, mas eles não sabiam em que base essa divisão se daria. A oposição abstrata ao *status quo* foi o fundamento de seu discurso radical, mas eles não sabiam determinar os limites desse *status quo*. O último estágio nessa indeterminação ao designar os inimigos foi a tradução de todos os valores territoriais em valores intersetoriais: "o público *versus* o privado, o coletivo *versus* valores individuais, o conservadorismo *versus* a renovação, a intervenção estatal *versus* a livre empresa".[14] Assim, o abandono dos laços territoriais aconteceu a partir de um discurso de direita, cuja falta de referência concreta significava que ele era definitivamente mais universal. Tratava-se, porém, de uma universalidade vazia: não havia produção de significantes vazios, mas uma vacuidade imprecisa, na qual a incerteza sobre pontos de ancoragem gerou uma indeterminação que era qualquer coisa, exceto hegemônica.

> Toda a história da Liga a partir daquele ponto pode ser vista como a ligação de todo objeto, todo recurso, todo discurso político a interesses materiais que são transformados continuamente em valores. Os interesses produzidos pela sociedade capitalista – a forma natural de organização social da Liga – constituem valores em si e também são valores na medida em que outras entidades querem destruí-los: o Estado e o Tesouro. A adoção do liberalismo econômico e a supremacia incontestável do setor privado como *locus* da produção e da eficiência tornaram-se o passo necessário.[15]

O fracasso da Liga em transformar-se numa força nacional está na raiz da falta de sucesso em se tornar um partido verdadeiramente populista. Bouillaud[16] assinalou que fracassaram todas as suas tentativas de vir a ser a força hegemônica da tendência anti-institucional da década de 1990, pois a Liga tinha de aceitar o papel de protagonismo das duas outras forças que constituíam a aliança de Berlusconi. Autores como Biorcio e Diamanti[17] insistiram no caráter populista da Liga mas restringiram esse caráter à sua fase anterior, regionalista. Tentativas posteriores de se dirigir ao país inteiro mediante uma série de cruzadas contra o Estado central, a pressão fiscal, a *partitocrazia* e finalmente os imigrantes – os muçulmanos, em particular – foram notavelmente malsucedidas. Os motivos são relativamente claros: por um lado, embora a Liga jamais se tornasse um partido centrado num único problema,[18] suas campanhas foram virulentas demais e moveram-se como um caleidoscópio, sem transição de um foco para outro; após a crise institucional da década de 1990, o sistema político italiano conseguiu reconstruir um certo equilíbrio – em nossos termos: a lógica das diferenças tornou-se novamente operativa e limitou as possibilidades de dividir, em termos de equivalência, o campo social em dois campos antagonistas. Isso deixou menos espaço para uma política pura de construção de um inimigo total. Desse ponto de vista, a evolução política de Berlusconi é característica.[19] Como Surel assinala, há em sua carreira um movimento distanciado do populismo e uma progressiva "normalização" e cooptação de suas forças por um sistema político parcialmente reconstituído. Em 1994, seu discurso político era muito heterogêneo. Nele, o populismo certamente estava presente, enfatizando sua exterioridade ante a desacreditada classe política, mas havia também outros componentes, tais como o anticomunismo, parcialmente investido de conotações populistas, a afirmação do liberalismo econômico e do conservadorismo social. Entretanto, na série de tensões que levaram à queda de seu primeiro governo, o populismo permanece como o componente progressivamente central. Por um lado, o anticomunismo perde seu significado depois que o PCI se transforma no Partito Democratico della Sinistra; por outro lado, o liberalismo econômico entra em colisão com o programa econômico e social de Bossi e com o estatismo da Alleanza Nazionale. Isso deixa Berlusconi desprovido de raízes sólidas no sistema. "Berlusconi, uma vez privado de seus adornos anticomunistas, liberais e conservadores, só pode encontrar apoio em um discurso simplista, de forte conotação populista, que denuncia as instituições judiciais e os atores políticos tradicionais, descritos como coveiros do regime e traidores da vontade popular."[20] Entretanto, nos anos subsequentes, inicia-se o movimento em direção à "normalização" (nossa lógica de diferença). Surel enumera três mudanças básicas: primeiro, o liberalismo econômico desempenha um papel cada vez mais central na imagem que Berlusconi propaga de si mesmo – ele se compara a Thatcher, Blair e Aznar; segundo, a Forza Italia se converte, até certo ponto, em um partido normal no que diz respeito a seu funcionamento interno – deixa de ser uma formação puramente *ad hoc* controlada a partir da empresa privada Fininvest; terceiro, a aliança entre os três componentes da coalizão torna-se mais sólida e mais integrada ao sistema partidário. A partir deste ponto, os elementos populistas, embora parcialmente mantidos nas campanhas eleitorais, tendem a desaparecer. As lógicas de equivalência selvagens deixam de ser o amálgama ideológico da coalizão.

Tiremos algumas conclusões teóricas mais gerais de nossa análise. O interesse do exemplo italiano está no fato de que a Itália era o sistema político menos integrado da Europa Ocidental, aquele no qual o Estado nacional era menos capaz de conferir hegemonia aos vários aspectos da vida social. Numa tal situação a comunidade não podia ser considerada uma garantia, e as demandas sociais podiam ser absorvidas apenas imperfeitamente pelo aparato estatal central. Naquelas circunstâncias, a construção de um "povo" tinha fundamental importância; a tentação populista nunca estava distante. A "nação" e a "região" como limites da comunidade foram dois projetos sucessivos fundamentados na expansão da lógica de equivalência. No entanto, nenhum dos dois conseguiu tornar-se o princípio da reconstrução da comunidade. No momento em que este livro foi escrito (2004), diante do instável equilíbrio entre a lógica de diferença e a lógica de equivalência, é a primeira que parece estar se impondo na Itália. Isso confirma a descrição de Surel do populismo como um arsenal de instrumentos retóricos (significantes flutuantes), que podem prestar-se aos mais disparatados usos ideológicos. Aqui, é preciso estabelecer uma distinção fundamental. O fato de que o significado político desses significantes flutuantes depende inteiramente de articulações conjunturais não significa necessariamente que seu uso envolva uma manipulação puramente cínica ou instrumental por parte dos políticos. Esta poderia ser uma boa descrição da *cosa nostra* de Berlusconi, mas não constitui uma característica definidora do populismo como tal. Pessoas como Mao, De Gaulle ou Vargas – que pagou com a vida suas convicções – acreditavam profundamente em suas próprias interpelações. O que podemos dizer, como regra geral, é que quanto mais as interpelações populistas desempenham o papel de significantes vazios, quanto mais conseguem unificar a comunidade no plano das equivalências, mais elas se tornam o objeto de um investimento radical. E, obviamente, não existe nada de superficial nisto. Inversamente, quando temos uma sociedade altamente institucionalizada, a lógica de equivalência dispõe de menos espaço para operar. Como resultado, a retórica populista torna-se uma espécie de mercadoria desprovida de qualquer tipo de profundidade hegemônica. Nesse caso, o populismo torna-se quase um sinônimo de demagogia barata.

Há uma questão a mais que devemos abordar. Decorre de nossas análises que o ponto de união na constituição do "povo" permanece indefinido em grande parte. Podemos ter um populismo do Estado nacional, seguindo o modelo jacobino, um populismo regional, um etnopopulismo etc. Em todos esses exemplos a lógica de equivalência pode ser igualmente operativa, mas os significantes centrais que unificam a cadeia de equivalências, aqueles que constituem a singularidade histórica, serão fundamentalmente diferentes. Na América Latina, por exemplo, os movimentos populistas foram essencialmente populismos de Estado, tentando reforçar o papel do Estado central contra as oligarquias latifundiárias. Por esse motivo, foram sobretudo movimentos urbanos, associados às classes médias e populares em ascensão no período de 1910 a 1950. A emergência desse populismo ocorreu em dois estágios. Inicialmente, a distância entre as demandas democráticas e as formas do Estado liberal não era muito grande. O liberalismo tinha sido o regime típico estabelecido pelas oligarquias dirigentes na maioria dos países latino-americanos após o período de anarquia e de guerras civis que se seguiram à independência. Um sistema eleitoral controlado pelos senhores de terra locais, nas regiões rurais, a que seria preciso acrescentar os setores urbanos incipientes, igualmente controlados através de redes clientelistas, foi a fórmula política que presidiu o desenvolvimento econômico e a integração da América Latina ao mercado mundial durante a segunda metade do século XIX. No entanto, o desenvolvimento econômico acarretou uma rápida urbanização e a expansão das classes médias e baixas que, na virada do século XIX e no começo do século XX – o período varia de um país a outro –, começaram a reivindicar políticas redistributivas e maior participação política. Assim, emergiu um típico cenário político populista: o acúmulo de demandas não atendidas que se cristalizaram em torno dos nomes de líderes populares e um antigo sistema clientelista que resistiu a qualquer ampliação política importante. De início, porém, as demandas democráticas e o liberalismo não se opunham: as demandas se referiam a uma democratização interna dos sistemas liberais. Várias gerações de reformistas políticos democráticos surgiram nesse contexto: Hipólito Irigoyen na Argentina, José Battle y Ordoñez no Uruguai, Francisco Madero no México, Arturo Alessandri Palma no Chile, Ruy Barbosa no Brasil. Em alguns casos, as reformas podiam ocorrer no marco do Estado liberal. Isso aconteceu com o governo do Partido Radical na Argentina entre 1916 e 1930, e no Uruguai, com a reformulação do Estado pelo Partido Colorado sob a liderança de Battle. Em outros casos, porém, a resistência aos grupos oligárquicos era forte demais, e o processo de reformas democráticas exigia uma drástica mudança de regime. Foi o que aconteceu no Chile com o governo de Arturo Alessandri Palma na década de 1920: bloqueado pelas forças conservadoras, seu programa democrático foi implementado pela ditadura populista do general Carlos Ibáñez.

Após a Depressão do início da década de 1930, o populismo latino-americano tornou-se mais radical. O potencial redistributivo dos Estados liberais-oligárquicos foi drasticamente limitado pela crise, e os sistemas políticos se tornaram cada vez mais incapazes de absorver as demandas democráticas. Isso levou a um profundo abismo entre o liberalismo e a democracia, que dominaria a política latino-americana durante os 25 anos seguintes. Vargas e o Estado Novo no Brasil, o peronismo na Argentina e o governo do Movimiento Nacional Revolucionario na Bolívia implementariam programas redistributivos e reformas democráticas sob regimes políticos claramente antiliberais e em alguns casos declaradamente ditatoriais. É importante enfatizar que em todos os exemplos o "povo", constituído através da mobilização associada a esses regimes, possuía forte componente *estatista*. A construção de um Estado *nacional* forte, em oposição ao poder oligárquico local, foi a marca registrada daquele populismo.

Se passarmos agora aos populismos do Leste Europeu, nós nos depararemos com uma situação que, em grande parte, é o oposto da América Latina.[21] Vimos que nos populismos da América Latina predominava um discurso estatista de direitos e de cidadania,[22] ao passo que aquilo que encontramos no Leste Europeu é um populismo *étnico*, que tenta realçar o particularismo dos valores nacionais de comunidades específicas. É claro que a dimensão estatista não está inteiramente ausente, já que há claras tentativas de constituir Estados nacionais, mas essa construção começa, na maioria dos casos, a partir da afirmação da especificidade de um grupo cultural localmente definido, que tende a excluir ou a diminuir drasticamente os direitos de outras minorias étnicas. Em 1914, no Parlamento húngaro, por exemplo, das 413 cadeiras, 407 eram ocupadas por magiares, enquanto os croatas ou eslovacos estavam pouquíssimo representados.[23] Embora a declaração revolucionária de 1849, relativa ao direito de a Hungria se tornar um Estado independente, não reconhecesse distinções nacionais entre coletividades étnicas, na prática isso implicou sujeitar todas as outras coletividades à hegemonia magiar. Do mesmo modo, o povo "kemalista" – Kemal Atatürk (1881-1938), presidente da Turquia, afirmava que seu princípio era o "populismo" – constituía supostamente uma entidade homogênea sem divisões internas, mas na realidade ele foi cada vez mais identificado com o nacionalismo turco, sem qualquer particular consideração pela situação dos armênios, gregos ou cristãos orientais:

> Naquelas condições o "povo" kemalista foi transformado numa comunidade cultural homogênea constituída, de acordo com Atatürk, "por aqueles camponeses, comerciantes e trabalhadores que estão me ouvindo". Não foi à toa que o chamaram de "Pai dos Turcos", ainda que ocultasse o fato de estar dividido, no nível das

palavras, entre um populismo étnico e um populismo cívico, o qual talvez acreditasse compensar o populismo étnico que suas ações tornavam transparente.[24]

A existência de grandes minorias em inúmeros países do Leste Europeu significou que um discurso puramente universalista foi, em muitos casos, uma farsa completa e simplesmente ocultou a concentração *de facto* do poder no grupo étnico dominante.

É importante examinar como se iniciou esse processo de formação de uma identidade cultural étnica. O fato decisivo é que, naquelas sociedades, as fronteiras dos Estados sempre foram particularmente instáveis e durante a maior parte de sua história estiveram sujeitas aos poderes que as ocupavam. Naquelas circunstâncias, a identificação com o Estado era fraca, e a pertença a uma comunidade cultural tendeu a se tornar decisiva.

> Em todos os casos, a secular manutenção da identidade dos povos da Europa Central e Oriental frente a governantes que, mais do que senhores, eram ocupantes estrangeiros, dificilmente necessitava de qualquer respaldo intelectual, pois se baseava na evidência direta, espontânea e quase instintiva de uma absoluta oposição a eles. Desse sentimento de uma forte diferença nasceu uma autoconsciência que só poderia ser "demótica", pois não poderia nem apelar ao Estado dos opressores nem ao – inexistente – Estado dos oprimidos. Portanto, foi uma consciência baseada na língua comum, na religião ancestral, na ligação com a terra, em sofrimentos e maus tratos compartilhados, bem como nas condições comuns de vida, que ultrapassavam os limites da aldeia ou da vizinhança para espalhar-se, de modo confuso, por um grupo étnico inteiro.[25]

A elaboração intelectual de uma consciência comunitária – a invenção de um passado mítico – ocorreu ao longo de vários séculos. No início ela foi da competência dos sacerdotes, bem conectados às condições locais cuja rede eclesiástica era o único tipo de instituição com a qual o povo podia identificar-se. Entretanto, ao longo dos dois últimos séculos, a contribuição dos intelectuais seculares tornou-se essencial. Hermet reconhece três momentos nesse processo. Em uma primeira etapa, tivemos elites desligadas da política, que tentavam resgatar os valores da produção artística e literária local no contexto do Império Austro-Húngaro. Em uma segunda etapa, o movimento espalhou-se por círculos burgueses mais amplos, que se tornaram cada vez menos ligados à hegemonia cultural da Áustria e tentaram defender sua língua nativa. Finalmente, a influência daquelas tendências étnicas nacionalistas se estendeu aos setores mais modestos; foi então que ela adquiriu conotações políticas e se associou a um programa nacionalista e populista.

Essa última transição implicou a submissão dos significantes de uma pertença comunitária a todas as pressões inerentes a uma luta hegemônica – por um lado elas foram vinculadas a uma série de formas antagônicas com o processo de construção do Estado; por outro, seu impacto de equivalência dependeu fortemente do modo de construção do inimigo ë dos objetivos ideológicos de sua convocatória. Em alguns casos o populismo esteve ligado ao projeto de construção de Estados liberais de tipo ocidental, mas na maioria deles sua presença ideológica foi associada a tentativas xenófobas de opor vizinhos imediatos e excluir as minorias internas. Houve, também, constante oscilação entre a direita e a esquerda. Na Romênia, por exemplo, temos um movimento ideológico em zigue-zague, em que os significantes populistas foram articulados das maneiras mais contraditórias após o estabelecimento do país como uma entidade autônoma em 1858. Lá houve o populismo agrário do príncipe Alexandru Cuza, em oposição ao poder dos grandes latifundiários; houve, na direção oposta, a tentativa do príncipe Karl Hohenzollern-Sigmaringen [mais tarde rei Carol I] no sentido de estabelecer um regime que favorecesse aqueles latifundiários, mas que era igualmente populista em sua simbologia; os governos do marechal Alexandru Averescu de 1920 a 1921 e de 1926 a 1927, que tentaram unir os estratos sociais mais disparatados; o populismo monarquista do rei Carol II; e, finalmente, a tomada do poder pelo marechal Antonescu e sua Guarda de Ferro, que tinham uma definida orientação pró-fascista. Em todos esses exemplos o mesmo conjunto de significantes centrais migrou de um projeto político para o outro. Sua própria vacuidade possibilitou o processo de migração. Lembremos que o regime comunista de Nicolae Ceausescu recorreu, com relativamente poucas alterações, àqueles significantes populistas. Sua própria autonomia tornou possível uma ampla oscilação entre constelações ideológicas (para dar um exemplo a mais: pensemos nas inversões ideológicas de um líder como Joseph Pilsudski, na Polônia). No entanto, os significantes populistas podem ser igualmente associados a uma orientação de esquerda: basta evocar as tentativas de reforma agrária dos governos de Alexander Stambolijski na Bulgária da década de 1920.

O verdadeiro interesse da experiência dos países do Leste Europeu é que ela mostra, quase em *status nascens*, uma característica da emergência de um "povo" sobre o qual ainda não discuti adequadamente. Todos os casos a que me referi diziam respeito à construção de uma fronteira *interna* numa *determinada* sociedade. No caso do "etnopopulismo", temos uma tentativa de estabelecer os próprios limites da comunidade, o que envolve uma série de consequências. A primeira delas é que a vacuidade dos significantes que constituem o "povo" é drasticamente limitada desde o início. Os significantes que unificam o espaço comunitário são rigidamente ligados a significados precisos. Como sabemos, a vacuidade é condição para que haja expansão indefinida de uma cadeia de equivalências. Isso pressupõe a divisão interna do campo social, mas aqui essa divisão pode ser cancelada: não existe *plebs* reivindicando ser um *populus,* porque *plebs* e *populus* se sobrepõem de maneira exata. O "outro" oposto é externo e não interno para a comunidade. O princípio étnico estabelece desde o começo quais elementos podem ingressar na cadeia de equivalência. Para o etnopopulismo não existe possibilidade de pluralismo. As minorias podem existir em um território delimitado, mas a marginalidade tem de ser sua condição permanente, uma vez que o princípio étnico definiu os limites do espaço comunitário. A "limpeza" de populações inteiras sempre é uma possibilidade latente tão logo a construção discursiva da comunidade proceda seguindo linhas puramente étnicas. E as inclinações autoritárias dessa lógica política são evidentes: desde que o outro lado da cadeia de equivalência esteja fora da comunidade, esta pode confiar somente numa lógica diferencial como seu próprio princípio de organização. Uma tendência à uniformidade política é a consequência necessária.

Um bom exemplo é a desintegração da Iugoslávia contemporânea.[26] O projeto de Tito após a Segunda Guerra Mundial foi reforçar uma identidade iugoslava, ao mesmo tempo em que concedia às várias repúblicas considerável grau de autonomia – uma autonomia que foi reforçada por uma sucessão de revisões constitucionais. Se essa dupla operação tivesse sido bem-sucedida, teríamos uma relação de equivalência entre várias identidades nacionais e uma forte ligação com um Estado federal. Na realidade, o processo seguiu na direção oposta e as tendências centrífugas prevaleceram progressivamente. Essas tendências se aceleraram após a morte de Tito e levaram à emergência daquilo que Spyros Sofos denominou "nacionalismos populistas". Na Sérvia, a ascensão de Slobodan Miloševič ocorreu no contexto de uma onda nacionalista em torno do sonho de uma "grande Sérvia" e o levante contra a presença albanesa em Kosovo,[27] que levou a Sérvia a uma rota de colisão com outras repúblicas. Igualmente, na Croácia a possibilidade de uma sociedade multiétnica foi solapada desde o início e substituída por uma tentativa, em grande parte bem-sucedida, de criar uma sociedade etnicamente unificada.

> Desde a independência, o nacionalismo croata tem sido uma característica central da vida social e política na sociedade croata [...]. A fusão do nacionalismo com a ideologia de círculos conservadores da Igreja Católica levou também à emergência de um poderoso movimento *majoritário social nacionalista* que, em nome da nação, tem se empenhado sistematicamente em estabelecer uma sociedade "moralmente saudável", na qual o interesse nacional prevaleça sobre interesses e direitos setoriais e individuais. Apoiando-se basicamente nessa composição social e política, a elite política no poder tem conseguido suprimir demandas de democratização e manter seu controle sobre o Estado, a economia e os meios de comunicação de massa.[28]

Na Bósnia-Herzegovina o problema foi particularmente complexo porque, de acordo com o recenseamento de 1991, a população do país era formada por 43,7% de muçulmanos, 31,4% de sérvios, 17,3% de croatas e 5,5% de iugoslavos. O resultado foi que o espectro político se dividiu por linhas étnicas e a guerra se tornou inevitável. Os nacionalistas sérvios, liderados por Vojslav Šešelj, se entregaram a atividades terroristas nas regiões rurais; o HOS, partido croata ultranacionalista, exigiu a anexação da Bósnia à Croácia; o Partido Muçulmano de Ação Democrática, liderado por Aliji Izetbegovic, teve uma atitude igualmente intransigente em relação a grupos étnicos não muçulmanos.

É preciso acrescentar uma última conclusão à nossa análise. É importante nos darmos conta de que um universalismo abstrato não tem como única contrapartida o tipo de populismo étnico que acabamos de descrever. Tudo depende dos elos que compõem a cadeia de equivalências, e não há motivos para supor que todos eles tenham de pertencer a um grupo étnico homogêneo. É perfeitamente possível constituir um "povo" de tal modo que muitas das demandas de uma identidade mais global sejam "universais" em seu conteúdo e perpassem uma pluralidade de identidades étnicas. Quando isso acontece, os significantes que unem a cadeia de equivalências serão necessariamente mais vazios e menos ligados a comunidades particulares – étnicas ou de qualquer outro tipo. Penso que esse é o problema a que Jürgen Habermas se refere quando fala de "patriotismo constitucional":

> A substância ética de um patriotismo constitucional não pode desligar-se da neutralidade de um sistema legal frente a comunidades que são etnicamente integradas em nível subpolítico. Precisa aguçar a sensibilidade em relação à diversidade e integridade das diferentes formas de vida que coexistem em uma sociedade multicultural. É fundamental manter essa distinção entre os dois níveis de integração. Se elas se unificam em um único nível, a cultura majoritária usurpará as prerrogativas do Estado às custas da igualdade de direitos de outras formas culturais da vida e violará suas reivindi-

> cações ao reconhecimento mútuo. A neutralidade da lei perante as diferenciações étnicas internas deriva do fato de que, nas sociedades complexas, a cidadania como um todo já não pode mais se manter unida por um consenso substancial sobre valores, mas unicamente por um consenso sobre os procedimentos que objetivem a legítima promulgação das leis e o exercício legítimo do poder.[29]

Embora eu concorde com Habermas sobre a necessidade de separar os dois níveis a que ele se refere, não acredito que a distinção possa ser expressa em termos de uma oposição entre valores substantivos e de procedimento, entre outros motivos porque, para aceitar alguns procedimentos como legítimos, tenho de compartilhar alguns valores substanciais com outras pessoas. A verdadeira pergunta deveria ser: quais valores substantivos as pessoas deveriam compartilhar para que a distinção entre os dois níveis, estabelecida por Habermas, seja possível? Já comecei a responder a essa pergunta: nas sociedades contemporâneas não temos simplesmente a justaposição de grupos étnicos culturais separados; temos também múltiplos eus, pessoas que constituem suas identidades numa pluralidade de posições de sujeito. Desse modo, demandas com diferentes graus de universalidade podem ingressar na mesma cadeia de equivalências, e pode surgir algum tipo de universalidade hegemônica. Essa universalização, entretanto, é composta de reivindicações *tanto* substantivas *como* de procedimento.

8. Obstáculos e limites à construção do "povo"

Uma conclusão a se tirar de toda nossa análise é que não há nada de automático sobre a emergência de um "povo". Ao contrário, ela é o resultado de um complexo processo de construção que, entre outras possibilidades, pode não alcançar seu objetivo. As razões para isso são claras: as identidades políticas são o resultado da articulação – ou seja, da tensão – das lógicas opostas da equivalência e da diferença, e o simples fato de que o equilíbrio entre essas lógicas seja rompido pelo predomínio, além de certo ponto, de um dos dois polos é suficiente para fazer com que o "povo" se desintegre como ator político. Se a diferenciação institucional for por demais dominante, a homogeneização de equivalências que as identidades populares requerem como precondição de sua constituição torna-se impossível. Se prevalecer a heterogeneidade social, que, como vimos, é outra forma de diferenciação, não haverá possibilidade de estabelecer uma cadeia de equivalências. É igualmente importante nos darmos conta de que uma equivalência *total* também impossibilitaria a emergência do "povo" como ator coletivo. Uma equivalência que fosse total deixaria de ser equivalência e se converteria em mera identidade: não seria mais uma cadeia, mas uma massa homogênea, indiferenciada. Esta é a única situação contemplada pelos primeiros psicólogos das massas, à qual eles assimilaram erroneamente todas as formas de mobilização popular.

A conclusão a se tirar de tudo isso é que a construção de um "povo" pode fracassar facilmente. Agora discutirei três experiências que ilustram algumas possibilidades às quais acabo de me referir.

DA PLATAFORMA DE OMAHA À DERROTA ELEITORAL DE 1896[1]

O Partido do Povo, nos Estados Unidos, começou suas atividades no início de 1892 em Saint Louis. Suas propostas, mais tarde reproduzidas quase literalmente na plataforma de Omaha de julho do mesmo ano, tentaram descrever o mal-estar da sociedade americana e os grandes delineamentos da coalizão que remediaria aquele estado de coisas:

> Reunimo-nos em meio a uma nação que se encontra à beira de uma ruína moral, política e material. A corrupção domina as eleições, as legislaturas, o Congresso, e chega até mesmo a atingir a toga da magistratura. As pessoas estão desmoralizadas. Muitos dos Estados foram obrigados a isolar os eleitores nos locais de votação, a fim de impedir a intimidação ou a compra de votos. Os jornais são subsidiados ou amordaçados, a opinião pública é silenciada, as empresas estão prostradas, as hipotecas sufocam nossos lares, a mão de obra empobreceu e a terra se concentra nas mãos dos capitalistas. É negado ao trabalhador urbano o direito de organização tendo em vista a autoproteção; a mão de obra importada e empobrecida deprime seus salários; um exército mercenário, não reconhecido por nossas leis, foi organizado para reprimir os trabalhadores e eles estão degenerando rapidamente, vivendo em condições semelhantes às que se observam na Europa. O fruto da labuta de milhões é ousadamente roubado para construir fortunas colossais, sem precedentes na história mundial, enquanto seus possuidores desprezam a república e põem a liberdade em perigo. No mesmo ventre prolífico da injustiça governamental foram geradas duas grandes classes: os pobres e os milionários. O poder nacio-

> nal de criar dinheiro é apropriado para enriquecer detentores de bonificações; a prata, aceita como moeda desde os primórdios da história, foi desmonetarizada para aumentar o poder de compra do ouro, diminuindo o valor de todas as formas de propriedade bem como do trabalho humano; o suprimento monetário é limitado propositalmente com a finalidade de engordar os usurários, levar as empresas à falência e escravizar a indústria. Uma vasta conspiração contra a humanidade foi organizada em dois continentes e está se apoderando do mundo. Se não for enfrentada e derrotada imediatamente, ela prenuncia terríveis convulsões sociais, a destruição da civilização ou o estabelecimento de um despotismo absoluto.[2]

Seguiu-se uma série de reivindicações, que incluía a democratização monetária, a redistribuição da terra, a nacionalização do sistema de transporte, a cunhagem ilimitada da prata, o controle das formas de utilização dos impostos e a exigência de que a telefonia, o telégrafo e o sistema postal ficassem nas mãos do governo.

Assim, a intenção era implantar uma dicotomia populista do espaço social em dois campos antagônicos. Esse objetivo seria alcançado pela criação de um terceiro partido, que romperia com o modelo bipartidário da política americana. Do ponto de vista dos agricultores, espinha dorsal do movimento populista, a ideia de um Partido do Povo foi a culminação de um longo processo que remontava à Farmers' Alliance [Aliança dos Agricultores],* da década de 1870, quando várias mobilizações e projetos cooperativistas foram iniciados, mas sem sucesso duradouro. Ficou cada vez mais claro para os agricultores que qualquer passo adiante na promoção de sua causa exigiria um envolvimento político direto (uma

* Ver nota à página 291.

ação cuja possibilidade despontou lentamente em suas mentes e que muitos deles aceitaram com pouco entusiasmo). Isso, entretanto, envolvia entrar em território inexplorado. Exigia que o caráter setorial de suas reivindicações não tivesse tanto relevo e que se deveria construir uma cadeia de equivalências maior e mais complexa, caso o "povo", enquanto novo ator coletivo, devesse emergir no espaço da política nacional. Houve, é claro, tentativas anteriores de formar um terceiro partido na política americana.

> Durante duas décadas, críticos dos democratas e dos republicanos vinham contestando as eleições nacionais, estaduais e locais, empunhando uma diversidade de lemas: proibição, papel moeda, antimonopólio, reforma trabalhista, sindicalismo, trabalhadores, além de centenas de partidos locais e estaduais independentes cujo nome denunciava o repúdio às regras do jogo eleitoral. Políticos solidamente estabelecidos haviam se acostumado a lançar mão de quaisquer armas linguísticas e legais de que necessitassem – o ridículo, a repressão, a cooptação – para esmagar aqueles desafiadores desarticulados, mas persistentes e rebeldes.[3]

O Partido do Povo, entretanto, aspirava a ir além do caráter setorial, local ou centrado em questões precisas daquelas primeiras tentativas e a construir uma linguagem política verdadeiramente nacional.

Embora o espaço de um novo confronto global com os poderes existentes fosse um território inexplorado para os populistas, não era um terreno virgem. Desde o período que antecedeu a Guerra Civil, já existia toda uma tradição de defesa populista do homem humilde ou comum [*small man*] contra uma oligarquia financeira corrupta, sobretudo como parte da herança ideológica de Jefferson e de Jackson. A separação do homem comum daqueles que estavam nas altas esferas do poder foi o *leitmotiv* constante daquela tradição, embora a caracterização da elite depreciada variasse de uma versão para outra.

> Para os seguidores de Jefferson, ela consistia numa facção pró-britânica formada por comerciantes, senhores de terras e clérigos conservadores; para os adeptos de Jackson, era o "poder financeiro", dirigido por cosmopolitas bem nascidos. Para os ativistas do novo Partido Republicano da década de 1850, era o "poder escravista" do Sul que limitava as liberdades civis e diminuía os ganhos dos brancos do Norte.[4]

Assim, a tarefa dos populistas da década de 1890 consistia em aprofundar essa tradição e a reformular em termos do novo contexto em que eles estavam operando.

A situação que o Partido do Povo enfrentava tinha todos os componentes que enumeramos como típicos do rumo populista da política: ampla insatisfação com o *status quo* existente, constituição incipiente de uma cadeia de equivalências de demandas centrada em alguns poucos símbolos altamente investidos, um crescente desafio ao sistema político como um todo. No entanto, conforme vimos, uma cadeia de equivalências é feita de elos que se dividem entre o particularismo das demandas que eles representam e um significado mais "universal", proporcionado por sua comum oposição ao *status quo*. Todo o sucesso da operação populista depende de fazer com que o momento universalista prevaleça sobre o momento particularista. Isso, porém, estava muito longe de ser algo tranquilo:

A nascente coalizão de produtores em que os populistas baseavam suas esperanças era um amálgama instável de grupos sociais e de organizações políticas, cujas prioridades colidiam. Pequenos agricultores, preocupados devido às suas dívidas, queriam que fosse incrementada a oferta de dinheiro, ao passo que os trabalhadores urbanos temiam uma alta dos preços dos alimentos e aluguéis. Os proibicionistas e os reformadores financeiros se opunham ao grande capital, mas divergiam sobre quais eram seus principais pecados – o tráfico das bebidas alcoólicas ou a restrição do crédito. As vozes socialistas, com toda sua variedade – cristã, marxista e bellamyta –,* enfrentavam dificuldades com os rebeldes sindicalistas e agrários, que afirmavam sua fé na propriedade privada e na maleabilidade da estrutura de classes. O facciosismo foi uma característica perene da reforma política naqueles anos e só em 1892 a maior parte dos grupos deixou de querer impor suas panaceias, o tempo suficiente para que se unissem em torno de um terceiro partido.[5]

Superar o facciosismo implicava elaborar uma linguagem comum e neutralizar as tendências centrífugas em direção ao particularismo. Essas tendências podiam ser de dois tipos. Em primeiro lugar, existiam setores que eram heterogêneos em relação ao principal espaço da representação política (no sentido que atribuí à categoria da heterogeneidade no capítulo 5, "Significantes flutuantes e heterogeneidade social"). A população negra era proeminente nesses

* A corrente bellamyta liga-se a dois personagens da história intelectual e política norte-americana: o escritor Edward Bellamy (1850-1898), autor do romance *Looking Backward 2000* (editado em português como *Daqui a cem anos. Revendo o futuro*), e seu primo, o pastor batista de ideias socialistas Francis Julius Bellamy, que em 1892 escreveu um juramento à bandeira americana conhecido como "Pledge of Allegiance". [N.E.]

setores. A maioria dos populistas não questionava o dogma da supremacia branca. A maneira pragmática de lidar com a questão foi eliminar qualquer ideia de uma ordem birracial e apelar aos negros apenas em questões que envolvessem interesses econômicos compartilhados. Não é de se estranhar, então, que a receptividade da população negra àquela abertura não fosse entusiástica:

> Os populistas continuavam a presumir, como seus antecessores jeffersonianos e jacksonianos, que a "gente comum" era a que tinha pele branca e uma tradição de posse da terra ou de exercício de um ofício. Não foi de surpreender que a maioria dos negros não aceitasse o limitado oferecimento dos populistas e, em vez disso, votasse, onde ainda tinha permissão de fazê-lo, ou no partido de Lincoln ou no dos proprietários de terras que haviam sido seus senhores.[6]

Devemos acrescentar que essa ambiguidade em relação aos negros não existia em relação aos imigrantes asiáticos: estes foram categórica e inflexivelmente excluídos. A literatura produzida pelos Knights of Labor [Cavalheiros do Trabalho] e pela Farmers' Alliance [Aliança dos Agricultores]* é repleta de referências pejorativas aos "asiáticos" e "mongóis".

À parte esses setores, incluídos na categoria geral de "heterogêneos", havia também aqueles que o discurso populista tentou interpelar, mas cujo particularismo diferencial resistiu a sua integração à cruzada populista. O relacionamento entre o Partido do

* Knights of Labor foi a principal organização norte-americana de operários das décadas de 1870 e 1880. A Farmers' Alliance reuniu diversas associações desses profissionais no Sul e no Meio-Oeste dos Estados Unidos, após a Guerra Civil (1861-65). [N.E.]

Povo e os Knights of Labor, por exemplo, foi sempre tenso; muitos trabalhadores artesanais e industriais ignoraram o apelo populista. O discurso cristão evangélico das áreas rurais não encontrou receptividade na população de trabalhadores imigrantes que, em muitos casos, não tinha origem protestante.[7]

A tentativa de estabelecer uma inscrição de equivalência que prevaleceria sobre esse particularismo diferencial girou em torno da definição dos "produtores", em oposição aos "ociosos" e "parasitas", que deveria ser suficientemente vaga e abstrata, a fim de incluir a maioria dos setores da população. Conforme Kazin assinala, foi uma faca de dois gumes: se "produtores" se tornou um significante vazio ao serem afrouxados os laços com referentes particulares, essa disposição também poderia ser apropriada por setores diferentes dos populistas e reinscrita numa cadeia de equivalências alternativa, isto é, poderia tornar-se um significante flutuante. Essa múltipla referência a que tendia o discurso populista refletiu-se na plataforma do movimento:

> Prometeu-se aos agricultores assoberbados por dívidas um aumento da oferta monetária, a proibição da aquisição de terras por parte de forasteiros e a posse, por parte do Estado, das ferrovias, que obrigavam frequentemente os pequenos agricultores a pagar tarifas acima de suas posses. Para os assalariados, respaldou-se a ofensiva de redução da jornada de trabalho, exigiu-se a abolição da Agência Pinkerton e declarou-se que "os interesses dos trabalhadores rurais e urbanos são os mesmos". Quanto aos reformistas monetários e aos habitantes dos estados mineradores do Oeste, eles pediram a cunhagem ilimitada de prata e ouro. Em apenso à plataforma havia "resoluções suplementares", tais como uma "garantia" de que as pensões por motivo de saúde continuassem a ser pagas aos vete-

> ranos da União e apoio para que se boicotasse uma manufatura de roupas de Rochester que já havia sido objeto de ação dos Knights of Labor.[8]

Temos, assim, uma típica "guerra de posições" entre uma tentativa populista de inscrição de equivalência e uma lógica diferencial que resiste a ela. Os limites da constituição do "povo" se refletiram nos resultados eleitorais de 1892 e 1894. Embora o número total de votos obtidos pelo Partido do Povo fosse expressivo, esses votos concentravam-se quase inteiramente no Sul profundo e no Oeste para além do Mississippi. Tornou-se evidente que, se o partido pretendesse se tornar uma verdadeira alternativa nacional, seria preciso dar um passo novo e ousado. Isso levou ao apoio populista, na eleição de 1896, ao candidato democrata William Jennings Bryan, cuja plataforma encerrava muitas conotações populistas, embora enfatizasse demais a questão do padrão prata.

As eleições americanas de 1896 têm um valor quase paradigmático para nosso tema porque os dois lados do confronto ilustram, em sua forma mais pura, aquilo que denominei a lógica da equivalência e a lógica da diferença. O sucesso da campanha de Bryan dependeu inteiramente de constituir o "povo" como um ator histórico, isto é, fazer com que identificações universais de equivalência prevalecessem sobre identificações setoriais. O que havia de comum naquele eleitorado devia, assim, ser afirmado a qualquer preço. A seguinte passagem é típica do discurso de Bryan:

> Enquanto contemplo o rosto dessas pessoas e lembro de que nossos inimigos as chamavam de turba, dizendo que elas são uma ameaça para um governo livre, pergunto: quem terá o povo a favor de si? Orgulho-me de contar, nesta campanha, com o apoio daqueles que

> denominam a si mesmos gente comum. Se eu tivesse por detrás de mim grandes monopólios e suas combinações, sei que mal eu assumisse meu posto, eles pediriam que eu usasse meu poder para roubar as pessoas em seu proveito.[9]

Contra o "povo", a campanha de McKinley, conduzida por seu conselheiro, Mark Hanna, adotou o lema da "sociedade progressista". Aqui já não existe mais qualquer apelo a uma massa homogênea, indiferenciada, mas ao desenvolvimento orgânico e ordenado de uma sociedade, na qual cada um de seus membros ocuparia um lugar preciso e diferente, e cujo centro era uma elite identificada com os valores americanos.

> Dado o potencial dos votos "do povo" contra "os grandes monopólios e suas combinações", os republicanos obviamente não podiam deixar que a campanha fosse decidida naquela base. A ideia contraposta de uma "sociedade progressista" materializou-se lentamente, a partir de valores simbólicos ligados ao padrão ouro [...]. Mas gradualmente [...] temas mais amplos como "paz, progresso, patriotismo e prosperidade" passaram a caracterizar a campanha de William McKinley. A "sociedade progressista", preconizada por Mark Hanna em nome da comunidade corporativa, era inerentemente uma sociedade bem vestida, que frequentava a igreja. Os vários lemas empregados não constituíam mera expressão de uma política cínica, mas eram afirmações autênticas de uma emergente visão de mundo americana.[10]

Como Goodwyn afirma em *Democratic Promise* [A promessa democrática], o partido de Lincoln se tornara o partido das empresas e a encarnação política dos Estados Unidos corporativo.

> Era branco, protestante e ianque. Pedia os votos dos eleitores não brancos, não protestantes e não ianques que aderiram voluntariamente às novas normas culturais que descreviam a civilidade como um parâmetro da sociedade progressista emergente. O termo "patriótico" passou a sugerir aquelas coisas que os ianques protestantes possuíam [...]. O muro erguido pela sociedade progressista contra "o povo" sinalizava algo mais do que a vitória de McKinley sobre Bryan, até mesmo mais do que a sanção de uma concentração corporativa maciça; assinalava os limites permissíveis da própria cultura democrática. A incitação à animosidade podia, finalmente, ser posta de lado: o partido das empresas criou na sociedade mais ampla os valores culturais que haveriam de dar-lhes sustentação no século XX.[11]

A derrota da "promessa democrática" implícita no populismo norte-americano adotou, então, o modelo que temos discutido no decorrer deste livro: a dissolução dos laços de equivalência e a incorporação diferencial de setores numa sociedade orgânica mais ampla ("transformismo", para utilizar a expressão de Gramsci). E essa incorporação diferencial não foi, obviamente, igualitária, mas hierárquica. Para citar novamente Goodwyn:

> Para um número cada vez maior de americanos, o triunfo do credo empresarial equivalia, quando não excedia, a uma internalização consciente ou inconsciente dos pressupostos de uma supremacia dos brancos. Acoplado a esse novo sentido de prerrogativas embutido na ideia de progresso, o novo *ethos* significava que os homens de negócio republicanos podiam intimidar seus empregados democratas no Norte, os homens de negócio democratas podiam intimidar seus empregados populistas e republi-

canos no Sul, os homens de negócio de todos os lugares podiam comprar os legisladores, e os brancos de todos os lugares podiam intimidar os negros e os índios.[12]

AS SEIS FLECHAS DE KEMAL ATATÜRK

Vimos, no exemplo dos Estados Unidos, um populismo de base, cuja limitação foi a impossibilidade de reinscrever diferenças numa cadeia de equivalências. As diferenciações institucionais acabaram prevalecendo sobre as rearticulações dicotômicas. Todo o movimento político populista consistiu de equivalências espontâneas em busca de uma dissolução dos limites diferenciais. A vitória da "sociedade progressista" sobre o "povo" significou o fracasso daquela tentativa de dissolução. No entanto, o terreno no qual o populismo operava era o das equivalências espontâneas. Mas o que acontece se o "povo" é concebido como uma entidade homogênea *a priori*, postulada a partir de um centro de poder que, em vez de ser o precipitado social de uma interação de equivalência das demandas democráticas, é visto como o que determina uma substância idêntica a toda demanda expressa? Nesse caso, desmorona a divisão interna inerente a qualquer demanda democrática na cadeia de equivalências, o "povo" perde suas diferenciações internas e é reduzido a uma unidade substancial. O "povo" pode ser ainda concebido como uma força radical oposta ao *status quo* existente, porém já não é mais uma plebe marginal: a heterogeneidade essencial, que é a base de qualquer identidade populista, foi abandonada e substituída por uma unidade homogênea. Foi o que aconteceu na Turquia e explica por que o kemalismo pode ter sido um discurso radical, de ruptura, porém jamais populista.

Examinemos as seis palavras-chave do programa da República Turca, representadas por seis flechas no emblema do Partido Republicano do Povo, no início da década de 1930: republicanismo, nacionalismo, populismo, revolucionismo, secularismo e estatismo.[13] Elas eram consideradas os pilares da ideologia kemalista. Comecemos pelo populismo. O significado dado ao termo neste livro – os despossuídos, uma *plebs* que reivindica ser *populus* – não é o que encontramos no conceito de *halkçilik* (populismo): este exclui qualquer conceito de antagonismo ou divisão interna. Como assinala Paul Dumont:

> [O populismo] implicava um apego à ideia de democracia e atividade intelectual militante, com objetivo de conduzir o povo no caminho do progresso. Possuía também um significado muito mais específico: a visão de uma nação turca constituída não de classes, mas de grupos profissionais solidários, fortemente interdependentes. Foi uma versão turca do ideário de solidariedade enfatizado pelo político radical francês Léon Bourgeois e pelo sociólogo Émile Durkheim.[14]

No mesmo espírito, o ideólogo Ziya Gökalp definiu o populismo nestes termos:

> Se uma sociedade compreende um certo número de estratos ou classes, isso significa que ela não é igualitária. O alvo do populismo é suprimir as diferenças de classe ou de estratos e substituí-las por uma estrutura social composta de grupos profissionais mutuamente solidários. Em outras palavras, podemos resumir o populismo ao afirmar: não existem classes, existem ocupações.[15]

E um teórico do kemalismo, Mahmut Esat Bozkurt, escreveu em 1938:

> Nenhum partido do mundo civilizado jamais representou toda uma nação tão completamente e tão sinceramente como o Partido Republicano do Povo. Outros partidos defendem os interesses das várias classes e estratos sociais. No que nos diz respeito, não reconhecemos a existência dessas classes e estratos. Para nós, todos estão unidos. Não existem fidalgos, nem senhores, nem escravos. Existe apenas um único conjunto, e esse conjunto é a nação turca.[16]

Estamos, aparentemente, no outro extremo de nosso conceito de populismo: embora este envolva a divisão dicotômica do espaço comunitário, o populismo de Atatürk pressupõe uma comunidade sem fissuras internas. Não podemos, entretanto, evitar a impressão de que existe algo de ruptura radical embutido no conceito de "povo" de Kemal Atatürk. Como isso é possível? A resposta a esse enigma deve ser encontrada no modo como o populismo kemalista se articula com as outras cinco flechas.

Comecemos pelo "revolucionismo". Na época houve alguma hesitação quanto ao uso de duas palavras turcas, *inkilab* e *ihtilâl*:

> O termo otomano que mais se aproxima (para expressar o significado de "revolucionismo") é *ihtilâl*, que transmite a ideia de uma mudança súbita e violenta da ordem política e social. *Inkilab* implica uma mudança radical executada com ordem e método. Diferentemente de *islâhat*, "reforma", não se aplica a melhorias parciais em certos setores limitados da vida social, mas tenta uma metamorfose social.[17]

Isto é fundamental: a mudança gradativa [*piecemeal engeneering*] como método de transformação social é radicalmente excluída. A constituição do "povo" tem de ser um acontecimento súbito e total. O mesmo se aplica ao "republicanismo". Seu conteúdo – suas conotações de ruptura, que o associaram estreitamente ao "revolucionismo" – foi dado pelo abismo radical que ele cavou em relação ao califado e ao sultanato. Embora a ideia desse abismo demorasse muito tempo para amadurecer nas mentes dos oficiais revolucionários, uma vez firmemente adotada por Atatürk ela adquiriu o valor de uma mudança irreversível. Quanto ao "nacionalismo", ele também enfatizou uma identidade homogênea e a eliminação de todo particularismo diferencial. Eis como a noção foi explicada em 1931 pelo secretário do partido, Recep Peker:

> Consideramos nossos todos aqueles cidadãos que vivem entre nós, que pertencem política e socialmente à nação turca e nos quais se implantaram ideias e sentimentos como o "curdismo", o "circassianismo" e até mesmo o "lazismo" e o "pomakismo". Consideramos nosso dever banir, por meio de esforços sinceros, essas falsas concepções; são legados de um regime absolutista e produto de uma opressão histórica de longa data. A verdade científica de hoje não permite uma existência independente para uma nação de muitos milhares, ou até mesmo de um milhão de indivíduos [...]. Queremos expressar com sinceridade nossa opinião relativa a nossos compatriotas judeus ou cristãos. Nosso partido considera esses compatriotas absolutamente turcos, na medida em que eles pertencem à nossa comunidade de língua e ideais.[18]

O conceito de religião e raça, que havia sido intimamente associado ao conceito de nação durante o período otomano, foi eliminado progressivamente durante os primeiros anos da república. "Secularismo", o termo em que foi traduzida a palavra *layiklik*, não exprime completamente seu sentido. Como afirmou Dumont:

> O conflito básico no secularismo (no sentido turco do termo) não ocorre necessariamente entre a religião e o mundo, como foi o caso da experiência cristã. O conflito se dá frequentemente entre as forças da tradição, que tendem a promover a dominação da religião e da lei sagrada, e as forças de mudança. O laicismo se refere ainda mais estreitamente a um processo específico de separar a Igreja do Estado.[19]

Em outros termos, o secularismo não podia limitar-se a preservar uma esfera pública não contaminada por valores religiosos. Precisava, também, levar a luta contra as forças religiosas tradicionais para o próprio seio da sociedade civil. Como demonstra abundantemente minha análise das outras flechas, a revolução kemalista não considera a si própria apenas como uma revolução política, mas como uma tentativa de reformar drasticamente a sociedade através de meios políticos. É bem conhecido o fato de como e com que persistência seus objetivos secularistas foram levados adiante: em 1924 foi abolido o califado, mais tarde ocorreu a dissolução dos tribunais religiosos e das escolas islâmicas, das fundações pias e dos ministérios da religião; foram fechados as irmandades religiosas, os conventos e os túmulos sagrados; foi introduzido o calendário gregoriano e foram proibidas as peregrinações a Meca. Essa vigorosa intervenção política na sociedade civil nos possibilita compreender a sexta flecha, o "estatismo". O Estado tinha de intervir em todas as esferas e isto incluía, obviamente, a regulação da vida econômica.

Uma parte considerável dos livros recentes sobre o kemalismo tende a questionar o caráter radical da ruptura com a tradição que Atatürk estava promovendo e a enfatizar, no que diz respeito aos moldes básicos do pensamento, as continuidades entre o início da república e o passado otomano.[20] É claro que existe uma boa dose de verdade nessas reivindicações, na medida em que todas revolução tem de operar com atitudes e matérias-primas que não surgem por geração espontânea, mas não pode haver dúvida de que a articulação daqueles elementos num discurso de ruptura radical com o passado constituiu uma contribuição kemalista específica e original. Entretanto, o que Atatürk herdou da tradição otomana foi a ideia da nação como algo a ser criado novamente, e não simplesmente herdado do passado; uma visão da mudança histórica como resultado de um ato de vontade, e não como um desenvolvimento orgânico e espontâneo de forças que já moldavam os contornos do social. Essa visão resultou do modo como a modernização aconteceu na Turquia: como reação à maioria das nações europeias desenvolvidas. A necessidade de pôr-se à altura delas foi o principal estímulo para a reforma. As forças centrífugas que estavam solapando o Império Otomano criaram, entretanto, dúvidas cada vez maiores sobre quem poderia ser o sujeito viável de uma nação rejuvenescida. Durante muito tempo as forças agrupadas em torno do sultão acreditavam que o império poderia tornar-se uma entidade política viável, caso as reformas internas centralizadoras conseguissem equilibrar a diversidade e o localismo, ambos tão difundidos. Durante o período Tanzimat, alguns momentos críticos de uma reforma – a supressão da rebelião dos janízaros no final da década de 1830 e novamente no período que se iniciou em 1856* – criaram a ilusão de que seria possível semelhante desfecho, mas as forças centrífugas sempre prevaleceram

* O Tanzimat foi um período de reformas, entre 1839 e 1876, que tiveram por objetivo a modernização do Império Otomano a fim de garantir sua unidade territorial e cultural. Os janízaros eram os membros da elite do exército do império, do qual se tornaram uma importante força política. [N.E.]

no longo prazo. É neste cenário que podemos entender a intervenção dos assim denominados Jovens Otomanos, um grupo de intelectuais cujas ideias tinham como objetivo uma refundação radical da nação. Essa refundação deveria basear-se numa ordem constitucional alicerçada em princípios islâmicos; numa centralização do poder do Estado, em oposição a uma dispersão local, descentralizada, e numa identidade política baseada na lealdade ao *vatan*, a pátria, que se situa além de qualquer tipo de divisão (regional, étnica ou religiosa).[21] Esta última questão é fundamental: a tradicional lealdade ao *millet* (a comunidade religiosa) tinha de ser substituída por uma lealdade a uma entidade puramente nacional. O conceito kemaliano de nacionalismo está contido *in nuce* nessa virada ideológica. Uma constituição inspirada nas ideias dos Jovens Otomanos foi promulgada em 1876, mas suprimida pelo sultão dois anos depois. No entanto, foi restabelecida pela revolução dos Jovens Turcos em 1908, cujo arsenal ideológico deu prosseguimento, sob vários aspectos, à tradição dos Jovens Otomanos.

Assim, se o momento do anti-*status quo*, componente essencial de qualquer ruptura populista, estava tão presente no kemalismo, por qual motivo este não seguiu um caminho populista? A razão é clara: porque sua homogeneização da "nação" não procedeu através da construção de cadeias de equivalências entre demandas democráticas reais, mas através de uma imposição autoritária. Foi somente durante a Guerra de Independência, subsequente à Primeira Guerra Mundial, que o kemalismo se apoiou até certo ponto na mobilização das massas. Durante a maior parte de seu governo – e isto se aplica a seus sucessores imediatos –, Atatürk se confrontou com o paradoxo de ter construído um "povo" sem contar com o apoio popular.[22] Ele próprio entendeu seu papel nesses termos. Em 1918, escreveu em seu diário:

> Se eu obtiver grande autoridade e poder, penso que, através de um golpe – subitamente, num único momento –, promoverei a ansiada revolução em nossa vida social. Pois, ao contrário dos outros, não acredito que essa façanha possa ser realizada elevando-se lentamente a inteligência dos outros ao nível da minha. Minha alma rebela-se contra semelhante trajetória. Por que, após anos educando-me, após estudar os processos de civilização e de socialização, após gastar minha vida e meu tempo a fim de obter o prazer que a liberdade proporciona, eu deveria descer ao nível das pessoas comuns? Farei com que elas ascendam a meu nível. Que eu não me assemelhe a elas: elas é que devem assemelhar-se a mim.[23]

O principal veículo desse programa de modernização forçada foi, é claro, o exército, que permaneceu como o árbitro final da política turca desde a época de Atatürk. O problema é que não existe alternativa a uma mobilização equivalencial, a não ser uma integração diferencial, e mesmo o exército não era suficientemente forte para criar um sociedade totalmente nova, moldada segundo os desígnios kemalistas. O resultado foi que logo a nova república ficou órfã do apoio das massas e somente pôde apoiar-se, em nível local, nas forças tradicionais que manifestavam pouca simpatia pela maioria das aspirações mais ambiciosas do "Pai dos Turcos".

> Enquanto Ancara exibia todos os requisitos formais de uma autoridade legal moderna, grande parte do país ainda estava totalmente enraizada na vida tradicional. Desde o início, o kemalismo contemporizou com as formas tradicionais de dominação e teve de se apoiar em líderes tradicionais como intermediários entre o centro e a periferia. Como ocorreu com o movimento unionista que o

> precedeu, o movimento kemalista foi organizado em torno dos tradicionais notáveis no campo e sua influência "foi amplamente sentida na política parlamentar e nas atividades partidárias". Sob o resguardo do Estado-nação, os regimes republicanos mantiveram os principais padrões da sociedade tradicional da Anatólia.[24]

O fracasso da experiência kemalista em constituir um "povo" ficava evidente sempre que ocorria uma abertura no sistema político. Quando o presidente [Mustafa Ismet] Inönü [1884-1973] decidiu realizar eleições democráticas, em 1950, o Partido Democrático, de oposição, obteve 408 representantes no parlamento contra 69 representantes do oficialista Partido Republicano do Povo (RPP).[25] As equivalências se expandiram amplamente, mas em direções que pouco tinham que ver com as seis flechas de Atatürk: elas deram lugar, primeiramente, ao neopopulismo de Adnan Menderes e, mais tarde, ao renascimento do islamismo. Disso resultou um processo tortuoso, no qual períodos de abertura democrática foram interrompidos por sucessivas intervenções militares.

O RETORNO DE PERÓN

O populismo norte-americano deparou-se com seus limites na impossibilidade de expandir a cadeia de equivalências além de certo ponto, como resultado da resistência ao apelo populista por parte de sistemas de diferenças solidamente estabelecidos na tradição política. Atatürk enfrentou essa situação em sua tentativa de construir o "povo" como uma unidade orgânica não mediada por uma lógica de equivalência. O caso do peronismo, nas décadas de 1960 e 1970, foi diferente: seu sucesso em construir uma cadeia de equivalências quase ilimitada é que levou à subversão do princípio de equivalência enquanto tal. Como isso aconteceu?

O governo popular peronista foi derrubado em setembro de 1955. Os últimos anos do regime haviam sido dominados por uma trajetória característica: a tentativa de superar a divisão dicotômica do espectro político mediante a criação de um espaço diferencial inteiramente integrado. As mudanças simbólicas do discurso do regime testemunham essa mutação: a figura do *descamisado* (a versão argentina do *sans-culotte*) tendeu a desaparecer e ser substituída pela imagem da "comunidade organizada". A necessidade de estabilizar o processo revolucionário tornou-se um *leitmotiv* do discurso peronista, não apenas nos anos anteriores a 1955, mas também nos anos seguintes. Em 1967, Perón enviou uma carta a uma organização de esquerda à qual eu pertencia, em que afirmava que qualquer revolução percorre três estágios: primeiro, a preparação ideológica – isto é, Lênin; segundo, a tomada do poder – isto é, Trótski; terceiro, a institucionalização da revolução – isto é, Stálin. Acrescentou que a revolução peronista tinha de passar do segundo estágio para o terceiro.

O golpe de 1955, entretanto, modificou os termos do debate político. Apesar da agressiva retórica antiperonista das novas autoridades – na realidade muito mais do que uma retórica, pois elas dissolveram o Partido Peronista, intervieram nos sindicatos e tornaram crime a menção ao nome de Perón –, muito depressa começaram os diálogos com grupos de políticos peronistas, com o objetivo de integrá-los ao novo sistema político. A integração, é claro, excluía Perón; ele tinha de ser permanentemente proscrito e supunha-se que seu exílio não teria prazo para terminar. A ideia de um "peronismo sem Perón" circulou amplamente. No exílio, Perón resistiu fortemente àquelas tentativas de marginalizá-lo e que ocorreram dentro e fora do peronismo. Quanto mais repressivo o novo regime se tornou, mais seu programa econômico foi percebido como uma rendição ao capital financeiro internacional, e mais a figura de Perón foi identificada com a emergente identidade nacional e popular antissistema. Iniciou-se um duelo entre Perón (no exílio) e os sucessivos governos antiperonistas. Isso prosseguiria por dezoito anos, terminando somente com o triunfal retorno de Perón à Argentina e ao governo, em 1973.

Foi em torno desse duelo que o novo populismo argentino começou a tomar forma. Se quisermos entender seu modelo será preciso levar em conta algumas circunstâncias. Em primeiro lugar, a Argentina é um país etnicamente homogêneo, cuja população urbana dominante se concentra no triângulo constituído pelas três grandes cidades industriais de Buenos Aires, Rosario e Córdoba. Assim, qualquer grande evento ideológico tem uma irradiação equivalencial sobre toda a região, e seus efeitos se espalham rapidamente pelo resto do país. Sem esse tipo de impacto, a movimentação de Perón durante a década de 1960 não teria sido bem-sucedida e o novo regime teria conseguido lidar de maneira gradual com uma oposição peronista fragmentada. Porém, em segundo lugar, as próprias condições de enunciação do discurso peronista, a partir do exílio, determinaram a peculiar natureza de seu sucesso. A condição que os países anfitriões impuseram a Perón como exilado político foi a de que ele deveria abster-se de declarações políticas, e na Argentina a circulação pública de qualquer declaração sua foi, é claro, rigorosamente proibida. Restringiram-no a enviar cartas particulares, fitas cassete e instruções verbais que, entretanto, foram de extrema importância para a resistência peronista, que se organizava lentamente nas fábricas e nos bairros operários das cidades industriais. Como estudos recentes têm demonstrado,[26] existiu um abismo permanente entre os atos de enunciação de Perón (que eram invisíveis) e o conteúdo daquelas enunciações. Como resultado desse abismo, aqueles conteúdos, na ausência de qualquer intérprete autorizado, podiam acolher uma multiplicidade de significados. Ao mesmo tempo, muitas mensagens apócrifas também circularam, além de outras cuja autenticidade era duvidosa ou pelo menos questionada pelos que se opunham a seu conteúdo. Essa complicada situação teve, entretanto, um efeito paradoxal: a natureza ambígua das mensagens, resultante do abismo existente entre os atos e o conteúdo da enunciação, poderia estar sendo cultivada conscientemente por Perón, de maneira que se tornassem deliberadamente imprecisas. O resultado foi que as palavras de Perón não perderam sua centralidade, mas seu *conteúdo* possibilitava intermináveis interpretações e reinterpretações. Como escreveu Perón a seu primeiro representante pessoal na Argentina, John William Cook: "Sempre sigo a regra de cumprimentar todo mundo porque – e você não deve esquecer – hoje sou alguém como o papa [...]. Levando em conta esse conceito, nada posso negar [devido à] minha infalibilidade [...] que, como ocorre com toda infalibilidade, baseia-se precisamente em nada dizer ou fazer, [o que é] a única maneira de garantir tal infalibilidade".[27]

É claro que é possível uma leitura cínica desse trecho: podemos entendê-lo como se Perón estivesse tentando ser tudo para todos, mas semelhante leitura é limitada. No exílio, Perón não poderia ter dado diretivas precisas para a ação de grupos locais engajados em atos de resistência que proliferavam e muito menos poderia intervir nas disputas que surgiam entre esses grupos. Por outro lado, sua palavra era indispensável para dar uma unidade simbólica a todas aquelas lutas dispersas. Assim, sua palavra teve de operar como um significante com ligações débeis com significados particulares. Isso não constitui uma grande surpresa: é exatamente o que denominei significantes vazios. Perón venceu o duelo com sucessivos regimes antiperonistas porque estes perderam a luta para integrar os grupos neoperonistas – aqueles que postulavam um "peronismo sem Perón" – a um sistema político ampliado, enquanto a demanda do retorno de Perón à Argentina tornou-se um significante vazio que unificou um campo popular em expansão.

Neste ponto, torna-se necessário introduzir algumas distinções. O papel de papa que Perón se autoatribuía – e que evoca com tanta nitidez o conceito de "significante-mestre", formulado por Lacan – poderia ser concebido de várias maneiras. Em primeiro lugar, como um centro de irradiação de equivalências que, entretanto, não perde completamente a particularidade de seu conteúdo original. Reportando-me a um exemplo anterior: as demandas do Solidariedade na Polônia tornaram-se o ponto de união de associações equivalenciais mais vastas do que elas próprias, mas ainda assim estavam ligadas a certo conteúdo programático. Foi precisamente esse vínculo que possibilitou manter certa coerência entre as particularidades que integravam a cadeia (o hemisfério inferior de nosso primeiro diagrama, ver p. 196). Existe outra possibilidade: a de que o significante tendencialmente vazio se torne *inteiramente* vazio. Nesse caso, os elos da cadeia equivalencial não precisam de modo algum coincidir entre si: os conteúdos mais contraditórios podem ser reunidos, contanto que permaneça a subordinação de todos eles ao significante vazio. Voltando a Freud: esta seria uma situação extrema, na qual o amor pelo pai seria a *única* ligação entre os irmãos. A consequência política disso é que a unidade de um "povo" constituída de tal maneira é extremamente frágil. Por um lado, o antagonismo potencial entre demandas contraditórias pode irromper a qualquer momento e, por outro, um amor pelo líder que não se cristaliza em qualquer forma de regularidade institucional – em termos psicanalíticos, um ideal do Eu que não é parcialmente internalizado por Eus existentes – pode resultar unicamente em identidades populares fugazes. Quanto mais avançamos na década de 1960, mais constatamos que o peronismo se aproximava perigosamente da segunda possibilidade. A reflexão de Perón, antes mencionada, sobre a necessidade de a revolução peronista passar para um terceiro estágio, de institucionalização, mostra que ele não ignorava completamente essa ameaça potencial.

No início dos anos 1960, entretanto, esse perigo era algo que se vislumbrava apenas num futuro distante. A tarefa imediata consistia em lutar contra as forças políticas no interior do peronismo que se moviam em direção a um "peronismo sem Perón". A principal ameaça emanava das condições mediante as quais o movimento sindical foi normalizado após o retorno do governo constitucional em 1958 e a ascensão de Arturo Frondizi à Presidência (sua eleição tinha sido garantida pela decisão de Perón de pedir a seus seguidores, cujo partido havia sido proscrito, para votarem em Frondizi – e contra Ricardo Balbín, o candidato quase oficial). Em 1959 a atividade dos sindicatos foi legalizada pela Lei 14.455.

> A nova lei trabalhista conferiu ao Estado excepcional poder sobre o movimento sindical. A própria capacidade de um sindicato de negociar coletivamente com os patrões dependia de sua *personería* (um reconhecimento oficial concedido exclusivamente pelo governo). Assim, o futuro institucional de qualquer sindicato – a futura satisfação de suas necessidades – era intrinsecamente ligado a suas relações com o Estado. Em consequência, os dispositivos da Lei 14.455 criaram um poderoso estímulo à adoção de um realismo

> pragmático da parte dos líderes sindicais, a despeito de seu próprio perfil ideológico e das visões individuais e vantagens pessoais que eles obtinham com seus cargos.[28]

Na realidade, o movimento sindical se encontrava numa situação complicada. Por um lado, seus membros tinham de agir cautelosamente frente ao governo, porque seu *status* legal era uma precondição para sua defesa dos interesses e reivindicações dos trabalhadores, que retirariam seu apoio caso a liderança sindical não fosse bem-sucedida; por outro lado, como sua base social era solidamente peronista, eles não podiam permitir-se uma ruptura declarada com Perón. Foi nessas circunstâncias que, na primeira metade da década de 1960, ocorreu um conflito cada mais vez intenso entre dirigentes sindicalistas, liderados pelo secretário-geral dos metalúrgicos, Augusto Vandor, e, do lado oposto, Perón e os setores mais radicais do peronismo. O projeto sindical, que nunca foi formulado explicitamente, pois ninguém no peronismo poderia partir para um confronto aberto com Perón, era obter uma integração progressiva do peronismo ao sistema político existente, com Perón tornando-se uma figura puramente cerimonial, e o poder real do movimento sendo transferido para a liderança sindical. O conflito prosseguiu em meio a várias vicissitudes e culminou nas eleições provinciais de abril de 1966 em Mendoza, onde competiram duas listas peronistas – uma apoiada por Perón, a outra, por Vandor. A lista peronista ortodoxa alcançou uma vitória esmagadora.

Mais uma vez, entretanto, esse conflito em desenvolvimento complicou-se devido à chegada de um jogador que chutou o tabuleiro de xadrez. Em 1966, as Forças Armadas depuseram o presidente Arturo Umberto Illia e deram início a uma ditadura militar sob o comando do general Juan Carlos Onganía. Não foi o regime mais repressivo pelo qual o país passaria – para isso teríamos de esperar até a década de 1970 – mas foi definitivamente o mais estúpido e ineficiente. Em questão de meses alienou todas as forças relevantes do país, com exceção de um pequeno setor de grandes empresas. Dissolveu todas as organizações políticas, reprimiu violentamente o movimento sindical e provocou intervenções nas universidades. Após alguns meses de governo, ficou claro para todo mundo que não existia mais nenhum canal institucional para a expressão das demandas sociais e que algum tipo de reação violenta, inteiramente fora da ordem institucional, seria a única reação possível àquele beco político sem saída.

O protesto social irrompeu em 1969, com o chamado *Cordobazo*, a violenta ação de grupos armados em Córdoba, que mais tarde se expandiu para outras cidades do interior do país. Outros acontecimentos também contribuíram para um violento confronto com o regime. Houve primeiramente o surgimento de novos grupos guerrilheiros peronistas de esquerda – Perón chamou-os de "formações especiais". Em segundo lugar, a repressão desencadeada pelo governo contra o movimento sindical reduziu consideravelmente o espaço de manobra de Vandor e dos grupos neoperonistas, que já não podiam mais cumprir com o que se esperava deles. A situação levou finalmente ao assassinato de Vandor pela guerrilha peronista de esquerda e à divisão do movimento sindical entre uma facção de esquerda e outra de direita. As consequências desses acontecimentos ficaram claras: o reforço do papel central de Perón, que, dependendo da orientação política dos que o apoiavam, era apresentado ora como o líder de uma coalizão anti-imperialista que seria o primeiro passo no avanço rumo a uma Argentina socialista, ora como a única garantia de que o movimento popular seria contido em limites controláveis e não degeneraria em um caos esquerdista:

> Portanto, e mesmo que seu relacionamento com os grupos guerrilheiros peronistas envolvesse uma ambiguidade política, semelhante àquela que estava presente em sua relação com os líderes sindicais peronistas de esquerda, Perón precisava endossar aquelas organizações a fim de criar as condições políticas que possibilitassem seu retorno. No final de 1971, Perón estava na posição de recorrer àquilo que ele denominava "suas duas mãos". Sua "mão direita" localizava-se sobretudo nos sindicatos peronistas [...]. A "mão esquerda" de Perón era representada principalmente por organizações da juventude esquerdista e aquilo que ele chamava de suas "formações especiais": os grupos guerrilheiros que proclamavam sua lealdade ao dirigente e que fizeram de seu retorno à Argentina o momento inicial de uma transformação revolucionária do país. O líder exilado usou ambas as mãos com grande eficiência. Entre 1971 e 1972, Perón demonstrou todo seu talento político de um modo extraordinário.[29]

A partir de então, os acontecimentos se desencadearam rapidamente. O sequestro e a execução do ex-presidente Pedro Eugenio Aramburu pela guerrilha dos Montoneros Peronistas levaram à queda do general Onganía, que foi substituído pelo general Roberto Mario Levingston e mais tarde pelo general Alejandro Lanusse, que finalmente, em 1973, convocou eleições gerais, nas quais o peronismo obteve uma vitória esmagadora. Foi nessa época, porém, que os perigos mencionados, inerentes ao modo como as equivalências peronistas tinham sido construídas, começaram a revelar seu potencial mortífero. Uma vez de retorno à Argentina,

Perón não podia mais ser um significante vazio: ele era o presidente da República e, como tal, tinha de tomar decisões e optar entre alternativas. O jogo dos anos de exílio, mediante o qual cada grupo reinterpretava suas palavras de acordo com sua própria orientação política, enquanto o próprio Perón mantinha uma distante cautela de toda interpretação, já não podia mais ser levado adiante uma vez que ele assumira o poder. As consequências se fizeram notar logo em seguida. A burocracia dos sindicatos de esquerda, de um lado, e a juventude peronista e as "formações especiais", de outro, nada tinham em comum e se encaravam como inimigos mortais. Nenhuma equivalência entre eles havia sido internalizada, e a única coisa que os mantinha no mesmo campo político era a comum identificação com Perón como líder. Isso representava muito pouco, pois Perón encarnava para cada facção princípios políticos totalmente incompatíveis. Durante algum tempo, ele tentou hegemonizar de um modo coerente a totalidade de seu movimento, mas não conseguiu: o processo de diferenciação antagônica tinha ido longe demais. Após a morte de Perón, em 1974, acelerou-se a disputa entre as várias facções peronistas, e o país ingressou novamente num processo de rápida desinstitucionalização, cuja consequência foi o golpe militar de 1976 e a implantação de um dos regimes mais brutalmente repressores do século XX.

Apresentei três exemplos de mobilização populista, considerados tanto em suas realizações como em seus fracassos, e afirmei que existe entre eles uma comparabilidade essencial, tanto em suas diferenças – eles pertencem a regiões geográficas e a culturas políticas muito distantes – como na lógica subjacente a seu discurso. Digamos, de início, que eles não exaurem as possíveis alternativas existentes nas combinações das variáveis que foram introduzidas na análise. Sempre existem diferentes combinações e possibilidades. O avanço em direção a uma descrição tipológica mais ampla deveria ser, obviamente, o objetivo e a ambição de uma teoria amplamente desenvolvida sobre o populismo. No entanto, nesse avanço em direção a uma tipologia diversificada, existem algumas precondições que devo enfatizar como exigências básicas para qualquer conexão que se estabeleça entre a reflexão teórica e a análise empírica.

A primeira delas é que as diferentes tradições teóricas a que nos referimos em nossa análise evidenciaram, com notável regularidade, a recorrência de uma distinção que é fundamental em qualquer abordagem discursiva para a questão das identidades sociais. No campo da linguística, essa é a distinção entre sintagmas e paradigmas (identidades criadas com base em relações de substituição ou relações de combinação); na retórica, é a distinção entre metonímia e metáfora; na política, ela se dá entre equivalência e diferença. A constante reprodução da mesma distinção em diferentes registros teóricos aponta claramente para um problema – talvez *o* problema – com o qual uma ontologia social tem de lidar hoje como sua tarefa mais urgente: como fazer com que essa distinção, que envolve novas relações entre entidades, se torne acessível ao pensamento?

Em segundo lugar, se a distinção da qual falamos realmente vai embasar uma análise concreta, ela não pode ser considerada uma enteléquia transcendentalmente fixa, cuja presença em situações concretas devemos simplesmente detectar, mas como um terreno fértil, no qual a análise concreta e a exploração transcendental têm de se alimentar mútua e incessantemente. Não existe análise concreta que possa ser simplesmente rebaixada ao *status* de pesquisa empírica sem impacto teórico; e, inversamente, não existe exploração transcendental que seja absolutamente "pura", sem a presença de um excesso daquilo que suas categorias podem controlar – um excesso que contamina o horizonte transcendental com um empirismo impuro. O populismo, para a análise política, é um dos lugares privilegiados para a emergência dessa contaminação. Em um artigo muito interessante, Margaret Canovan usou a distinção estabelecida por Michael Oakshott entre política redentora e política pragmática para caracterizar o "não terreno" no qual a política populista é construída.[30] Concordo plenamente com essa visão e, por motivos que espero tenham ficado suficientemente claros nas páginas precedentes, vejo essa área cinzenta da contaminação não como alguma espécie de fenômeno político marginal, mas como a própria essência do político.

Talvez o que esteja surgindo no horizonte como uma possibilidade em nossa experiência política seja algo radicalmente diferente daquilo que os profetas pós-modernos do "fim da política" anunciam: a chegada de uma era totalmente política, pois a dissolução das marcas da certeza retira do jogo político todo tipo de terreno apriorístico no qual possa assentar-se, mas, por isso mesmo, cria a possibilidade política de redefinir constantemente esse terreno.

Observações finais

Vamos expor agora as principais conclusões de nossa análise. Pensar o "povo" como uma categoria social requer uma série de decisões teóricas que tomamos no decorrer de nossa abordagem. A mais importante é, talvez, o papel *constitutivo* que atribuímos à *heterogeneidade* social. Se não designássemos esse papel ao heterogêneo, ele, em sua opacidade, poderia ser concebido apenas como a forma aparente de um núcleo que, em si, seria inteiramente homogêneo e transparente. Isto é, ele seria o terreno no qual as filosofias da história poderiam florescer. Se, ao contrário, a heterogeneidade for primordial e irredutível, ela, em primeiro lugar, se mostrará como um *excesso*. Esse excesso, conforme vimos, não pode ser controlado por estratagema algum, seja ele uma inversão dialética ou qualquer outro meio. A heterogeneidade, porém, não significa puro pluralismo ou multiplicidade, já que esta é compatível com a completa positividade de seus elementos agregados. A heterogeneidade, no sentido em que a concebo, tem como um de seus traços definidores uma dimensão de *ser deficiente* ou de *unicidade falida*. Se, por um lado, a heterogeneidade é irredutível, em última instância, a uma homogeneidade mais profunda, ela, por outro lado, não está simplesmente ausente, mas *presente como aquilo que está ausente*. A unicidade se mostra através de sua própria ausência. Conforme vimos, o resultado dessa presença/ ausência é que os vários elementos do conjunto heterogêneo são investidos ou sobredeterminados diferencialmente. Temos, porém, objetos parciais que, mediante sua própria parcialidade, encarnam uma totalidade que sempre se retrai. Esta requer uma construção social contingente, pois não resulta da natureza positiva e ôntica dos objetos. Foi isso que denominei *articulação* e *hegemonia*. Encontramos nessa construção, que está longe de ser uma operação meramente intelectual, o ponto de partida para a emergência do "povo". Recapitulemos as principais condições dessa emergência. Enumerarei primeiramente o conjunto de decisões teóricas necessárias para que algo como um "povo" se torne inteligível, e em seguida as condições históricas que possibilitam essa emergência.

1. Uma primeira decisão teórica é conceber o "povo" como uma categoria *política*, e não como um *datum* da estrutura social. Isso significa que não designa um grupo *dado*, mas um ato de instituição que cria um novo ator a partir de uma pluralidade de elementos heterogêneos. Foi por isso que insisti desde o início que minha unidade mínima de análise não seria o *grupo* como um referente, mas a *demanda* sociopolítica. Isso explica por que indagações como "de qual grupo social essas demandas são a *expressão*?" não fazem sentido em minha análise, visto que, para mim, a unidade do grupo é simplesmente o resultado de uma somatória de demandas sociais, que, é claro, podem ser cristalizadas em práticas sociais sedimentadas. Esse conjunto pressupõe uma assimetria essencial entre a comunidade como um todo (o *populus*) e os "de baixo" (a *plebs*). Também expliquei as razões pelas quais a *plebs* é sempre uma parcialidade que, todavia, identifica a si mesma como sendo a comunidade como um todo.

2. É nessa contaminação entre a universalidade do *populus* e a parcialidade da *plebs* que se encontra a peculiaridade do "povo" como ator histórico. A lógica de sua construção é aquilo que denominei "a razão populista". Podemos abordar sua especificidade a partir de dois ângulos: a universalidade do parcial e a parcialidade do universal. Vamos analisá-los sucessivamente. Em que sentido o parcial é universal? Já dispomos de todos os elementos para responder apropriadamente a essa pergunta. Deve estar claro que o termo "parcialidade" é usado aqui quase como um oximoro: ele perdeu seu significado meramente particular e tornou-se um dos nomes da totalidade. Uma demanda popular é aquela que encarna a plenitude ausente da comunidade por meio de uma cadeia de equivalências potencialmente interminável. É por isso que a razão populista – que, como vimos, equivale à razão política *tout court* – rompe com duas formas de racionalidade que apregoam o fim da política: tanto com um evento revolucionário total que, ao acarretar a plena reconciliação da sociedade com ela mesma tornaria supérfluo o momento político, como com a mera prática gradualista que reduz a política à administração. Não foi uma casualidade que o lema gradualista de Saint-Simon – "do governo dos homens para a administração das coisas" – tenha sido adotado pelo marxismo para descrever a futura condição de uma sociedade sem classes. No entanto, um objeto parcial, conforme vimos, também pode possuir um significado não partitivo: não apenas parte *de* um todo, mas também uma parte que *é* o todo. Uma vez realizada a inversão da relação parte/ todo – inversão inerente ao objeto *a* lacaniano e à relação hegemônica –, a relação *populus*/ *plebs* torna-se o lugar de uma irreconciliável tensão, na qual cada termo absorve e expele o outro ao mesmo tempo. Essa tensão *sine die* é o que assegura o caráter político da sociedade, a pluralidade das encarnações do *populus* que não conduz a qualquer reconciliação

final (isto é, a justaposição) dos dois polos. É por isso que não existe parcialidade que não mostre, em seu interior, os traços do universal.

3. Passemos para o outro ângulo: a parcialidade do universal. É aqui que deve ser encontrada a verdadeira opção ontológica subjacente à nossa análise. Qualquer que seja o conteúdo ôntico que decidamos privilegiar em um investimento ontológico, os *traços* desse investimento não podem ser inteiramente escamoteados. Qualquer que seja a parcialidade que privilegiemos, ela será também o ponto no qual a universalidade estará necessariamente presente. A pergunta chave é: esse "estar presente" dispensa a especificidade do particular, de tal modo que a universalidade se torna o verdadeiro meio para uma mediação *lógica* ilimitada, e a particularidade passa a ser o campo meramente aparente de uma mediação *expressiva*? Ou melhor: esta opõe um meio não transparente a uma experiência que de outro modo seria transparente de tal maneira que um momento (não) representativo, irredutivelmente opaco, torna-se constitutivo? Se adotarmos a última alternativa, veremos imediatamente que o "povo" (tal como é constituído mediante uma nomeação que não o inclui conceitualmente) não constitui nenhuma espécie de efeito "superestrutural" de uma lógica infraestrutural subjacente, mas um terreno primordial na construção de uma subjetividade política.

Aqui detectamos alguns dos principais efeitos da mútua contaminação entre universalidade e particularidade. O particular – que em nossa análise identificamos como "objeto parcial" – transformou sua própria parcialidade em nome de uma universalidade que o transcende. É por isso que a sua função ontológica jamais pode ser reduzida a seu conteúdo ôntico. Devido, entretanto, ao fato de que essa função ontológica pode estar presente *somente* quando está ligada a um conteúdo ôntico, este torna-se o horizonte de tudo o que existe: o ponto no qual o ôntico e o ontológico se fundem numa unidade contingente, mas indivisível. Evocando um exemplo anterior: em determinada altura os símbolos do Solidariedade tornaram-se na Polônia os símbolos de uma plenitude ausente da sociedade. Como a sociedade, enquanto plenitude, não possui um verdadeiro significado além dos conteúdos ônticos que a encarnam, esses conteúdos são, para os sujeitos a eles ligados, *tudo o que existe*. Assim, eles não constituem uma segunda escolha, empiricamente alcançável em face de uma amplitude inatingível, pela qual esperaríamos em vão. Essa, como vimos, é a lógica do objeto *a* e da hegemonia. Esse momento de fusão entre o objeto parcial e a totalidade representa, em determinado momento, o horizonte histórico final, que não pode ser dividido em suas duas dimensões, a universal e a particular. A história, portanto, não pode ser concebida como um avanço infinito em direção a um objetivo final que seria algum tipo de ideia regulatória kantiana. A história não é um avanço contínuo infinito, mas uma sucessão descontínua de formações hegemônicas que não pode ser ordenada de acordo com nenhuma narrativa universal que transcenda sua historicidade contingente. Os "povos" são apenas formações sociais reais, que resistem a ser inscritos em qualquer espécie de teleologia hegeliana. É por isso que Copjec está absolutamente certa quando insiste na distinção lacaniana entre desejo e pulsão: embora o primeiro não possa ser satisfeito por não possuir objeto e a segunda, por envolver um investimento radical num objeto parcial, proporcione satisfação. É também por isso que, como veremos mais adiante, as análises políticas que tentam polarizar a política em termos da alternativa entre a revolução total e o reformismo gradual perdem de vista o principal: o que lhes escapa como alternativa é a lógica do objeto *a*, isto é, a possibilidade de que uma parcialidade se converta no nome de uma totalidade impossível – em outras palavras, a lógica hegemônica.

4. Aqui devemos esclarecer brevemente três pontos. O primeiro deles é que a relação entre *nomeação* e *contingência* agora se torna completamente inteligível. Se a unidade dos atores sociais fosse o resultado de uma ligação lógica que acolheria várias posições subjetivas numa categoria conceitual unificada, a "nomeação" envolveria simplesmente escolher um rótulo arbitrário para um objeto cuja unidade estaria garantida por meios puramente apriorísticos. Se, entretanto, a unidade do agente social é o resultado de uma pluralidade de demandas sociais que se unem por meio de relações de equivalência (metonímicas) e de contiguidade, nesse caso o momento contingente da nomeação tem um papel absolutamente central e constitutivo. A categoria psicanalítica da sobredeterminação aponta na mesma direção. Nesse sentido, a nomeação é o momento chave na constituição de um "povo", cujas fronteiras e componentes equivalenciais flutuam permanentemente. Por exemplo, o fato de que o nacionalismo possa se tornar um significante central na constituição das identidades populares depende de uma história contingente, impossível de determinar *a priori*. Como se afirmou em relação ao Iraque contemporâneo, "o sentido de nacionalismo é tênue, na melhor das hipóteses, e poderia facilmente ser deslocado por outras formas de lealdade coletiva. A recente onda de sentimentos de parentesco entre sunitas e xiitas mostra, na verdade, a maleabilidade da própria identidade. A ideia da existência de uma nação – e a pertença de alguém a ela – são conceitos que mudam constantemente".[1] O mesmo autor cita o professor Stephen D. Krasner, da Universidade Stanford: "Os indivíduos sempre dispõem de escolhas porque possuem múltiplas identidades: xiita, iraquiana, muçulmana, árabe.

Nesse repertório de identidades, a escolha de uma delas depende das circunstâncias, das vantagens e desvantagens de invocar uma identidade particular".[2] Não se trata apenas do fato de que o nacionalismo possa ser substituído por outros termos em seu papel de significante vazio, mas também o fato de que seu próprio significado irá variar, dependendo da cadeia de equivalências a ele associada.

Uma segunda questão diz respeito ao papel do afeto na constituição das identidades populares. O laço afetivo torna-se mais importante sempre que a dimensão combinatória/ simbólica da linguagem opera menos automaticamente. Nessa perspectiva, o afeto é absolutamente fundamental para explicar o funcionamento do polo substitutivo/ paradigmático da linguagem, que é o da associação livre em seu funcionamento e, assim, o mais aberto à exploração psicanalítica. Conforme vimos, a lógica da equivalência é decisiva na formação das identidades populares, e nessas operações substitutivas/ de equivalência a imbricação entre significado e afeto é mais visível. Essa é a dimensão que os primeiros teóricos da sociedade de massas consideraram a mais problemática, já que, para eles, envolvia uma séria ameaça à racionalidade social. Nas reconstruções racionalistas contemporâneas das ciências sociais, do estruturalismo à escolha racional, esse é também o aspecto sistematicamente desprestigiado, em favor do caráter combinatório/ simbólico, que permite um cálculo "gramatical" ou "lógico".

Precisamos fazer uma colocação final. A passagem de uma formação hegemônica ou configuração popular para outra sempre envolverá uma ruptura radical, uma *creatio ex nihilo*. Não é que todos os elementos de uma configuração emergente tenham de ser inteiramente novos, mas o ponto articulador, o objeto parcial em torno do qual a formação hegemônica é reconstituída como uma nova totalidade, não adquire seu papel central de uma lógica que já operava na situação precedente. Aqui estamos próximos ao que Lacan chamou de *passage à l'acte* [passagem ao ato], que vem sendo central em discussões recentes relativas à ética do Real.[3] Como afirma Alenka Zupančič, "o *Aktus der Freiheit*, o 'ato da liberdade', o autêntico ato ético, é sempre subversivo, nunca é simplesmente o resultado de um 'melhoramento' ou de uma 'reforma'".[4]

Como o momento de equivalência/ articulação não procede de qualquer necessidade lógica para que cada demanda se conecte com outras, o fundamental para a emergência do "povo" como novo ator histórico é que a unificação de uma pluralidade de demandas numa nova configuração seja constitutiva, e não derivativa. Em outros termos, ela constitui um *ato* no sentido estrito, mas não tem sua origem em nada que seja externo a ela. A emergência do "povo" como ator histórico é, assim, sempre transgressiva em relação à situação precedente. Esse ato de transgressão constitui a emergência de uma nova ordem. Conforme Zupančič afirma a propósito de Édipo: "O ato de Édipo, sua pronúncia de uma palavra, não é simplesmente um ultraje, um desafio lançado ao Outro, é também um ato de criação do Outro (um Outro diferente). Édipo não é tanto um 'transgressor' como o 'fundador' de uma nova ordem".[5]

Embora eu concorde em grande medida com a descrição de Zupančič sobre o ato verdadeiro, minha visão diverge da sua em relação à situação transgredida. Como sua ênfase principal recai na radicalidade da ruptura provocada pelo ato, ela tende a destacar sua função transgressora juntamente com a novidade daquilo que ela estabelece. Isso, no meu modo de ver, leva Zupančič a apresentar a situação que precede a passagem ao ato como algo mais monolítico e fechado do que, na verdade, é. E se a situação estivesse deslocada internamente, e o ato simplesmente não *substituísse* uma ordem antiga por uma nova, mas *introduzisse* a ordem onde existia, pelo menos parcialmente, o caos? Nesse caso, a ordem introduzida ainda seria nova, mas também seria a incorporação da ordem *tout court* lá onde ela estava ausente. Isso é importante para um ponto chave na análise de Zupančič: sua afirmação de que em um ato verdadeiro não existe um sujeito dividido: "Se a divisão da vontade ou a divisão do sujeito é a marca da liberdade, ela, entretanto, não é a marca do ato. *No ato não existe um sujeito dividido.* Antígona está integralmente ou 'toda' em seu ato; ela não está 'dividida' ou 'barrada'. Isso significa que ela passa inteiramente para o lado do objeto e que o lugar da vontade que queria esse objeto 'permanece vazio'".[6] Minha discordância com a formulação acima não é a ideia de que, no ato, o sujeito passa inteiramente para o lado do objeto. Posso concordar com isso. Minha dificuldade é que, devido aos motivos que apresentei, vejo *o próprio objeto como dividido.* Visto que a ação, por um lado, introduz uma *nova* ordem (ôntica), e, por outro, tem uma função *ordenadora* (ontológica), ela é o *locus* de um jogo complexo, mediante o qual um conteúdo concreto atualiza, através de sua própria concretude, algo que é completamente diferente de si mesmo: é o que denominei a plenitude ausente da sociedade. É fácil ver por que, sem a complexidade específica desse jogo, não haveria hegemonia nem identidades populares.

5. Agora discutirei as condições *históricas* que possibilitaram a emergência e expansão das identidades populares. Já conhecemos a condição *estrutural*: a multiplicação das demandas sociais, cuja heterogeneidade somente pode ser conduzida a alguma forma de unidade através de articulações políticas equivalenciais. Portanto, a indagação relativa às condições históricas deveria ser: vivemos

em sociedades que tendem a aumentar a homogeneidade social através de mecanismos infraestruturais imanentes ou, ao contrário, habitamos em um terreno histórico onde a proliferação de pontos heterogêneos de ruptura e antagonismos requer cada vez mais formas *políticas* de reagregação social – quer dizer que estas dependem menos de uma lógica social *subjacente* e mais dos *atos*, no sentido que descrevi? Essa indagação não precisa de uma resposta; ela é óbvia. O que exige algumas considerações, entretanto, são as condições que fazem com que a balança penda cada vez mais para o lado da heterogeneidade. Existem várias condições inter-relacionadas, mas, se eu tivesse de submetê-las a um rótulo, seria o de *capitalismo globalizado*. É claro que por capitalismo não devemos mais compreender uma totalidade fechada em si mesma, governada por movimentos derivados das contradições da mercadoria como uma forma elementar. Já não podemos mais entender o capitalismo como uma realidade puramente econômica, mas como um complexo no qual determinações econômicas, políticas, militares e tecnológicas, além de outras – cada uma delas dotada de sua própria lógica e de certa autonomia –, entram na determinação do movimento do todo. Em outros termos, a heterogeneidade pertence à essência do capitalismo, cujas estabilizações parciais são hegemônicas por natureza.

Não posso iniciar uma discussão sobre esses problemas, pois isso exigiria outro livro. Vou apenas mencionar de maneira breve, quase telegraficamente, alguns aspectos que uma análise do populismo nas sociedades contemporâneas não pode deixar de lado.[7] Em primeiro lugar, temos a questão do equilíbrio instável entre *conceito* e *nome*, tratada em vários momentos de minha discussão. Em sociedades em que as diversas posições subjetivas dos atores sociais têm uma gama limitada de variações horizontais, todas elas poderiam ser concebidas como expressão da identidade dos *mesmos* atores sociais. Os trabalhadores, por exemplo, que moram em determinado bairro, que trabalham em empregos comparáveis, que têm o mesmo acesso a bens de consumo, cultura, lazer etc., podem alimentar a ilusão de que, apesar da heterogeneidade de suas demandas em várias esferas, todas essas demandas provêm do mesmo grupo e que existe entre elas uma ligação natural ou essencial. Quando essas demandas se tornam mais heterogêneas na experiência de vida das pessoas, é sua unidade em torno de um grupo "dado por certo" que é questionada. É nesse ponto que as lógicas que constroem o "povo" como uma entidade contingente tornam-se mais autônomas em relação à imanência social, mas, por este mesmo motivo, mais constitutivas em seus efeitos. Esse é o ponto em que o *nome*, altamente investido afetivamente, não apenas *expressa* a unidade do grupo, mas também se converte em seu *fundamento*.

Temos em segundo lugar a questão da construção discursiva da divisão social. Apresentei uma explicação estrutural da formação da identidade popular, na qual fronteiras antagônicas se firmam em lógicas equivalenciais. As fronteiras são a condição *sine qua non* da emergência do "povo": sem elas, toda a dialética da parcialidade/ universalidade simplesmente entraria em colapso. Porém, quanto mais extensa for a cadeia equivalencial, menos "natural" é a articulação entre seus elos e mais instável é a identificação do inimigo, localizado do outro lado da fronteira. Deparamos com isso em vários momentos desta análise. No caso de uma demanda específica, formulada num contexto localizado, é relativamente fácil determinar quem é o adversário. Se, entretanto, houver uma equivalência entre uma multiplicidade de demandas heterogêneas, torna-se muito mais difícil saber qual é seu objetivo e contra quem se está lutando. A esta altura, a "razão populista" passa a operar plenamente. Isso explica por que aquilo que denominei "capitalismo globalizado" é um estágio qualitativamente novo na história do capitalismo e conduz a um aprofundamento das lógicas da formação da identidade, como a descrevemos. Tem ocorrido uma multiplicação de efeitos de deslocamento e uma proliferação de novos antagonismos, motivos pelos quais o movimento antiglobalização deve operar de modo inteiramente novo: ele tem de postular a criação de laços equivalenciais entre demandas sociais profundamente heterogêneas e, ao mesmo tempo, elaborar uma linguagem comum entre elas. Está emergindo um novo internacionalismo que, ao mesmo tempo, torna obsoletas as formas institucionalizadas e tradicionais da mediação política. A universalidade da forma "partido", por exemplo, está sendo radicalmente questionada.

Há, finalmente, a questão do *status* do político. Em minha visão, o político é ligado ao que se poderia chamar uma articulação contingente – simplesmente outro nome para a dialética entre lógica da diferença e lógica da equivalência. Nesse sentido, todo antagonismo é essencialmente político. Nesse caso, entretanto, o político não está ligado a um tipo de conflito regional diferente, por exemplo, do econômico. Por quê? Por duas razões principais. A primeira delas é que demandas que questionam o existente estado de coisas não surgem espontaneamente da lógica econômica, mas consistem de uma ruptura com ela. A demanda por aumento de salário não deriva da lógica das relações capitalistas, mas interrompe essa lógica em termos que são alheios a ela, os de um discurso relativo à justiça, por exemplo. Assim, qualquer demanda pressupõe uma heterogeneidade constitutiva – é um acontecimento que rompe com a lógica de uma situação. É isso que faz com que tal demanda seja uma demanda política. Em segundo lugar, essa heterogeneidade da demanda em relação à situação existente raramente se limitará a um conteúdo específico; será altamente sobredeterminada desde o início. A reivindicação de um nível mais elevado de salários, em termos de justiça, se enraizará num sentido mais amplo de justiça ligado a uma variedade de situações diferentes. Em outras palavras, não existem sujeitos puros de troca; eles estão sempre sobredeterminados pelas lógicas de equivalência. Isso significa que os sujeitos políticos, de uma maneira ou de outra, sempre são sujeitos populares. E sob as condições do capitalismo globalizado, o espaço dessa sobredeterminação se expande claramente.

Com isso, apresentei os principais traços de meu conceito sobre as lógicas que determinam a formação das identidades populares. A especificidade de minha abordagem poderá ficar mais clara se a compararmos a outros enfoques alternativos que vêm sendo propostos em anos recentes. Em primeiro lugar, duas delas, das quais discordo fundamentalmente – a de Slavoj Žižek e a de Michael Hardt e Antonio Negri. Passarei em seguida a uma proposta mais próxima da visão apresentada neste livro: a de Jacques Rancière.

ŽIŽEK: À ESPERA DOS MARCIANOS

Uma primeira abordagem sobre a unidade dos sujeitos populares encontra-se em novas versões do marxismo tradicional: a unidade popular é reduzida à unidade de classes. Tomarei o trabalho de Slavoj Žižek como um exemplo representativo dessa posição.[8] Ele apresenta sua própria visão do sujeito no contexto de uma crítica a meu trabalho. Suas principais colocações são:

1) Por detrás da minha posição haveria um kantismo apenas levemente disfarçado:

> A principal dimensão "kantiana" de Laclau situa-se em sua aceitação do abismo intransponível entre o entusiasmo pelo Objetivo impossível de um engajamento político e seu conteúdo realizável mais modesto [...]. Minha colocação é que, se aceitamos um tal abismo como o horizonte último do engajamento político, acaso isto não nos exigiria uma escolha relativa a esse compromisso: ou ficar cegos diante do necessário e derradeiro fracasso de nosso esforço – retornarmos à inocência e nos deixarmos envolver pelo entusiasmo –, ou adotar uma postura de distância cínica, participando do jogo ao mesmo tempo em que temos plena consciência de que o resultado será decepcionante?[9]

2) Após assimilar falsamente minha posição à da política da identidade multicultural, Žižek conclui:

> Essa justificada rejeição da plenitude da sociedade pós-revolucionária *não* justifica, entretanto, a conclusão de que temos de renunciar a qualquer projeto de uma transformação social global e nos limitarmos a problemas parciais que devem ser resolvidos: o salto de uma crítica à "metafísica da presença" para a política "gradualista antiutópica e reformista" constitui um curto-circuito ilegítimo.[10]

3) Por detrás da narrativa histórica da crescente desintegração do marxismo essencialista clássico e a emergência de uma pluralidade de novos agentes históricos populares, argumenta Žižek, haveria certa "resignação", a "aceitação do capitalismo como 'o único jogo

possível', a renúncia a qualquer tentativa real de superar o existente regime capitalista liberal".[11]

4) "Contra os proponentes da crítica ao capitalismo global, da 'lógica do Capital', Laclau argumenta que o capitalismo é um composto inconsistente de elementos heterogêneos que se combinaram como consequência de uma constelação histórica contingente, e não uma Totalidade homogênea que obedece a uma Lógica comum subjacente".[12]

5) E, finalmente, eis o núcleo da argumentação de Žižek, que seria o fundamento de nossas diferentes concepções das identidades sociais:

> Minha discordância com Laclau é que não aceito que todos os elementos que entram numa luta hegemônica são em princípio iguais: na série de lutas – econômicas, políticas, feministas, ecológicas, étnicas etc. – sempre existe *uma* (a luta de classes) que, embora faça parte da cadeia, sobredetermina secretamente seu próprio horizonte. Esta contaminação do universal pelo particular é mais forte do que a luta pela hegemonia [...]. Ela estrutura de antemão *o próprio terreno* no qual a multiplicidade de conteúdos particulares luta pela hegemonia.[13]

Exploremos esse acúmulo de representações errôneas. Para começar, o leitor deste livro não terá dificuldade em localizar o equívoco básico da leitura que Žižek faz de meu trabalho.[14] Ao caracterizar minha abordagem, ele opõe a "transformação social global" a mudanças parciais, e assimila estas a um reformismo gradualista. Essa oposição não faz sentido, e a assimilação é uma invenção simplesmente arbitrária. Jamais falei de "gradualismo", termo que, em minha abordagem teórica, somente poderia significar uma lógica diferencial desimpedida de qualquer tipo de equivalência ou um mundo de demandas pontuais, que não entraria em qualquer tipo de articulação popular. As identidades populares, do meu ponto de vista, sempre constituem totalidades. É verdade que eu falei de lutas e demandas parciais, mas essa parcialidade nada tem a ver com gradualismo. Como este livro deixa suficientemente claro, meu conceito de parcialidade converge com aquilo que, na psicanálise, é denominado um "objeto parcial", isto é, uma parcialidade que funciona como uma totalidade. Assim, o que Žižek ignora é o conjunto da lógica do objeto *a*, que, conforme argumentei antes, é idêntica à lógica hegemônica. Que o objeto seja "elevado à dignidade da Coisa" é algo que Žižek parece excluir como uma possibilidade política. A alternativa que ele apresenta é: ou temos acesso à Coisa como tal, ou temos parcialidades puras, não vinculadas por qualquer efeito totalizante. Um lacaniano como Žižek deveria estar mais bem informado.

Pelo mesmo motivo, a parcialidade de um horizonte hegemônico não envolve qualquer tipo de resignação. A colocação de Copjec relativa ao fato de que o objeto da pulsão é capaz de proporcionar satisfação torna-se aqui muito relevante. Para um sujeito inserido numa configuração hegemônica, essa configuração é tudo o que existe como um objetivo, não é um momento a mais numa abordagem interminável em direção ao Ideal. As referências de Žižek a Kant são inteiramente inapropriadas. Para Kant o papel regulador da Ideia resulta numa aproximação infinita em direção ao mundo numênico, mas nada de semelhante ocorre no caso de uma identificação hegemônica. A alternativa apresentada por Žižek – expectativas ingênuas ou cinismo – se desmorona, uma vez que se fez um investimento radical num objeto parcial (uma vez que o objeto "foi elevado à dignidade de Coisa"). E esse objeto, embora parcial, poderia promover uma mudança radical ou uma transformação social global, mas, mesmo nesse caso, o momento do investimento radical estará necessariamente presente. A Coisa enquanto tal não pode ser tocada diretamente em nenhum ponto sem sua representação através de um objeto. Na realidade, não existe tal Coisa: é sempre uma suposição retrospectiva. Entretanto, essa particularidade do objeto não envolve qualquer resignação ou renúncia.

Qual é, porém, a verdadeira raiz desse desacordo teórico? Penso que está no fato de que a análise de Žižek é inteiramente eclética, pois se fundamenta em duas ontologias incompatíveis: uma ligada à psicanálise e à descoberta freudiana do inconsciente; a outra, à filosofia hegeliana/ marxista da história. Žižek realiza todo tipo de contorções implausíveis para conciliar ambas, mas ele está evidentemente longe de obter êxito. Seu método favorito é tentar estabelecer homologias superficiais. A certa altura ele afirma, por exemplo, que o capitalismo é o Real – no sentido lacaniano – da sociedade contemporânea, visto ser aquilo que sempre retorna. Mas, se a repetição indefinida fosse o único traço inerente ao Real, poderíamos dizer igualmente que o frio é o Real da sociedade capitalista porque ele volta a cada inverno. Uma verdadeira analogia metafórica, com valor epistemológico, teria de mostrar que o capitalismo situa-se além da simbolização social, algo que Žižek verificaria ser impossível provar.

De acordo com Žižek, eu sustento que o capitalismo é a combinação conjuntural e incoerente de uma multiplicidade de traços heterogêneos. É desnecessário afirmar que eu jamais disse coisa tão estúpida. Na verdade, o que eu *disse* – e isso é inteiramente diferente –

é que a coerência do capitalismo como formação social não pode derivar da mera análise lógica das contradições implícitas na forma mercadoria, pois a efetividade social do capitalismo depende de sua relação com um exterior heterogêneo que ele pode controlar por meio de relações instáveis de poder, mas que pode derivar de sua própria lógica endógena. Em outras palavras, a dominação capitalista não é autodeterminada, derivável de sua própria forma, mas o resultado de uma construção hegemônica, e assim sua centralidade deriva, como tudo o mais na sociedade, de uma sobredeterminação de elementos heterogêneos. Por esse motivo, algo como uma relação de forças pode existir na sociedade – uma "guerra de posição", no sentido gramsciano. Se a dominação capitalista pudesse derivar da análise de sua mera forma – se fôssemos confrontados com uma lógica homogênea, que se autodefine –, então qualquer tipo de resistência seria completamente inútil, pelo menos até que essa lógica desenvolvesse suas próprias contradições internas – uma conclusão com a qual o marxismo e a Segunda Internacional flertavam e que Žižek não está muito longe de adotar.

Žižek afirma que sua discordância comigo se deve ao fato de que, para ele, os elementos que participam da luta hegemônica não são iguais, mas que sempre existe um elemento que, embora "faça parte da cadeia, sobredetermina secretamente seu próprio horizonte". De acordo com ele, isso significa que existe algo mais fundamental do que a luta pela hegemonia, algo que estrutura o terreno no qual esta ocorre. A afirmação de que existe uma desigualdade essencial entre os elementos que participam da luta hegemônica é algo com que certamente coincido – a teoria da hegemonia é precisamente a teoria dessa desigualdade. Žižek, porém, não apresenta um argumento *histórico*, mas um argumento *transcendental*. Para ele, em toda sociedade possível esse papel determinante corresponde necessariamente à economia (parece, a essa altura, que estamos regressando àquelas ingênuas distinções da década de 1960 entre "determinação em última instância", "papel dominante", "autonomia relativa" etc). A primeira coisa que posso dizer sobre a demonstração vazia de Žižek em relação ao marxismo clássico é que ele emprega erroneamente a categoria freudiana de "sobredeterminação". Para Freud, a instância da sobredeterminação depende inteiramente de uma história pessoal: não existe nenhum elemento que seja sobredeterminante em si e por si. Se, no entanto, Žižek agora nos diz que alguns elementos são históricos *a priori*, predestinados a ser sobredeterminantes, ele está abandonando inteiramente o campo freudiano – na verdade está mais próximo de Jung. Em seu desespero por defender "a determinação em última instância pela economia", Žižek se refere, em alguns momentos, a um derradeiro reduto de naturalismo que deveria ser mantido. Isso, porém, não funciona. Não se pode juntar duas ontologias incompatíveis. Ou a sobredeterminação é universal em seus efeitos – e nesse caso, conforme Copjec escreveu recentemente, a teoria das pulsões ocupa o espaço da ontologia clássica –, ou ela é uma categoria específica, rodeada por uma área de total determinação, que se torna o campo de uma ontologia fundamental, ao mesmo tempo em que estabelece os limites nos quais a sobredeterminação é capaz de operar.

A ironia é que Žižek não precisa desse discurso eclético e tosco para mostrar a centralidade dos processos econômicos nas sociedades capitalistas. Ninguém negaria seriamente essa centralidade. A dificuldade surge quando ele transforma "a economia" numa instância homogênea autodefinida, que opera como fundamento da sociedade, isto é, quando ele a reduz a um modelo explanatório hegeliano. A verdade é que a economia, como qualquer outra coisa na sociedade, é o lugar de uma sobredeterminação das lógicas sociais, e sua centralidade é o resultado do fato óbvio de que a reprodução material da sociedade tem mais repercussões para os processos sociais do que outras instâncias. Isso não significa, entretanto, que a reprodução capitalista possa ser reduzida a um único mecanismo autodefinidor.

Aqui chegamos ao ponto crucial das dificuldades da abordagem de Žižek. Por um lado, ele está comprometido com uma teoria do ato revolucionário total que operaria em seu próprio nome, sem estar investido em qualquer objeto diferente de si mesmo. Por outro lado, o sistema capitalista, como mecanismo dominante, subjacente, é a verdadeira realidade com a qual o ato emancipatório deve romper. A conclusão de ambas as premissas é que não existe luta emancipatória válida se não for uma luta anticapitalista direta e total. Nas palavras de Žižek: "Acredito no papel estruturante central da luta anticapitalista".[15] O problema, porém, é este: ele não fornece indicação alguma do que seria a luta anticapitalista. Descarta rapidamente as lutas multiculturais, antissexistas e antirracistas por não serem diretamente anticapitalistas. Ele também não sanciona os objetivos tradicionais da esquerda, mais diretamente ligados à economia: nem as reivindicações por aumento salarial, por uma democracia industrial, pelo controle dos processos trabalhistas ou por uma distribuição progressiva da renda são tampouco, para ele, anticapitalistas. Acaso ele imagina que a proposta dos luditas de destruir todas as máquinas resultaria no fim do capitalismo?* Não há uma única linha, no trabalho de

* O movimento ludita eclodiu na Inglaterra durante a passagem do século XVIII para o século XIX. Operários têxteis se revoltaram contra a intensa mecanização do trabalho industrial, que ameaçava a mão de obra e a manutenção dos empregos, e passaram a destruir as máquinas das fábricas onde trabalhavam. [N.E.]

Žižek, que ofereça um exemplo daquilo que ele considera uma luta anticapitalista. A gente se põe a imaginar se ele está prevendo uma invasão de seres de outro planeta ou se, como sugeriu uma vez, ocorrerá algum tipo de catástrofe ecológica que não transformaria o mundo, mas o levaria a desintegrar-se.

Mas o que está errado em toda sua argumentação? Suas próprias premissas. Como Žižek se recusa a aplicar a lógica hegemônica ao pensamento estratégico-político, ele perambula num beco sem saída. Tem de descartar todas as lutas "parciais" como internas ao "sistema" (o que quer que isso signifique); e, como a "Coisa" é inatingível, não consegue apontar nenhum ator histórico para sua luta anticapitalista. Conclusão: Žižek não pode fornecer qualquer teoria do sujeito emancipatório.[16] Ao mesmo tempo, como sua totalidade sistêmica, por ser um fundamento, é regulada exclusivamente por suas próprias leis internas, a única opção é esperar que aquelas leis produzam a totalidade de seus efeitos. Logo, niilismo político.

Se, entretanto, questionarmos ambas as premissas de Žižek, teremos um cenário no qual há mais espaço para a esperança. Mencionemos, em primeiro lugar, a parcialidade das lutas. Como vimos, não existe luta ou demanda sem uma área de irradiação equivalencial. Žižek se equivoca ao apresentar lutas tais como as multiculturais como secundárias e totalmente integráveis ao sistema existente. É totalmente inapropriado apresentar o problema em termos de estabelecer qual delas é mais fundamental. Já vimos que a centralidade sempre está ligada à formação das identidades populares, que nada mais são do que uma sobredeterminação das demandas democráticas. Portanto, a centralidade de cada uma delas não dependerá de sua localização em uma geometria abstrata de efeitos sociais, como Žižek imagina, mas de sua articulação concreta com outras demandas em uma totalidade popular. É óbvio que isso não garante o caráter "progressista" daquele todo, mas cria um terreno no qual podem ocorrer várias tentativas hegemônicas. Em segundo lugar, podemos ver claramente por que não existe algo como uma luta anticapitalista *per se*, mas efeitos anticapitalistas que, em certo ponto de ruptura, podem derivar da articulação de uma pluralidade de lutas. Para mencionar apenas movimentos revolucionários, nenhuma das principais sublevações do século passado – as revoluções russa, chinesa, cubana ou vietnamita – se declararam anticapitalistas em essência. O que eu discuti em minha argumentação psicanalítica sobre o "valor de seio" do leite pode ser tomado aqui como o valor "anticapitalista" de um investimento político. Permanece, entretanto, um problema. Qual é o conteúdo semântico do "anticapitalismo"? Será o anticapitalismo um significante vazio – um dos nomes da falta, já mencionada –, e nesse caso o "capitalismo" seria uma construção do movimento anticapitalista, o "outro lado" de uma fronteira que constitui a unidade do campo de equivalências anticapitalistas? Ou o capitalismo é, antes, a lógica subjacente de todo o sistema e, então, o anticapitalismo seria apenas o efeito interno da lógica do próprio capitalismo? Aqui podemos discernir com exatidão o que me separa de Žižek. Ele permanece no campo da imanência total, que, em termos hegelianos, só pode ser uma imanência lógica, enquanto, para mim, o momento da negatividade (investimento radical, opacidade da representação, divisão do objeto) é irredutível. É por isso que, na minha visão, o ator histórico central, que, em determinado ponto, poderia ser empiricamente uma "classe", sempre será um "povo", ao passo que, para Žižek, ele será sempre uma "classe" *tout court*. Conquanto, nesse aspecto, ele esteja mais próximo de Hegel do que de Lacan, penso que estou mais próximo de Lacan do que de Hegel.

Embora Žižek tente fundamentar a identidade dos atores sociais no "*a priori* histórico" de uma determinação em última instância, Michael Hardt e Antonio Negri, autores de *Império*, evitam tal atribuição de um privilégio ontológico transcendental.[17] Para eles, todas as lutas sociais, embora desconectadas, convergem na constituição de um sujeito emancipatório a quem eles denominam "a multidão". Pois bem, aparentemente existiria alguma analogia entre a "multidão" e aquilo que, ao longo deste livro, eu denominei o "povo", mas essa analogia é puramente superficial. Reflitamos brevemente sobre as principais características da abordagem de Hardt e Negri, na medida em que ela se relaciona com o tema de nossa pesquisa. Seu ponto de partida é o conceito deleuziano/nietzschiano de imanência, que os dois autores vinculam ao processo de secularização dos tempos modernos. No entanto, um imanentismo secular requer o funcionamento de um mecanismo universal, e a emergência, em algum momento, de um ator histórico universal. Tudo depende, porém, do modo como essa universalidade é concebida: como uma universalidade parcial, politicamente construída, ou como uma universalidade subjacente e espontânea. Obviamente, um imanentismo radical só é compatível com essa última posição, e Hardt e Negri adotam-na resolutamente. A primeira posição, que é a minha, requer uma negatividade que fragmenta o fundamento social e é irredutível à imanência pura. Para Hardt e Negri, a imanência radical alcança seu ponto mais alto de visibilidade com a constituição do Império, uma entidade sem fronteiras e, em oposição ao antigo imperialismo, sem um centro.

As características dessa totalidade sem forma, mas autodefinida, são transmitidas à multidão como se esta fosse o coveiro do Império, de um modo que evoca a descrição de Marx da universalização trazida pelo capitalismo como prelúdio à emergência do proletariado como classe universal. A soberania, nos tempos modernos, teria sido uma derrota histórica para a multidão, já que implicou o restabelecimento do poder absoluto dos reis, e os mecanismos de representação teriam restringido essa convergência espontânea, a qual é o único mecanismo que possibilita a criação da unidade da multidão. Como funciona esse mecanismo unificador? De acordo com a análise de *Império*, ele não envolve qualquer tipo de mediação política particular, pois, de acordo com os autores, como é algo natural que os oprimidos se revoltem, sua unidade seria simplesmente a expressão de uma tendência espontânea à convergência. A unidade, como uma dádiva do céu, ocupa, na teoria de Hardt e Negri, o mesmo lugar que atribuímos à articulação hegemônica. Como lutas verticalmente separadas não precisam ser ligadas horizontalmente, toda construção política desaparece. O único princípio que garante a união da multidão em torno de um objetivo comum é aquilo que os dois autores denominam "ser contra": trata-se de ser contra tudo e em todos os lugares. O objetivo seria a *deserção* universal. Esse processo já estaria ocorrendo graças aos movimentos nômades, rizomáticos, das pessoas que atravessam fronteiras.

O que devemos pensar dessa sequência teórica? Não podemos evitar nosso espanto com a superficialidade de toda a análise. Mais importante que assinalar suas debilidades óbvias é desvendar suas fontes, pois elas não contêm simplesmente erros, mas são resultado de maneiras equivocadas de abordar questões reais e importantes. Tratemos primeiramente da categoria "ser contra". Tomada literalmente, não faz qualquer sentido: as pessoas não estão contra tudo e em todos os lugares. Se, no entanto, tentarmos, parafraseando

Marx, "descobrir o cerne racional do arcabouço místico", veremos que um importante problema está por detrás dessa tosca formulação: é o problema que, neste livro, tentei abordar em termos de "heterogeneidade social". Enquanto que, para Marx, a unidade do sujeito revolucionário – o proletariado – constituía a expressão de uma homogeneidade essencial, resultante da simplificação da estrutura social sob o capitalismo, a multidão de Hardt e Negri não nega a heterogeneidade dos atores sociais nem fundamenta a unidade, à maneira de Žižek, na prioridade transcendentalmente estabelecida de uma luta sobre as demais. Em minha concepção do "povo", também reconheci a heterogeneidade básica das demandas sociais e sua convergência em entidades coletivas, que não são a expressão de nenhum mecanismo subjacente separado das formas de sua articulação. Até mesmo o conceito de "ser contra", sem um referente concreto, evoca de maneira vaga aquilo que denominei "significantes vazios". Nesse caso, onde se situa a diferença? Muito simplesmente em nossas diferentes abordagens à questão da articulação política. Para mim, a emergência da unidade a partir da heterogeneidade pressupõe o estabelecimento de uma lógica de equivalência e a produção de significantes vazios. Em *Império*, ela resulta da tendência natural do povo de lutar contra a opressão. Não importa se denominamos essa tendência um presente dos Céus ou uma consequência da imanência. *Deus sive Natura* [Deus ou Natureza]. O que importa é que a abordagem de Hardt e Negri desta questão os leva a simplificar demais o processo político. Se existe uma tendência natural à revolta, não há necessidade de nenhuma construção política do sujeito da revolta. A sociedade, entretanto, é muito mais complicada do que pretende essa formulação simplista. As pessoas nunca estão apenas "contra", mas contra determinadas coisas e a favor de outras, e a construção de um "contra" mais amplo – uma identidade popular mais global – somente pode ser o resultado de uma extensa guerra política de posição que, é claro, pode fracassar. No que se refere a uma totalidade imperial desprovida de um centro – uma espécie de eternidade espinosana –, da qual tivessem desaparecido os polos internos de poder, isso já não faz mais sentido. Basta verificarmos o que aconteceu no cenário internacional depois do 11 de setembro de 2001.

Algo similar se pode dizer sobre outro aspecto da argumentação de Hardt e Negri. Ela privilegia absolutamente a tática em detrimento da estratégia. Mais uma vez existe aqui algo em que podemos coincidir. A tradição socialista advogou uma subordinação total da tática à estratégia, como resultado de uma visão da história baseada no funcionamento de leis necessárias que permitiam previsões a longo prazo e de uma concepção dos agentes sociais como constituídos em torno de rígidas posições de classe. Hoje, porém, quando o futuro é visto como aberto a variações contingentes e a heterogeneidade dos atores sociais é cada vez mais reconhecida, a relação da estratégia e da tática se inverte: as estratégias são necessariamente mais de curto prazo e aumenta a autonomia das intervenções táticas. Isso, porém, levou Hardt e Negri a uma conclusão extrema e, na minha opinião, equivocada: a estratégia desaparece totalmente, enquanto intervenções táticas desconectadas se convertem no único recurso possível. Repito: somente lutas verticais pontuais são reconhecidas como objetos de um engajamento militante, enquanto sua articulação cabe a Deus (ou à natureza). Em outras palavras, temos o eclipse completo da política. A abordagem de Hardt e Negri evidencia as piores limitações do operaísmo italiano da década de 1960.

Se compararmos agora o enfoque de Žižek com o de Hardt e Negri, veremos que, em ambos os casos, seus impasses teóricos e políticos derivam da mesma raiz teórica: sua dependência, em última instância, de uma ou outra forma de imanência – uma imanência que, sem dúvida, é diferente em ambos os casos. No exemplo de Žižek, como assinalei, estamos lidando com uma imanência lógica de tipo hegeliano. Isso se reflete em sua tentativa de transferir o desnível social ao nível transcendental de um *a priori* social. Na realidade, o pensamento de Žižek se distancia de todas as promessas encorajadoras de seus primeiros escritos. Sua lúcida abordagem à questão da nomeação, que já discuti, perde a maior parte de sua agudeza quando a nomeação se depara com limites conceituais numa constituição transcendental prévia do objeto – limites que nenhuma nomeação pode transgredir. Žižek também não pode sustentar o papel fundamental do afeto. Não pode existir um investimento *radical* em um objeto *a* se um marco *a priori* determinar quais entidades serão os objetos de semelhante investimento. Žižek, finalmente, mudou sua visão no que diz respeito à negatividade. Ele havia acolhido com entusiasmo minha análise da negatividade irredutível do antagonismo, que via como o ressurgimento, no campo da teoria social, do Real lacaniano. Agora, vem afirmando que a determinação dos sujeitos do antagonismo é ditada por uma morfologia *a priori* da história. Isso equivale a afirmar que o Simbólico é o derradeiro marco que estabelece os limites nos quais o Real pode operar, o que é totalmente antilacaniano. O projeto de Žižek recai num ecletismo que mal se disfarça por seu costumeiro arsenal de piadas, trocadilhos e referências cruzadas.

A imanência com a qual Hardt e Negri operam não é hegeliana, mas espinosana-deleuziana. Eles não compartilham os escrúpulos lacanianos de Žižek e assim, em relação a esse aspecto do argumento, conseguem ser mais coerentes e desprovidos de ecletismo. Precisamente por esse motivo as limitações da abordagem puramente imanentista se tornam ainda mais claras em seus escritos do que em Žižek. Como eu disse antes, os autores de *Império* não oferecem uma explicação coerente sobre a origem dos antagonismos sociais. O máximo que conseguem fazer é postular, como uma espécie de *conatus* espinosano, a propensão natural e saudável do povo de se revoltar. No entanto, apresentar esse postulado como um *fiat* sem fundamento tem consequências graves para a teoria deles, algumas das quais já indicamos e às quais voltaremos agora.

Em primeiro lugar, Hardt e Negri tendem a simplificar excessivamente as tendências de unidade que operam no interior da multidão. Eles têm uma visão um tanto triunfalista e exageradamente otimista dessas tendências, embora não seja possível compreender, com base em suas colocações, se estas são reais ou virtuais. Em segundo lugar, e pelo mesmo motivo, eles tendem a reduzir a importância dos confrontos que ocorrem no Império. Mas em terceiro lugar, e mais importante, eles se mostram incapazes de proporcionar qualquer consideração coerente sobre a natureza da ruptura que levaria do Império ao poder da multidão. Não estou me referindo, é claro, a nenhuma previsão futurológica da ruptura revolucionária, mas a algo mais básico: em que consiste uma ruptura revolucionária? Eu afirmaria que esse fracasso argumentativo, que tem sérias consequências para a análise sociopolítica, não é uma peculiaridade de *Império*, é inerente a qualquer abordagem radical imanentista, cujas explicações pairam sempre instavelmente num terreno de indecisão entre *ruptura* e *continuidade*. A dialética de Hegel foi uma tentativa fracassada de fornecer uma síntese capaz de reintegrar em uma unidade esses dois momentos polarizados. E a maioria dos problemas com que nos deparamos na análise de Žižek também são relacionados a essa questão.

Essas dificuldades não podem ser resolvidas no terreno de uma imanência radical. Portanto, precisamos mudar de terreno. Mas tal mudança não pode ser o retorno a uma transcendência pura. Na minha visão, o terreno social se estrutura não como algo imanente ou como estrutura transcendente, mas como uma *transcendência falida*. A transcendência surge no social como a presença de uma ausência. É em torno de uma falta constitutiva que o social se organiza. É fácil perceber como podemos mover-nos daqui em direção às principais categorias que informaram nossa análise: plenitude ausente, investimento radical, objeto *a*, hegemonia e assim por diante. Esse é o ponto definitivo no qual *multidão* e *povo* se separam enquanto categorias teóricas.

Passarei agora a considerar outra tentativa contemporânea de pensar a especificidade do "povo". Como já disse antes, essa abordagem – uma das mais importantes da atualidade, em minha opinião – está no trabalho de Jacques Rancière.

RANCIÈRE: A REDESCOBERTA DO POVO

Como Rancière constrói seu conceito de "povo"? Ele começa assinalando um desentendimento fundamental entre a filosofia política e a política.[18] A primeira não constitui uma discussão teórica sobre a última, mas uma tentativa de neutralizar seus efeitos sociais negativos. Onde se situa esse *desentendimento*? Essencialmente no fato de que, embora a ideia de uma comunidade boa, ordenada, dependa da subordinação de suas partes a um todo – dependa de ser possível *contá-las* como partes –, existe uma parte que não se inscreve nessa contabilização, uma parte que, sem deixar de ser parte, apresenta-se como todo. Como isso acontece? Rancière começa refletindo sobre o conceito de comunidade na filosofia grega clássica. Encontra nela uma oposição de relações entre os indivíduos, submetidos a uma igualdade *aritmética* que governa as trocas comerciais e a atribuição de penas no direito penal, assim como a uma harmonia *geométrica*, que designa a cada parte uma função específica na economia do todo. Uma comunidade boa, ordenada, seria aquela em que o princípio geométrico desempenhasse o papel dominante. Essa possibilidade, essa distribuição – contabilização – de agentes de acordo com as funções, é interrompida por uma anomalia: o surgimento de algo essencialmente incontável e que, enquanto tal, distorce o princípio da contagem, qual seja, a emergência do *demos* – o "povo" –, que embora sendo uma parte, também reivindica ser o todo.

Na *Política*, Aristóteles tenta determinar três *axiai* da comunidade: a riqueza de poucos (a *oligoi*), a virtude ou excelência (dos *aristoi*) e a liberdade (*eleutheria*), a qual é de todos. A dificuldade, como Rancière assinala, é que os três princípios não constituem categorias específicas numa classificação ontológica coerente. Embora a riqueza seja uma categoria objetivamente determinável, a virtude o é menos, e, quando chegamos à liberdade do "povo", ingressamos em algo que deixa de ter uma localização específica e determinável: a liberdade, como princípio axiológico, é um atributo dos membros da comunidade em geral, mas também, ao mesmo tempo, o *único* traço definidor, a única função comunitária de um grupo particular de pessoas. Temos, portanto, uma particularidade, cujo único papel é ser a encarnação da universalidade. Isso distorce todo o modelo geométrico que descreve a boa comunidade. A ambiguidade que assinalamos anteriormente sobre o "povo" ser ao mesmo tempo *populus* e *plebs* preparou o caminho para que possamos entender a distinção que Rancière estabelece entre a *polícia* e a *política*: enquanto a polícia envolve a tentativa de reduzir todas as diferenças a parcialidades no todo comunitário – conceber toda diferença como mera particularidade e associar o momento da universalidade a uma instância pura, não contaminada (o rei-filósofo em Platão, a burocracia do Estado em Hegel, o proletariado em Marx) –, a política envolve uma distorção que não pode ser eliminada: uma parte que funciona simultaneamente como o todo. Embora a tarefa da filosofia política tenha sido tradicionalmente reduzir a *política* à *polícia*, o pensamento e a prática verdadeiramente políticos consistiriam em liberar o momento político de sua subordinação a marcos societários estabelecidos.

Há dois aspectos em que a análise de Rancière se aproxima da minha. Em primeiro lugar, a ênfase na ideia da parte que funciona ao mesmo tempo como um todo. Aquilo que caracterizamos como o desnível inerente à operação hegemônica, Rancière conceitualiza como um elemento "incontável" que transtorna o próprio princípio da contabilização e, assim, possibilita o surgimento do político como um conjunto de operações que ocorrem em torno dessa impossibilidade constitutiva. Em segundo lugar, o conceito de Rancière de uma classe que não é uma classe, cuja particularidade se determina pelo caráter de exclusão universal – pelo princípio mesmo da exclusão – não está distante daquilo que denominamos "vacuidade". Ele percebe com muita perspicácia a função universal de lutas particulares quando essas lutas estão investidas de um significado simbólico que transcende sua própria particularidade. O autor se refere, por exemplo, ao caso da feminista francesa Jeanne Deroin que, ao tentar votar numa eleição legislativa em 1849, denunciou, por meio desse gesto, a contradição entre o sufrágio universal e a exclusão das mulheres dessa universalidade. De modo similar, trabalhadores imigrantes sem documentos, despossuídos de sua identidade plena como trabalhadores e reduzidos a uma identidade puramente étnica, são privados daquelas formas de subjetividade política que os teriam integrado aos "contáveis".

Embora sob muitos aspectos minha análise se aproxime da análise de Rancière, existem dois pontos em que elas se distanciam. Primeiramente, o modo de conceituar a "vacuidade": Rancière está certo ao argumentar que o conflito político se diferencia de qualquer conflito de "interesses", na medida em que este é sempre dominado pela parcialidade daquilo que pode ser contabilizado, ao passo que aquilo que está em jogo no conflito político é o próprio princípio da contabilidade. Até esse ponto, concordo inteiramente com sua colocação. Isso significa, porém, que não existe nenhuma garantia *a priori* de que o "povo" como ator histórico será constituído em torno de uma identidade progressista (do ponto de vista da esquerda). Precisamente porque aquilo que se questiona não é o conteúdo *ôntico* do que está sendo contado, mas o princípio *ontológico* da própria contabilidade, as formas discursivas que esse questionamento adotará são indeterminadas. Segundo acredito, Rancière identifica excessivamente a possibilidade da política com a possibilidade de uma política emancipatória, sem levar em consideração outras alternativas. Em outras palavras, os que não foram contabilizados podem compreender sua não contabilização, isto é, sua exclusão, de maneiras ideologicamente incompatíveis com o que Rancière ou eu defenderíamos politicamente – por exemplo, numa orientação fascista. Seria histórica e teoricamente equivocado pensar que uma alternativa fascista se localiza inteiramente na área daquilo que é contabilizável. Para compreender a totalidade do sistema de alternativas é preciso dar um passo a mais, que Rancière não dá: explorar quais são as formas de representação que podem surgir da incontabilidade. Objetos que são impossíveis, mas necessários, sempre encontram meios de acessar – de maneira distorcida, sem dúvida – o campo da representação.

O segundo aspecto no qual minha visão se diferencia ligeiramente da de Rancière é a conceituação de "povo". Ele afirma:

> É em nome do dano feito a eles pelas outras partes [da sociedade] que o povo se identifica com o conjunto da comunidade. Todo aquele que não tem parte – os pobres da Antiguidade, o Terceiro Estado, o proletariado moderno – não pode mesmo ter outra parte que não o tudo ou o nada. Mas é através da existência dessa parte dos que não têm parte, desse nada que é tudo, que a comunidade existe como comunidade política, isto é, dividida por uma disputa fundamental, por uma disputa relacionada à própria contagem das partes da comunidade, antes mesmo do que aos seus "direitos". O povo não constitui uma classe entre outras. Ele é a classe do dano, que causa dano à comunidade e a estabelece como uma "comunidade" do justo e do injusto.[19]

Concordo com essa análise no que se refere à formação da subjetividade popular. O modo como Rancière enumera as figuras do "povo" – os pobres da Antiguidade, os membros do Terceiro Estado, o proletariado moderno – é extremamente revelador. Fica claro que não estamos lidando com uma descrição sociológica, com atores sociais que têm uma localização particular, precisamente porque a presença do "povo" arruína toda diferenciação geométrica de funções e lugares. Como vimos, as lógicas equivalenciais podem atravessar grupos muito diferentes, na medida em que todos eles se situam do mesmo lado de uma fronteira antagônica. O conceito de proletariado tal como é descrito por Rancière enfatiza a natureza não sociológica da identidade do "povo":

> Os proletários não são nem os trabalhadores manuais nem as classes trabalhadoras. São a classe dos incontados, que somente existe na própria declaração pela qual eles contam a si mesmos como incontados. O termo "proletariado" não define nem um conjunto de propriedades (trabalho manual, trabalho industrial, pobreza etc.), que seriam compartilhadas igualmente por uma multidão de indivíduos, nem um corpo coletivo, que encarna um princípio, do qual esses indivíduos seriam membros [...]. A subjetividade "proletária" define [...] um sujeito do dano.[20]

Existe na análise de Rancière certa ambiguidade que limita parcialmente suas importantes consequências teóricas. Após cortar com clareza qualquer ligação entre o conceito de proletariado e a descrição sociológica de um grupo, ele passa a fazer certas concessões sociológicas. Por exemplo, identifica a instituição da política com a instituição da luta de classes. É bem verdade que ele qualifica imediatamente essa colocação. "O proletariado não é tanto uma classe como a dissolução de todas as classes; é isto o que constitui a sua universalidade, como diz Marx [...]. A política é o estabelecimento de uma disputa entre classes que não são verdadeiramente classes. As 'verdadeiras' classes são ou deveriam ser componentes reais de uma sociedade, categorias que correspondem a funções".[21] Essa formulação, porém, não é adequada. A referência a Marx não é particularmente proveitosa, porque para Marx a centralidade do proletariado e o fato de que ela implique a dissolução de todas as classes deviam resultar de um processo descrito em termos sociológicos muito precisos: a simplificação da estrutura social no capitalismo. Para ele, a relação entre os trabalhadores verdadeiramente existentes e os proletários é muito mais íntima do que para Rancière. E, enquanto para Rancière a luta de classes e a política não podem ser diferenciadas, para Marx o desaparecimento da política e a extinção do Estado são consubstanciais ao estabelecimento de uma sociedade sem classes. Para Marx, uma homogeneidade social crescente era a precondição de uma vitória proletária, enquanto para Rancière uma heterogeneidade irredutível é a própria condição das lutas populares.

Que conclusões podemos tirar dessas reflexões? Simplesmente que é necessário ir além da noção de "luta de classes" e de sua eclética combinação de lógica política e descrição sociológica. Não vejo sentido em falar sobre luta de classes apenas para acrescentar que se trata de uma luta de classes que não são classes. O movimento incipiente, que encontramos em Gramsci, partindo de "classes" em direção a "vontades coletivas" precisa ser completado. Somente então as potenciais consequências da frutífera análise de Rancière poderão ser completamente desenvolvidas.

É tempo de concluir. A comparação de meu projeto com as três abordagens que acabamos de discutir torna mais claras suas dimensões e sua natureza. Sustento, discordando de Žižek, que a natureza sobredeterminada de toda identidade política não é estabelecida *a priori* em um horizonte transcendental, mas que é sempre resultado de processos e práticas concretos. É isso que confere à nomeação e ao afeto seus papéis constitutivos. Ao contrário dos autores de *Império*, entendo que o momento da articulação – embora certamente mais complexo do que preconizavam no passado simples fórmulas como a mediação partidária –, nada perdeu de sua relevância e centralidade. Com relação a Rancière, a resposta é mais difícil, pois concordo com alguns pressupostos centrais de sua abordagem. O "povo" é para ele, como para mim, o protagonista da política, e a política é aquilo que impede o social de se cristalizar numa sociedade plena, numa entidade definida por suas próprias distinções e funções precisas. É por isso que, em minha visão, é tão importante conceituar os antagonismos sociais e as identidades coletivas e é tão necessário ultrapassar fórmulas estereotipadas e quase desprovidas de sentido, tais como "luta de classes".

Existe um imperativo ético no trabalho intelectual que Leonardo da Vinci denominou "rigor obstinado". Ele significa, em termos práticos – e especialmente quando se lida com questões políticas, sempre repletas de carga emocional –, que é preciso resistir a várias tentações. Pode ser resumido na fórmula: jamais sucumbir ao terrorismo das palavras. Como escreveu Freud, é preciso evitar fazer concessões à pusilanimidade: "Não se sabe jamais aonde esse caminho vai conduzir; a pessoa cede primeiro no que se refere às palavras e, pouco a pouco, também na substância".[22] Uma das principais formas que essa pusilanimidade assume na atualidade é a substituição da análise pela condenação ética. Alguns temas, como o fascismo e o Holocausto, são particularmente propensos a esse tipo de exercício. É claro que não existe nada de errado em condenar o Holocausto. O problema começa quando a condenação substitui a explicação, que é o que acontece quando alguns fenômenos são vistos como aberrações desprovidas de causas racionalmente compreensíveis. Só poderemos começar a entender o fascismo se o enxergarmos como uma das possibilidades internas inerentes às nossas sociedades, não como algo que está além de qualquer explicação racional. O mesmo acontece com termos cujas conotações emocionais são positivas. Na linguagem corrente da esquerda, expressões como "luta de classes", "determinação em última instância pela economia" ou "centralidade da classe trabalhadora" funcionam – ou funcionavam até recentemente – como fetiches carregados de emoção, cujos significados são cada vez menos claros, embora seu apelo discursivo não tenha diminuído.

A tarefa político-intelectual na atualidade, à qual tentei dar modesta contribuição com este livro, é ir além do horizonte traçado pela pusilanimidade, tanto em seus louvores como em suas condenações. O retorno do "povo" como uma categoria política pode ser visto como uma contribuição a essa expansão de horizontes, porque ajuda a apresentar outras categorias – tais como "classe" – de acordo com o que elas são: formas contingentes e particulares de articular demandas, e não um núcleo primordial, a partir do qual a natureza das próprias demandas poderia ser explicada. Esse alargamento dos horizontes é precondição para entender as formas de nosso compromisso político na era do capitalismo globalizado. Os deslocamentos inerentes às relações sociais no mundo em que vivemos são mais profundos do que no passado, e assim as categorias que no passado sintetizavam a experiência social estão se tornando cada vez mais obsoletas. É necessário reconceituar a autonomia das demandas sociais, a lógica de sua articulação e a natureza das entidades coletivas que delas resultam. Esse esforço, necessariamente coletivo, é a verdadeira tarefa que temos pela frente. Esperamos estar à sua altura.

Notas

CAPÍTULO 1

1 Germani, Gino. *Authoritarianism, Fascism and National Populism* [Autoritarismo, fascismo e populismo nacional]. New Brunswick: Transaction Books, 1978, p. 88. Tradução para o inglês de *Autoritarismo, fascismo e classi sociali*. Bolonha: Il Mulino, 1975.

2 Canovan, Margaret. *Populism*. Londres: Junction Books, 1981. Aqui me refiro unicamente a esse abrangente estudo. Na segunda parte deste livro, eu me reportarei à obra recente da autora, que oferece grande variedade de novas perspectivas.

3 Ionescu, Ghita e Gellner, Ernest (orgs.). *Populism: Its Meaning and National Characteristics* [Populismo: significado e características nacionais]. Londres: Macmillan, 1969.

4 Canovan, Margaret, op. cit., p. 4.

5 Idem, p. 13.

6 Idem, p. 58.

7 Idem, p. 294.

8 Idem, ibidem.

9 Idem, pp. 295-6.

10 Mac Rae, Donald, "Populism as an Ideology" [Populismo como ideologia]. In: Ionescu e Gellner (orgs.). *Populism*. op. cit., p. 168.

11 Idem, p. 164.

12 Wiles, Peter, "A Syndrome, not a Doctrine: Some Elementary Themes on Populism" [Uma síndrome, não uma doutrina: alguns temas elementares sobre o populismo]. In: Ionescu e Gellner (orgs). *Populism*. op. cit., pp. 163-79.

13 Idem, p. 178.

14 Minogue, Kenneth, "Populism as a Political Movement" [O populismo como um movimento político]. In: Ionescu e Gellner (orgs.). *Populism*. op. cit., pp. 197-211.

15 Idem, p. 198.

16 Idem, p. 208.

17 Idem, p. 209.

18 Idem, p. 199.

19 Idem, ver especialmente pp. 204-8.

20 Ver Laclau, Ernesto e Mouffe, Chantal. *Hegemony and Socialist Strategy* [Hegemonia e estratégia socialista]. Londres/ Nova York: Verso, 1985, cap. 3.

21 Worsley, Peter, "The Concept of Populism" [O conceito de populismo]. In: Ionescu e Gellner (orgs.). *Populism*. op. cit., pp. 212-50.

22 Idem, p. 213.

23 Idem, p. 245.

24 Idem, p. 229.

25 Idem, pp. 245-6.

26 No original, *piecemeal engineering*, termo de Karl Popper que significa uma mudança lenta e gradual, que exclui rupturas súbitas.

CAPÍTULO 2

1 Le Bon, Gustave. *The Crowd*. New Brunswick/ Londres: Transactions Publishers, 1995. Publicado originalmente em francês em 1895, com o título *Psychologie des foules*. [ed. bras.: *Psicologia das multidões*. Tradução de Mariana Sérvulo da Cunha. São Paulo: WMF Martins Fontes, 2008]. Todos os trechos de Le Bon foram aqui traduzidos por Carlos Eugênio Marcondes de Moura do original em inglês de *A razão populista*.

2 Idem, p. 124.

3 Idem, pp. 124-5.

4 Idem, p. 125.

5 Idem, pp. 126 e 129.

6 Idem, pp. 128-9.

7 Idem, p. 132.

8 Idem, p. 146.

9 Idem, p. 147.

10 Idem, p. 148.

11 Os exemplos de Saussure encontram-se em *Cours de linguistique générale, édition critique*. Paris: Payot, pp. 224-5. [ed. bras.: *Curso de linguística geral*. Tradução de Antonio Chelini, José Paulo Paes e Izidoro Blikstein. 27ª ed. São Paulo: Cultrix, 2006.] Para uma análise desse aspecto da abordagem de Saussure, ver: Normand, Claudine. *Métaphore et concept*. Bruxelas: Éditions Complexe, 1976, pp. 27-37.

12 Recorro à análise desse aspecto do estudo de Freud sobre o Homem dos Ratos tal como ela se encontra em Fink, Bruce. *The Lacanian Subject*. Princeton: Princeton University Press, 1995, p. 23. Para um estudo da questão do relacionamento entre formalismo linguístico e a eliminação da questão da substância em relação à dualidade significante/ significado, ver meu ensaio "Identidade e hegemonia: O papel da universalidade na constituição da lógica política". In: Butler, Judith; Laclau, Ernesto; e Žižek, Slavoj. *Contingency, Hegemony, Universality: Contemporary Dialogues on the Left* [Contingência, hegemonia, universalidade: Diálogos contemporâneos sobre a esquerda]. Londres e Nova York: Versus, 2000, pp. 68-71. [Sobre o caso clínico do Homem dos Ratos, ver a ed. bras.: Freud, S. *Observações sobre um caso de neurose obsessiva* ("*O Homem dos Ratos*"), *Uma recordação de infância de Leonardo da Vinci e outros textos (1909-1910)*. *Obras completas*, v. 9. Tradução de Paulo César de Souza. São Paulo: Companhia das Letras, 2013.]

13 *Benjamin Franklin's Autobiographical Writings*, selecionados e organizados por Carl van Doren. Nova York: Viking Press, 1945, p. 625.

14 Le Bon, G. *The Crowd*, op. cit., pp. 86-7.

15 Freud, Sigmund. "Group Psychology and the Analysis of the Ego" (1921). In: *The Standard Edition of the Complete Psychological Works of Sigmund Freud*. v. 18. Londres: Vintage, 2001, p. 89. Edição e tradução para o inglês de James Strachey. [ed. bras.: Freud, S. *Psicologia das massas e análise do Eu e outros textos (1920-1923)*. *Obras completas*, v. 15. Tradução de Paulo César de Souza. São Paulo: Companhia das Letras, 2011.] Todas as traduções dos trechos de Freud são de Carlos Eugênio Marcondes de Moura, feitas a partir do original em inglês de *A razão populista*.

16 Le Bon, Gustave. *The Crowd*, op. cit., p. 52.

17 Moscovici, Serge. "The discovery of the masses". In: Carl F. Graumann e Serge Moscovici (eds.). *Changing Conceptions of Crowd Mind and Behaviour*. Nova York, Berlim, Heidelberg e Tóquio: Springer-Verlag, 1986, p. 11.

CAPÍTULO 3

1 Taine, Hippolyte A. *The Revolution*. Londres: Daldy, Isbister & Co., 1878. v. I, pp. 12-4. Edição francesa, em cinco volumes: *Les origines de la France contemporaine* [Origens da França contemporânea]. Paris: Hachette, 1875-1893.

2 Idem, pp. 79-80.

3 Para as informações relativas a Taine e seu contexto intelectual, tenho uma grande dívida com Susanna Barrows. *Distorting Mirrors: Visions of the Crowd in Late Nineteenth Century France* [Espelhos deformadores: Visões da multidão na França do final do século XIX]. New Haven: Yale University Press, 1981; e com Jaap van Ginneken. *Crodws, Psychology and Politics, 1871-1899* [Multidões, psicologia e política, 1871-1899]. Cambridge: Cambridge University Press, 1992.

4 Barrows, Susanna. *Distorting Mirrors*, op. cit., p. 43.

5 Idem, p. 86.

6 Van Ginneken, Jaap. *Crowds, Psychology and Politics*, op. cit., p. 26.

7 Como Barrows nos lembra (*Distorting Mirrors*, p. 80), os estudos de George Rudé em *The Crowd in the French Revolution* (Oxford: Oxford University Press, 1959) mostram que o alcoolismo desempenhou um papel de pouca relevância nos acontecimentos de abril e julho de 1789.

8 Van Ginneken, Jaap. *Crowds, Psychology and Politics*, op. cit., p. 43.

9 Ver "Metaphors of Fear: Women and Alcoholics" [Metáforas do medo: mulheres e alcoólatras]. In: Barrows, S. *Distorting Mirrors*, op. cit., pp. 43-72, do qual extraio a informação a que me refiro mais adiante.

10 Barrows, Susanna. *Distorting Mirrors*, op. cit., p. 60.

11 Minhas principais fontes de informação para os primeiros estágios do hipnotismo na França são: Dominique Barrucand. *Histoire de l'hypnose en France* [História da hipnose na França]. Paris: Presses Universitaires de France, 1967, e Henri E. Ellenberger. *The Discovery of the Unconscious: The History and Evolution of Dynamic Psychiatry* [A descoberta do inconsciente: História e evolução da psiquiatria dinâmica]. New York: Basic Books, 1970. Sobre a criminologia italiana, ver: Barrows, *Distorting Mirrors*, op. cit.; Van Ginneken, *Crowds, Psychology and Politics*, op. cit. Sobre a recepção da teoria hipnótica por parte dos teóricos da multidão, ver: Erika Apfelbaum e Gregory R. McGuire, "Models of Suggestive Influence and the Disqualification of Social Crowd" [Modelos de influência sugestiva e a desqualificação da multidão social]. In: Carl F. Graumann e Serge Moscovici (eds.). *Changing*

Conceptions of Crowd Mind and Behaviour. Nova York, Berlim, Heidelberg, Tóquio: Springer Verlag, 1986.

12 Apfelbaum e McGuire, "Models of Suggestive Influence...". In: *Changing Conceptions of Crowd Mind and Behaviour*, op. cit., p. 32.

13 Idem, p. 44.

14 Idem, p. 39.

15 Idem, p. 45.

16 Lombroso, C. *L'uomo delinquente*, parte I, cap. 5, p. 137, 2. ed., 1877. [ed. bras.: *O homem delinquente*. Tradução de Sebastião José Roque. São Paulo: Ícone, 2007.] Citado em Van Ginneken, *Crowds, Psychology and Politics*, op. cit., pp. 61-2.

17 Ver Barrows, *Distorting Mirrors*. op. cit., pp. 129-30.

18 Ver Van Ginneken, Jaap. *Crowds, Psychology and Politics*. op. cit., cap. 5.

19 Uma edição recente foi publicada por Presses Universitaires de France, 1989. [ed. bras.: *A opinião e as massas*. Tradução de Eduardo Brandão. São Paulo: Martins Fontes, 2005.] Todas as citações de Le Bon foram aqui traduzidas por Carlos Eugênio Marcondes de Moura a partir do original de *A razão populista*.

20 Tarde, Gabriel. "Les foules e les sectes criminelles". In: *L'Opinion et la foule*. Paris: Presses Universitaires de France, 1989, p. 145. [ed. bras.: "As multidões e as seitas criminosas". In: *A opinião e as massas*. São Paulo: Martins Fontes, 2005.] Todas as citações de Tarde foram traduzidas aqui por Carlos Eugênio Marcondes de Moura.

21 Idem, pp. 146-7.

22 Idem, p. 148.

23 Idem, p. 173.

24 Idem, p. 175.

25 Aqui sigo a descrição dessas mudanças que se encontram em Van Ginneken, *Crowds, Psychology and Politics*, op. cit., pp. 217-9. Vale a pena enfatizar que as referências de Freud a Tarde são um tanto injustas, pois não levam em consideração essa evolução. Freud afirma, em *Psicologia das massas e análise do Eu*: "Tarde denomina (a sugestão) 'imitação', mas não podemos deixar de concordar com um autor que protesta que a imitação se encaixa no conceito de sugestão e é, na realidade, um de seus resultados" (Freud, *Standard Edition*, v. XVIII, p. 88). Isso é certamente verdadeiro no que tange a *Les lois de l'imitation*, a que Freud se refere, porém menos verdadeiro em relação a

escritos posteriores de Tarde, publicados muito antes da época em que Freud escreveu seu livro.

26 Van Ginneken, *Crowds, Psychology and Politics*, op. cit., pp. 217-9.

27 Tarde, Gabriel. "Le public et la foule" [O público e a multidão]. In: *L'Opinion et la foule*, op. cit., p. 31.

28 Idem, p. 38.

29 Idem, p. 39.

30 Tarde emprega o termo "raça" no sentido que tinha no século XIX: "a raça inglesa", "a raça francesa", "a raça italiana" etc.

31 Tarde, Gabriel. op. cit., p. 41.

32 Idem, p. 46.

33 Idem, p. 49.

34 Idem, p. 70.

35 Idem, ibidem.

36 McDougall, William. *The Group Mind* [A mente do grupo]. Cambridge: Cambridge University Press, 1920, p. 23.

37 Idem, p. 25.

38 Idem, p. 40.

39 Idem, p. 45.

40 Idem, p. 48.

41 Idem, pp. 49-50.

42 Idem, pp. 52-3.

43 Idem, p. 54.

44 Idem, p. 87.

45 Freud, Sigmund. "Group Psychology and the Analysis of the Ego" (1921). In: *The Standard Edition of the Psychological Works of Sigmund Freud*, v. 18. London: Vintage, 2001, p. 69. [ed. bras.: *Psicologia das massas e análise do Eu. Obras completas*, v. 15. Tradução de Paulo César de Souza. São Paulo: Companhia das Letras, 2011]. As traduções dos trechos de Freud são de Carlos Eugênio Marcondes de Moura, feitas a partir do original em inglês de *A razão populista*.

46 Idem, ibidem.

47 Assim, "Uma reflexão mais aprofundada nos mostrará em que sentido esta colocação [a de que a psicologia do grupo constitui a mais antiga psicologia] requer uma correção. A psicologia individual deve ser, ao contrário, tão antiga quanto a psicologia de grupo, pois desde o início houve dois tipos de psicologia, a dos membros individuais da massa e a do pai, chefe ou líder. Os membros do grupo eram sujeitos a laços tais como os vemos hoje, mas o pai da horda primeva era livre [...]. Presumimos que seu Eu tinha poucos laços libidinais; ele não amava ninguém a não ser a si mesmo, ou a outras pessoas apenas na medida em que satisfizessem suas necessidades. Seu Eu se dava aos objetos na medida em que isso fosse estritamente necessário" (p. 123).

48 Idem, pp. 90-1.

49 Idem, p. 102.

50 Idem, p. 105.

51 Idem, p. 108.

52 Idem, ibidem.

53 Idem, pp. 112-3.

54 Idem, p. 113.

55 Idem, ibidem.

56 Idem, pp. 113-4.

57 Idem, p. 114.

58 Idem, p. 116.

59 Idem, ibidem.

60 Borch-Jacobsen, Mikkel. "La bande primitive" [O bando primitivo]. In: *Le lien affectif*. Paris: Aubier, 1991, pp. 13-31.

61 Freud, Sigmund., op. cit., p. 86.

62 Idem, p. 129.

63 Idem, p. 134.

64 Idem, p. 100.

65 Idem, ibidem.

CAPÍTULO 4

1 Laclau, Ernesto e Mouffe, Chantal. *Hegemony and Socialist Strategy* [Hegemonia e estratégia socialista]. Londres: Verso, 1985, cap. 3; Laclau, E., "News Reflections on the Revolution of Our Time" [Novas reflexões sobre a revolução de nossa época], no livro de mesmo título. Londres e Nova York: Verso, 1990; Laclau, Ernesto, *Emancipation(s)*. Londres e Nova York: Verso, 1996, *passim*.

2 In: Laclau, Ernesto. *Emancipation(s)*, op. cit., pp. 36-46.

3 Ver Patricia Parker, "Metaphor and Catachresis" [Metáfora e catacrese]. In: J. Bender e D. E. Wellberg (eds.). *The Ends of Rhetoric: History, Theory, Practice*. Stanford: Stanford University Press, 1990.

4 "Populism: What is in the Name?" [Populismo: o que existe no nome?]. In: Panizza, F. (ed.). *Populism and the Mirror of Democracy* [Populismo e o espelho da democracia]. Londres e Nova York: Verso, 2005.

5 Em relação ao componente democrático do conceito de "demanda democrática", ver o anexo deste capítulo.

6 Rudé, George. *The Crowd in History: A Study of Popular Disturbances in France and England (1730-1848)*. Nova York, Londres, Sidney: John Wiley & Sons, 1964. [ed. bras.: *A multidão na história: Estudo dos movimentos populares na França e Inglaterra (1730-1848)*. Rio de Janeiro: Campus, 1991.]

7 Idem, p. 29.

8 Idem, p. 31.

9 Idem, p. 217.

10 Idem, p. 224.

11 Idem, pp. 224-5.

12 Idem, cap. 8.

13 Guérin, Daniel. *La lutte de classes sous la Premiére Republique (1793-1797)* [A luta de classes na Primeira República (1793-1797)]. Paris: Gallimard, 1946.

14 Ver Laclau e Mouffe, *Hegemony and Socialist Strategy*, op. cit., cap. 3.

15 O argumento é desenvolvido com coerência por Joan Copjec em "Sex and the Euthanasia of Reason" [O sexo e a eutanásia da razão]. In: *Read my Desire*. Cambridge, Londres: MIT Press, 1995, pp. 201-36.

16 Devo ser claro: estamos falando tão somente de uma *positivação* da falta, que é possível porque se baseia em uma falta mais primária, que precede qualquer espécie de subjetivação.

17 Ver George Lavau. *À quoi sert le* PCF. Paris: Fayard, 1981.

18 Ménuy, Yves e Surel, Yves. *Par le peuple, pour le peuple. Le populisme et les démocraties* [Para o povo, pelo povo. O populismo e as democracias]. Paris: Fayard, 2000, p. 230. Os autores se referem às descobertas de Nonna Mayer (*Les Français qui votent* FN. Paris: Flammarion, 1999). Enquanto em 1988 61% dos trabalhadores votaram em Mitterrand no primeiro turno e 70% votaram nele no segundo turno, em 1997 30% votaram em Le Pen, em comparação com os 18% de três anos antes.

19 Ver Chantal Mouffe, "The End of Politics and the Challenge of Right-Wing Populism" [O fim da política e o desafio do populismo de direita]. In: Panizza. F. (ed.). *Populism and Shadow of Democracy*, op. cit.

20 Em "Why do Empty Signifiers Matter to Politics" [Por que significantes vazios importam à política?]. In: Laclau, E. *Emancipation(s)*, op. cit.

21 Freud, Sigmund. "Group Psychology and the Analysis of the Ego" (1921). In: *The Standard Edition of the Psychological Works of Sigmund Freud*. op. cit., p. 101.

22 Jones, Gareth Stedman. "Rethinking Chartism" [Repensando o cartismo]. *Language and Class: Studies in Working Class History 1832-1902*. Cambridge: Cambridge University Press, 1983.

23 Idem, p. 157.

24 Idem, p. 169.

25 "Não havia necessidade, para a discordância da classe média, de assumir uma forma cartista. Alguns setores da classe média expressaram sua discordância com a política doutrinária dos Whigs, na década de 1830, votando nos conservadores na eleição de 1841. No entanto, o temor e a aversão ao extremismo do governo foram contrabalançados pela ansiedade em relação à discordância cartista, de caráter ameaçador e potencialmente revoltoso. Assim, o eleitorado votou em um governo forte, que prometia manter e proteger as instituições existentes" (p. 176).

26 Idem, p. 177.

27 Rancière, Jacques. *Disagreement: Politics and Philosophy*. Tradução para o inglês de Julie Rose. Minneapolis: University of Minnesota Press, 1999, pp. 8-9. [ed. bras.: *Desentendimento. Política e filosofia*. Tradução de Ângela Leite Lopes. São Paulo: Editora 34, 1996.]

28 Althusser, Louis. "Contradiction and Overdetermination" [Contradição e sobredeterminação]. In: *For Marx*. Londres: Penguin, 1969, pp. 49-86.

29 Žižek, Slavoj. *The Sublime Object of Ideology*. Londres, Nova York: Verso, 1989, pp. 89-97. [ed. bras.: *Eles não sabem o que fazem: o sublime objeto da ideologia*. Tradução de Vera Ribeiro. Rio de Janeiro: Jorge Zahar, 1992.]

30 Kripke, Saul. *Naming and Necessity*. Cambridge: Cambridge University Press, 1980.

31 Žižek, Slavoj. *The Sublime Object of Ideology*, op. cit., pp. 94-5.

32 Idem, p. 95.

33 Idem, pp. 95-6.

34 Idem, p. 97.

35 De Man, Paul. "The Politics of Rhetoric" [A política da retórica]. In: *Material Events: Paul de Man and the Afterlife of Theory*, ed. Tom Cohen, J. Hillis Miller, Andrzej Warminski and Barbara Cohen. Minneapolis: Minnesota University Press, 2001, pp. 229-53.

36 Isso não quer dizer que esse lembrete do particularismo pertença à ordem do significado. É o conjunto de um significante articulado, que inclui significantes e significados.

37 Copjec, Joan. *Imagine there's no Woman: Ethics and Sublimation* [Imagine que a mulher não existe: Ética e sublimação]. Cambridge: MIT Press, 2003. Todas as citações extraídas do texto de Copjec se encontram nessa edição. Os números das páginas estão entre parênteses no texto.

38 Idem, p. 33.

39 Idem, p. 34.

40 Idem, p. 36.

41 Idem, p. 37.

42 Idem, p. 38.

43 Idem, p. 53.

44 Idem, p. 60.

45 Laclau, Ernesto. "Constructing Universality" [Construindo a universalidade]. In: Judith Butler, Ernesto Laclau e Slavoj Žižek. *Contingency, Harmony, Universality: Contemporary Dialogues in the Left*. Londres, Nova York: Verso, 2000, pp. 282-4.

46 Benjamin, Walter. *Reflections, Essays, Aphorisms, Autobiographical Writings*. Nova York: Schocken Books, 1986, p. 281.

CAPÍTULO 5

1 Laclau, Ernesto. "Constructing Universality" [Construindo a universalidade]. In: *Contingency, Hegemony, Universality. Contemporary Dialogues on the Left.* op. cit., pp. 302-5

2 Portillo, Michael. "I'm Living Proof that Failure is Good for You" [Sou uma prova viva de que o fracasso é bom para você]. *The Sunday Times (News Review)*, p. 9, 22/02/2004.

3 Kazin, Michael. *The Populist Persuasion: An American History* [A persuasão populista: Uma história americana]. Nova York e Londres: Cornell University Press, 1995, p. 250. A maior parte das informações relativas à guinada conservadora das políticas populistas nos Estados Unidos provém deste livro tão útil. Os livros de autoria de Kevin Phillips a que me refiro são: *The Emerging Republican Majority*. Nova York: Arlington House, 1969, e *Mediacracy: American Parties and Politics in the Communications Age*. Nova York: Doubleday, 1975.

4 Kazin, Michael. *The Populist Persuasion*, op. cit., p. 251.

5 Idem, pp. 192-3.

6 Idem, p. 167.

7 Idem, p. 168.

8 Idem, p. 173.

9 Idem, cap. 9.

10 Idem, pp. 222-3.

11 Idem, p. 224.

12 Idem, p. 246.

13 O nome "infinito de medida" não consta nem de *Greater Logic* nem da *Encyclopaedia*, mas foi proposto por W. T. Stace (*The Philosophy of Hegel*. Nova York: Dover, 1955). Como a categoria é estritamente simétrica aos infinitos qualitativos e quantitativos, o nome escolhido é perfeitamente razoável.

14 *Hegel's Science of Logic*. Atlantic Highlands: Humanities Press International, 1993, p. 372. [ed. bras.: *Ciência da lógica. Excertos.* Tradução Marco Aurélio Werle. São Paulo: Barcarola, 2011.]

15 Breckmabn, Warren. *Marx, the Young Hegelians and the Origins of Radical Social Theory* [Marx, os jovens hegelianos e as origens da teoria social radical]. Cambridge: Cambridge University Press, 1999, pp. 149-50.

16 Idem, p. 150.

17 Stallybrass, Peter. "Marx and Heterogeneity: Thinking the *lumpenproletariat*". [Marx e a heterogeneidade: Pensando o lumpemproletariado]. In: *Representations*, n. 31, edição especial: *The Margins of Identity in Nineteenth-Century England* (verão de 1990), pp. 69-95 (p. 84).

18 Idem, p. 83.

19 Marx, Karl. "The Class Struggles in France, 1848 to 1850". In: Karl Marx e Friedrich Engels. *Collected Works*, v. 10, p. 62. Londres: Lawrence & Wishart, 1978. [ed. bras.: *A luta de classes na França de 1848 a 1850*. São Paulo: Boitempo, 2012.]

20 Citado por Stallybrass, "Marx and Heterogeneity: Thinking the *lumpenproletariat*", op. cit., p. 89.

21 Stallybrass cita uma passagem muito reveladora do livro de Adam Smith, *The Wealth of Nations* [ed. bras.: *A riqueza das nações*. São Paulo: Martins Fontes, 2003]. Após descrever os "criados domésticos" como trabalhadores improdutivos, Smith acrescenta: "Na mesma classe devem ser situadas as profissões mais sérias, mais importantes e algumas das mais frívolas: eclesiásticos, advogados, médicos, todo tipo de homem de letras; jogadores, bufões, músicos, cantores de ópera, bailarinos de ópera etc. O trabalho do mais insignificante deles tem um certo valor, regulado pelos mesmos princípios que regulam qualquer outro tipo de trabalho; e o trabalho dos mais nobres e úteis não produz nada que, mais tarde, proporcione uma igual quantidade de trabalho. Assim como a declamação do autor, a arenga do orador ou a melodia do músico, o trabalho de todos eles perece no próprio instante de sua produção". Stallybrass, "Marx and Heterogeneity", p. 27. A citação de Smith encontra-se em *The Wealth of Nations* [A riqueza das nações]. Londres: 1910, v. II, cap. 3, pp. 295-6.

22 Stallybrass, "Marx and Heterogeneity", op. cit., p. 88.

23 Tanto quanto eu saiba, somente um ensaio de autoria de Nun foi traduzido para o inglês: "The End of Work and the 'Marginal Mass' Thesis" [O fim do trabalho e a tese da 'massa marginal'], *Latin American Perspective*, n. 110, v. 27, n. 1, pp. 6-32, janeiro de 2000. Existem em espanhol, é claro, muitos outros ensaios que desenvolvem essa importante abordagem teórica.

24 Idem, p. 11.

25 Para uma versão anterior dessa argumentação, ver: Laclau, Ernesto. *New Reflections on the Revolution of Our Time* [Novas reflexões sobre a revolução do nosso tempo]. Londres: Verso, 1990, pp. 9-10.

26 Fanon, Frantz. *The Wretched of the Earth*. Nova York: 1968, p. 130 [ed. bras.: *Os condenados da terra*. Juiz de Fora: Editora UFJF, 2005]. Citado por Stallybrass, "Marx and Heterogeneity", p. 89. Como Stallybrass assinala corretamente, aqui a posição de Fanon é muito próxima à do Bakunin dos primeiros escritos, em sua defesa do potencial revolucionário do fora da lei, do criminoso e do bandido.

27 É por isso que Gramsci discorreu sobre o "Estado integral" e o "*tornar-se* Estado" da classe trabalhadora e não sobre a *tomada* do poder do Estado. Tão longe estava Gramsci de conceber a luta econômica como algo diferente da luta política, que afirmou que a construção da hegemonia começa na fábrica. Para uma tentativa oposta – regionalizar a luta política e separá-la estritamente da luta econômica – ver esta passagem de Slavoj Žižek: "A segunda forma de política esquerdista, que eu também rejeito, poderia ser caracterizada como um tipo de política pura, associada principalmente a Badiou e pelo menos a uma certa versão de Laclau e Mouffe. O que Badiou formula – e Balibar também poderia ser incluído aqui – é um tipo de emancipação pura, e embora ele insista que pertence a uma linhagem marxista, fica basicamente claro que não há necessidade de uma crítica marxista em seus escritos [...]. E embora a orientação jacobina francesa de uma política radical pura e a orientação anglo-saxã de luta multiculturalista se oponham, ainda assim elas compartilham algo: o desaparecimento da economia como lugar fundamental da luta" (Slavoj Žižek e Glyn Daly, *Conversations with Žižek*. Londres: Polity, 2004, pp. 144-5). É um tanto estranho afirmar com tamanha firmeza que o campo das lutas na esfera econômica está totalmente ausente na obra de Badiou, e devo deixar claro que a política de Badiou é muito diferente da minha. Todo mundo sabe que *L'Organisation politique*, o movimento de Badiou, é quase exclusivamente centrado na radicalização da luta dos trabalhadores. Mas então onde está o mal-entendido? A resposta surge daí a algumas páginas: "Não quero dizer economia no sentido vulgar de 'Sim, precisamos fazer algo pelo destino dos trabalhadores'. Estou apontando aqui para algo mais radical. Penso que existe uma ideia central desenvolvida por Georg Lukács e pela Escola de Frankfurt que, apesar de todas as minhas críticas à tradição marxista ocidental, hoje é mais atual do que nunca, qual seja, a ideia de que a economia não é simplesmente uma das esferas sociais.

A percepção básica da crítica marxista da economia política – o fetichismo das mercadorias e assim por diante – é que a economia possui um certo *status* social que é prototranscendental [...]. Mais uma vez discordo do mantra pós-moderno: gênero, luta étnica, gênero de novo, o que quer que seja, e em seguida classe. A classe não é apenas uma esfera a mais na série. Por classe entendemos, é claro, a luta econômica anticapitalista" (Žižek e Daly, *Conversations with Žižek*, pp. 146-7). Dificilmente isso poderia ser mais claro. A economia é uma esfera autodeterminada dotada de "um certo *status* prototranscendental" (e "proto" não passa de um eufemismo). É desnecessário dizer que, assim, a heterogeneidade, no sentido em que eu a defino, teria de ser rigorosamente excluída. Sabemos, porém, que sem heterogeneidade não pode existir antagonismo e luta. Não é de surpreender que Žižek tenha de excluir da economia emancipatória na esfera política não apenas as lutas multiculturais, mas também as lutas dos trabalhadores para melhorar suas condições. Seu embate, dada sua visão da economia, não é com este ou aquele tipo de luta, mas com o conceito de luta *tout court*. É bem verdade que no fim do texto citado ele tira da cartola o coelho da "luta econômica anticapitalista", mas isto é meramente gestual: ele não pode fornecer um único exemplo de semelhante luta. Isso não é de surpreender: uma vez que determinou um território regional *objetivo* como o espaço necessário de emergência de um antagonismo "fundamental", Žižek não pode manter um conceito de heterogeneidade que, por definição, subverte delimitações territoriais. Voltarei a essa questão nas observações finais.

28 Bataille, Georges. "The Psychological Structure of Fascism" [A estrutura psicológica do fascismo]. In: Fred Botting e Scott Wilson (eds.). *The Bataille Reader*. Oxford: Blackwell, 2000.

29 Idem, p. 122.

30 Idem, p. 127.

31 Idem, p. 128.

32 Idem, p. 136.

33 Jeffrey Mehlman (*Revolution and Repetition: Marx/ Hugo/ Balzac*. Berkeley, 1977) argumentou convincentemente que o elemento de heterogeneidade e sua ruptura com o conceito de representação de classe conduzem ao colapso das ambições totalizantes da dialética. Stallybrass ("Marx and Heterogeneity", pp. 80-2) objetou que, partindo da heterogeneidade, Marx é capaz de reintroduzir um movimento homogeneizante de tipo dialético.

Embora eu concorde que talvez o momento de homogeneização não receba de Mehlman o peso que lhe é devido, penso que ele tem razão ao afirmar que a heterogeneidade desfaz a totalização dialética. Qualquer que seja a importância das tendências homogeneizantes, fica claro que após a passagem através da heterogeneidade estaremos lidando com uma homogeneidade que seria essencialmente não dialética.

CAPÍTULO 6

1 Barker, Ernest. *Reflections on Governement* [Reflexões sobre o governo] (1942). Citado por Hanna Fenichel Pitkin. *The Concept of Representation* [O conceito de representação]. Berkeley, Los Angeles, Londres: University of California Press, 1967, p. 109.

2 O que se segue neste parágrafo e no próximo é o resumo de uma argumentação que apresentei mais extensamente em "Power and Representation" [Poder e representação]. In: *Emancipation(s)*. Londres, Nova York: Verso, 1996.

3 Pitkin, *The Concept of Representation*, op. cit.

4 Idem, p. 106.

5 Idem, pp. 106-7.

6 Idem, p. 107.

7 Idem, p. 111.

8 Esta questão é que separa minha abordagem da abordagem de Hardt e Negri, que discuto nas "Observações finais" deste livro.

9 Estes vários modelos são amplamente discutidos em Chantal Mouffe. *The Democratic Paradox* [O paradoxo democrático]. Londres, Nova York: Verso, 2000, *passim*.

10 Lefort, Claude. "The Question of Democracy" [A questão da democracia]. In: *Democracy and Political Theory*. Minneapolis: University of Minnesota Press, 1988.

11 Idem, pp. 17-8.

12 Idem, p. 13.

13 Idem, pp. 19-20.

14 Mouffe, Chantal. *The Democratic Paradox*, op. cit.

15 Idem, p. 2.

16 Idem, pp. 2-3.

17 Idem, pp. 95-6.

CAPÍTULO 7

1 Surel, Yves. "Berlusconi, leader populiste?" [Berlusconi, líder populista?]. In: *La Tentation populiste en Europe*, sob a direção de Olivier Ihl, Janine Chêne, Eric Vial e Ghislain Wartelot. Paris: La Découverte, 2003, pp. 113-29.

2 Betz, Hans-Georg. *Radical Right-Wing Populism in Western Europe* [O populismo radical de direita na Europa ocidental]. Nova York: St. Martin's Press, 1994.

3 Surel, "Berlusconi, leader populiste?", op. cit., p. 116. Ver também Yves Mény e Yves Surel. *Par le peuple, pour le peuple. Le populisme et la démocratie*. Paris: Fayard, 2000.

4 Surel, op. cit., p. 127.

5 Schedler, Andreas. "Anti-Political Establishment Parties" [Partidos antipolíticos do *establishment*]. In: *Party Politics*, v. 2, n. 3, pp. 291-312, 1996.

6 Ver Guy Hermet. *Les Populismes dans le monde. Une histoire sociologique XIXe-XXe siècles* (Paris: Fayard, 2001, pp. 181-92), em que tese semelhante é defendida.

7 Idem, pp. 185-6.

8 Idem, p. 190.

9 Brierley, William e Giacometti, Luca. "Italian National Identity and the Failure of Regionalism" [Identidade nacional italiana e o fracasso do regionalismo]. In: Brian Jenkins e Spyros A. Sofos (eds.). *Nation and Identity in Contemporary Europe*. Londres: Routledge, 1996, pp. 172-97.

10 Especialmente o Partito Socialista Italiano de Bettino Craxi.

11 Sobre a Liga, consultei Brierley e Giacometti, "Italian National Identity" [Identidade nacional italiana]; Christophe Bouilland, "La Lega Nord, ou comment ne pas réussir à être populiste (1989-2002)" [A Liga Norte ou como não conseguir ser populista (1989-2002)]. In: Ihl, Chêne, Vial e Wartelot, *La Tentation populiste en Europe*, op. cit., pp. 130-45; I. Diamanti. *La Lega. Geografia, storia e sociologia di un nuovo sogetto politico*. Roma: Donzelli, 1993; R. Mannehimer (ed.). *La Lega Lombarda*. Milão: Feltrinelli, 1991; R. Biorcio. *La Padania promessa. La storia, la idea e la logica d'azione della Lega Nord*. Milão: Il Saggiatore, 1997.

12 A Alleanza Nazionale, liderada por Gianfranco Fini, é uma descendente do Movimento Sociale Italiano, a organização neofascista fundada no fim da Segunda Guerra Mundial por Giorgio Almirante. Hoje ela rompeu a maior parte de seus laços com seu passado fascista. Diferentemente da Liga, não tem fortes ligações regionais. Como corresponde a uma força que procede da tradição fascista, ela favorece um Estado forte e centralizado.

13 Brierley e Giacometti, "Italian National Identity", op. cit., p. 184.

14 Idem, p. 186.

15 Idem, ibidem.

16 Bouillaud, "La Lega Nord", op. cit., *passim*.

17 Ver Biorcio, *La Padania promessa*; Diamanti, *La Lega*.

18 Bouillaud, "La Lega Nord", pp. 142-4.

19 Surel, "Berlusconi", *passim*.

20 Idem, p. 123.

21 Ver capítulos de Jenkins e Sofos, *Nation and Identity in Contemporary Europe*, e Hermet, *Les Populismes dans le monde*, cap. VIII.

22 Essa afirmação requer, entretanto, algumas qualificações. Em países de apreciável população indígena havia um nativismo que, em alguns momentos, aproximou-se do populismo étnico.

23 Ver Hermet, *Les Populismes dans le monde*, pp. 253-4.

24 Idem, p. 255.

25 Idem, p. 268.

26 Ver Spyros A. Sofos, "Culture, Politics and Identity in Former Yugoslavia" [Cultura, política e identidade na ex-Iugoslávia]. In: Jenkins e Sofos, *National Identity in Contemporary Europe*, op. cit., pp. 251-82.

27 "O regime encorajou uma retomada dos rituais ortodoxos sérvios, tais como os batismos massivos de sérvios e montenegrinos em Kosovo Polje ou a procissão dos supostos restos mortais do príncipe Lazar através de uma série de locais sagrados e mosteiros no caminho de Kosovo Polje, onde eles foram enterrados novamente. O retorno do príncipe derrotado para o lugar onde os sérvios tinham sido vencidos pelos turcos e onde ele perdeu a vida causou a impressão de se fechar um círculo completo, de ocorrer um 'novo início'. Ambos os rituais constituíram uma afirmação

simbólica da vontade da nação sérvia de restaurar e reivindicar sua dignidade" (Idem, p. 279, n. 35).

28 Idem, pp. 268-9.

29 Habermas, Jürgen. *The Inclusion of the Other. Studies in Political Theory*. Cambridge: MIT Press, 1998, p. 225.

CAPÍTULO 8

1 A literatura sobre o populismo americano no século XX é quase inesgotável, e com frequência foi submetida a desvios de interpretação guiados por um viés ideológico. Para um bom resumo dessa discussão, ver Margaret Canovan, *Populism*. Londres: Junction Books, 1981, pp. 46-51. Minha leitura do período foi particularmente influenciada por Lawrence Goodwyn, *Democratic Promise: The Populist Movement in America* [Promessa democrática: O movimento populista na América]. Nova York: Oxford University Press, 1976, e Michael Kazin, *The Populist Persuasion*. Ithaca, Nova York, Londres: Cornell University Press, 1988.

2 Este documento é reproduzido em John D. Hicks, *The Popular Revolt. A History of the Farmers'Alliance and the People's Party*. Lincoln: University of Nebraska Press, 1970, pp. 435-9.

3 Kazin, Michael. *The Populist Persuasion*, op. cit., p. 27.

4 Idem, p. 16.

5 Idem, p. 30.

6 Idem, p. 41.

7 Idem, p. 43.

8 Idem, p. 38.

9 Citado por Goodwyn, Lawrence. *Democratic Promise: The Populist Movement in America*, op. cit., p. 523.

10 Idem, p. 534.

11 Idem, pp. 532-5.

12 Idem, p. 535.

13 Ver Paul Dumont, "The Origins of Kemalist Ideology" [As origens da ideologia kemalista]. In: Landau, Jacob M. (ed.). *Atatürk and the Modernization of Turkey*. Boulder: Westview Press, 1984, pp. 21-44.

14 Idem, p. 31. A citação neste trecho é de S. Sayari, "Political Patronage in Turkey" [Patronato político na Turquia]. In: E. Gellner e J. Waterbury (eds.). *Patrons and Clients in Mediterranean Societies.* Londres: Duckworth, 1977, p. 106.

15 Citado em *Atatürk and the Modernization of Turkey*, op. cit., p. 32.

16 Idem, p. 33.

17 Idem, p. 34.

18 Idem, p. 29.

19 Idem, p. 36.

20 Em relação a esta tese, bem como para uma boa discussão sobre a literatura relevante sobre o tema, ver Dietrich Jung e Wolfango Piccoli. *Turkey at the Crossroads: Ottoman Legacies and a Greater Middle East* [A Turquia na encruzilhada: Legados otomanos e um Grande Oriente Médio]. Londres/ Nova York: Zed Books, 2001.

21 Ver *Turkey at the Crossroads*, op. cit., p. 442.

22 Ver S. Mardin, "Ideology and Religion in the Turkish Revolution" [Ideologia e religião na revolução turca]. *International Journal of Middle East Studies* (2), pp. 197-211.

23 Citado em Jung e Piccoli, *Turkey at the Crossroads*, op. cit., pp. 79-80.

24 Idem, p. 79. O texto de S. Sayari citado pelos autores é "Political Patronage in Turkey" [Patronato político na Turquia]. In: E. Gellner e J. Waterbury (eds.). *Patrons and Clients in Mediterranean Societies*, op. cit., pp. 103-14.

25 Ver Eric J. Zurchert, *Turkey: A Modern History*. Londres, Nova York: I. B. Tauris, 1998, p. 231.

26 Sobre o enunciado peronista, ver Silva Sigal e Eliseo Verón, *Perón o muerte. Los fundamentos discursivos del fenómeno peronista*. Buenos Aires: Legasa, 1985. Ver também G. H. Castagnola, *Body of Evidence: Juan Domingo Perón's Discourse during his Political Exile (1955-1972)*. Tese de doutorado, Department of Government, University of Essex, outubro de 2000.

27 Castagnola, *Body of Evidence*, p. 63.

28 Idem, p. 79.

29 Idem, pp. 138-9.

30 Canovan, Margaret. "Truste the People! Populism and the Two Faces of Democracy" [Confie no povo! O populismo e as duas faces da democracia]. *Political Studies*, XLVII, pp. 2-16, 1999.

OBSERVAÇÕES FINAIS

1 Wong, Edward. "Iraqi Nationalism Takes Root". *New York Times*, 25/04/2004, 4º caderno, p. 1.

2 Idem, p. 16.

3 Zupančič, Alenka. *Ethics of the Real: Kant, Lacan* [A ética do real: Kant, Lacan]. Londres, Nova York: Verso, 2000.

4 Idem, p. 11. Aqui Zupančič se refere a Kant, mas ela assimila a posição kantiana sobre esta questão à de Lacan: "O conceito lacaniano da passagem ao ato não se fundamenta nesse gesto kantiano?".

5 Idem, p. 204.

6 Idem, p. 255.

7 Uma discussão como esta deveria caminhar na direção de uma tipologia de situações e movimentos. O objetivo de *A razão populista* foi mais limitado: a determinação das operações básicas da razão populista.

8 Aqui me reporto principalmente às intervenções de Žižek em: Judith Butler, Ernesto Laclau e Slavoj Žižek, *Contingency, Hegemony, Universality, Contemporary Dialogues on the Left*. Londres, Nova York: Verso, 2000. Dados os procedimentos que estabelecemos para escrever este livro, só pude ler os últimos textos de Žižek após escrever os meus, e assim não tive a oportunidade, no contexto daquele livro, de responder às críticas mais recentes dele a meu trabalho. O que se segue é, até certo ponto, minha resposta. Ela, no entanto, não abrange o todo da crítica de Žižek, apenas os aspectos ligados ao tema deste livro.

9 Butler, J., Laclau, E. e Žižek, S. *Contingency, Hegemony, Universality. Contemporary Dialogues on the Left*, op. cit., pp. 316-7.

10 Idem, p. 101.

11 Idem, p. 95.

12 Idem, p. 225.

13 Idem, p. 320.

14 Devo dizer que essa leitura equivocada não é ingênua, pois em outros escritos Žižek demonstra perfeita compreensão de meus argumentos. Assim, ele afirma com aprovação: "O mérito de Ernesto Laclau e Chantal Mouffe é que eles, em *Hegemony and Socialist Strategy* [...], desenvolveram uma teoria do campo social fundamentada em semelhante conceito de antagonismo, em um reconhecimento de um 'trauma' original, um núcleo impossível que resiste à simbolização, à totalização, à integração simbólica [...]. Eles enfatizam que não devemos ser 'radicais' no sentido de objetivarmos uma solução radical. Sempre vivemos em um interespaço e em um tempo limitado; cada solução é provisória e temporária, uma espécie de adiamento de uma impossibilidade fundamental" (Žižek, S. *The Sublime Object of Ideology*, op. cit., pp. 5-6).

15 Žižek, Slavoj; Daly, Glyn. *Conversations with Žižek*. Cambridge: Polity, 2004, p. 149.

16 No decorrer de nossas discussões em *Contingency, Hegemony, Universality*, solicitei muitas vezes a Žižek que especificasse quem, para ele, era o sujeito emancipatório e qual era a linha estratégica geral que ele propunha, a fim de que o debate pudesse prosseguir em bases mais políticas e menos "metafísicas". Não obtive resposta.

17 Hardt, Michael e Negri, Antonio. *Empire*. Cambridge: Harvard University Press, 2000 [ed. bras.: *Império*. Rio de Janeiro: Record, 2001].

18 Rancière, Jacques. *Disagreement: Politics and Philosophy*. Tradução de Julie Rose. Minneapolis: University of Minnesota Press, 1999, p. 9. [ed. bras.: *Desentendimento. Política e filosofia*. Tradução de Ângela Leite Lopes. São Paulo: Editora 34, 1996.].

19 Idem, p. 9.

20 Idem, p. 38.

21 Idem, p. 18.

22 Freud, Sigmund. *Group Psychology and the Analysis of the Ego*, in *The Standard Edition of the Complete Works of Sigmund Freud*. Coordenação e tradução James Strachey et al. Londres: Hogarth Press, 1953-1974, v. 18, p. 91.

Índice remissivo

E

F

G

H

Este livro foi composto na fonte Albertina
e impresso em outubro de 2013 pela Corprint,
sobre papel pólen soft 80 g/m².